KB041281

인간 본성에 관한 논고 제3권

도덕에 관하여

(《초록》포함)

인간 본성에 관한 논고 제3권

도덕에 관하여

실험적 추론 방식을 도덕적 주제에 적용하기 위한 하나의 시도

(《초록》포함)

데이비드 흄 지음 / 이준호 옮김

서광사

이 책은 David Hume의
A Treatise of Human Nature, edited, with an analytical index, by L. A. Selby-Bigge
(Oxford: Oxford Univ. Press, 1980), 제3권, *Of Morals*를 완역한 것이다.

인간 본성에 관한 논고 제3권
도덕에 관하여[수정판]

데이비드 흄 지음
이준호 옮김

펴낸이 — 김신혁, 이숙
펴낸곳 — 도서출판 서광사
출판등록일 — 1977. 6. 30.
출판등록번호 — 제 406-2006-000010호

(10881) 경기도 파주시 회동길 77-12 (문발동)
대표전화 · (031)955-4331 / 팩시밀리 · (031)955-4336
E-mail · phil6161@chol.com
http://www.seokwangsa.co.kr / http://www.seokwangsa.kr

제1판 제1쇄 펴낸날 · 1998년 5월 20일
수정판 제1쇄 펴낸날 · 2008년 4월 30일
수정판 제4쇄 펴낸날 · 2018년 3월 10일

ISBN 978-89-306-1039-1   93160

옮긴이의 말

서양 역사에서 근대는 개인이 주체로 등장하며, 개인의 감정과 욕구는 일반적 사회 원리 및 개인적 행동 원리의 기초로 자리 잡는다. 경험주의의 색채가 농후한 홉스뿐 아니라 스피노자조차 이런 서양 근대 사조의 특징을 드러낸다. 흄의 『인간 본성에 관한 논고』(*A Treatise of Human Nature*, 이하 『논고』)는, 1·2·3권이 각각 다루는 논의의 전체적 일관성에 관해 많은 논란의 여지가 있음에도 불구하고 이와 같은 근대 사고의 특성은 명료하게 드러난다.

이런 맥락에서 흄의 철학 사상을 원자론으로 간주하는 경향이 강한 주류를 이루고 있지만, 들뢰즈(G. Deleuze)의 주석처럼 흄이 주로 관심을 기울인 것은 원자들 간의 관계에 대한 논구라는 측면이 더욱 설득력을 갖는다. 실제로 흄의 철학에서는 지각 분석의 한계인 단순 지각들의 관계가 늘 문제였고, 이 지각들이 이합집산하는 원리는 다름 아닌 인과·인접·유사 등의 관계이며 이 관계들이 지각들의 연합 원리이기 때문이다. 흄은 제1권에서 이 연합 원리를 인식의 문제에 적용함으로써 신념의 기원과 형성 및 그 변이 등을 해명했고, 제2권에서는 정념들의 관계에 적용함으로써 인간의 도덕적·미적 취향 및 행동 원리 등을 해명했다. 그리고 제3권에서 흄은 연합 원리를 개인 및 집단 간의 관계 등에 적용함으로써 사회 철학의 일반적 주제들을 다룬다. 이와 같은 점에서

『논고』의 1·2·3권이 동일한 원리에 기초를 두고 있다는 점은 말할 나위도 없고, 또 켐프 스미스(Kemp Smith) 이래로 지금까지 논란거리인 각 권의 집필 순서도 그다지 문제되지 않을 것이다. 대부분의 철학자들이 실천적인 문제에 관심을 기울였다는 점을 감안하면, 그리고 흄이 『논고』의 서문에서 밝히고 있는 자신의 의도를 감안하면, 제3권이 흄이 다루고자 했던 『논고』 전체의 주제라고 해도 지나치지 않을 것이기 때문이다.

『논고』 제3권의 출발점은 인간에게 자연적으로 내재하는 편파성 (partiality)이다. 이미 제2권에서 언급되었듯이, 흄의 입장에서 인간은 원초적으로 고립적인 개인으로 존재할 수 없으며 모든 가치 또한 다른 사람과의 관계 속에서 확정되지만, 그러나 인간은 자기중심적이고 모든 사회적 원리는 인간의 자기중심성에 기초를 두기 때문이다. 따라서 인간은 연합 원리에 따라 자신과 가까운 혈연이나 친지의 편을 들게 되어 있으며, 이런 성향이 편파성이다. 불우하거나 곤경에 처한 동료를 돕지 않는 것은 자연적으로 부덕하다고 비난받는다. 이 경우에는 인간의 자연적 책임이 이행되지 않기 때문에 부덕하다고 비난받으며, 무교양적이고 자연적인 도덕 관념은 이와 같은 편파성을 부추긴다. 그렇지만 자연적 책임을 수행했다고 해서 도덕적 책임을 수행한 것은 아니다. 이 편파성이 지나침으로써 유발되는 무질서와 혼란의 폐단에 대한 반성을 통해 인간은 스스로 도덕적 책임을 부과하고 사회를 구성하며 정의의 규칙들을 제정한다. 따라서 도덕적 책임이나 사회 그리고 정의의 규칙 등은 보편적인 반성의 산물, 즉 인위적 발명품들이지만, 공통 이익이라는 묵계에 따라 자연의 원리에서 발생한다. 그리고 인간은 사회를 통해 간접적이고 우회적으로 자신의 목적을 달성한다.

편파성이 정의의 원천이라는 것은 편파성의 폐단을 극복하기 위해 정의가 요구된다는 것이다. 만약 인간이 자연적으로 공정하다면, 인간은 정의를 요구하지 않을 것이기 때문이다. 인간 상호 간의 편파성이 서로 충돌하고 대립될 때, 이성의 반성 작용이 개입됨으로써 자연적 존재인 인간은 정의의 규칙이 지배하는 사회적 존재로 지양된다. 이와 같은 흄의 논증 방식은 변증법적이며, 그가 인간의 행동과 사회 변화의 원리 역시 변증법적인 측면에서 이해하고 있음을 엿볼 수 있다. 즉 인간은 개인적인 측면에서 상반된 정념들을 대립과 충돌 그리고 대립의 해소를 통해 끊임없이 변화하며, 사회 역시 구성원들의 이익이 서로 대립되며 충돌하고 지양되는 과정을 통해 끊임없이 변화한다.

미흡하고 일면적이겠지만, 독자들의 이해를 돕기 위해 내용을 간략하게 소개했다. 두어 해 전에 부산에서 열린 조그만 세미나에서 논점과는 무관하게 '흄이 제기한 문제는 이미 모두 해결되었고, 흄의 논의가 옳은 것도 아니며, 아직도 흄 철학이 논의되는 것은 세상 탓'이라는 따위의 말을 몇 사람에게서 들은 적이 있다. 그러나 이런 발언들이 이어진 것은 자연적 책임을 다한 결과일 뿐이며 사회 철학도들이 사회 이전 단계에 머물러 있다는 점이 안타깝고, 더구나 전제 군주제 같은 우리 사회에서라면 흄의 철학 사상은 고전 이상의 가치를 지니고 있다.

아마 더러 오역도 있을 것이고, 미흡한 부분도 있을 것이다. 이런 점은 앞으로 보완하겠다. 그동안 많은 도움을 주셨던 여러 선생님들과 선배님들께, 그리고 친구들에게, 그리고 귀찮은 교정 작업을 도와준 후배와 학생들에게 깊이 감사드리지만, 미흡한 이 책의 서두에 그분들의 성함을 밝혀 누가 되고 싶지는 않다. 끝으로 지금까지 『논고』의 우리말 판을 출간하기 위해 애쓴 서광사 직원들께 감사드린다.

1998년 2월

이 준 호

제2판 머리말

『논고』(*Treatise*)의 암허스트 셀비-비기(Amherst Selby-Bigge) 판은 저음 출판된 1888년 이후로 수많은 독자들에게 그 가치와 편의성을 입증하였다. 20세기에 들어와서 흄의 저작과 그 평가의 향방(fortuna)에 있어서 그 판은 의미 있고 유용한 요인이다. 그 판이 지속적으로 기여할 수 있는 역량을 보존하려는 목적에서 나는 첫째, 셀비-비기 판을 1739년에서 1740년 사이에 간행된 원본과 대조하고, 드문드문 있는 어휘상의 오류들을 바로잡고, 제3권에서 누락되었던 알리는 말을 보완했으며, 그 판의 여러 가지 사소한 오류들을 고쳤다. 둘째, 흄이 쓴 교정 수고를 반영하였는데, 이것은 최근에 발견되었다. 셋째, 1740년의 원판에서 논고에 대한 초록(抄錄)의 본문을 덧붙였다. 넷째, 다양한 해석의 실마리를 제공하는 자구에 대한 주석(textual notes)을 마련했지만, 셀비-비기의 분석적 색인은 경제적인 이유로 변경 없이 남겨 두었다. 현재로서 그의 색인은 불완전하지만 대단히 유용하다. 그것은 논고에 대한 가장 유명한 색인이다.

여기 실린 본문은 자구에 대한 주석에서 지적된 상반되는 점들이 있는 경우를 제외하면, 1739년에서 1740년 사이의 원본을 전재한 것이다. 제3권 뒤에 나오는 흄의 부록에서든 아니면 그의 수고에서든 간에 그가 쓴 교정은 페이지를 따로 마련하지 않고 본문 가운데 적합하고 편리한 곳에 반영하였다. 이렇게 반영되지 않은 것은 (부록의 경우처럼) 인용되어 있거나, 자구에 대한 주석에서 충분하게 기록되어 있으며, 그것들로 해서 본문이 손상되지 않을 자리에 *로 표시하였다.

니디치(P. H. Nidditch)

셰필드에서

1976년 9월

제1판 머리말

　긴 색인은 변명이나 적어도 정당화를 요구한다. 색인은 여러 가지 목적으로 필요할 것 같다. 색인은 독자들이나 연구자들이 일정한 문구를 찾을 수 있도록 하며, 그 책에서 어떤 점이 논의되고 또 논의되지 않는지를 알 수 있도록 한다. 이런 목적을 위해 긴 색인이 짧은 것보다, 그리고 인용으로 이루어진 색인이 편집자의 약어로 이루어진 것보다는 더욱 좋다는 것은 명백하다. 그리고 자모순으로 배열된 색인의 목록을 첫머리 대신 끝에 배치함으로써 색인은 거의 확신하기 어려운 목차 이상의 장점을 갖는다. 그러나 이것 외에도 널리 알려지고 많은 비판을 받은 저자의 경우에 색인은 비판적 소개라는 점에서도 아주 훌륭한 역할을 할 것이다. 색인이 잘 만들어졌다면, 모순이나 비논리적인 부분들을 야단스럽지는 않지만 명백하게 지적할 수 있을 것이고, 또 그 작업이 체계적이라면, 탈락된 중요한 부분을 지적할 수 있을 것이다. 이것이 이 책에 있는 색인의 목적이다. 분명한 것은 색인이 무엇이어야 하는가가 아니라, 흄의 논고가 탐구하기에 탁월한 영역을 제공하고 있는 것으로 여겨진다는 것이다. 철저하고 비판적인 주석 때문에 흄이 잃을 것은 아무것도 없으며, 그리고 비록 그의 언어가 때로는 왜곡될 정도로 산만하다고 하더라도, 언어의 산만함이 늘 산만한 사고 작용을 나타내는 것은 아니다. 이 색인의 목적은 연구자가 그 체계의 실제적 장점과 결함의 차이를 보고 주의하도록 하는 데 있으며, 그 자신의 힘으로 그 체계를 연구하면서 겪는 어려움을 덜어 주는 것은 아니다.

차 례

알리는 말

생각건대, 이 책은 『인간 본성에 관한 논고』의 제3권이기는 하지만 앞의 두 권과는 어느 정도 독립적이고, 또 독자들이 (이 책을 이해하는 데) 앞의 두 권에 담긴 추상적 추론을 모두 이해해야 할 필요도 없다는 점을 여러분께 알려드리는 것이 적절할 것 같다. 나는 일반 독자들이 추론적인 책을 읽을 때와 같은 정도로만 주의를 기울이면 이 책을 이해할 수 있기 바란다. 다만 다음과 같은 점은 반드시 주목해야 한다. 나는 인상과 관념이라는 술어를 앞의 두 권에서와 동일한 의미로 계속 사용한다. 즉 인상은 감각, 감정 그리고 소감 등과 같은 강한 지각을 뜻하며, 관념은 기억이나 상상력에서 이 인상이 모사된 것 또는 희미한 지각을 뜻한다.

◆ 일러두기

1. 본문 가운데 ( ) 안의 표현은 독자들의 이해를 돕기 위해 옮긴이가
   덧붙인 것이고, 〔 〕 안의 표현은 니디치(P. H. Nidditch) 교수가 흄
   의 수고나 다른 판본들을 참고하여 제1판의 오식을 바로잡은 것이
   다. 원서에 있는 괄호는 《 》로 표기했다.
2. 니디치 교수의 '자구에 대한 주석'은 필요한 부분만 발췌하여 각주
   형태로 본문에 수록하였다.
3. 이 책에 실린 색인은 셀비-비기의 색인에서 제3권에 해당되는 부분
   만을 옮긴 것이다.
4. 본문의 왼쪽 여백에 원서의 해당 페이지를 밝혔다.
5. 본문과 색인에 인용된 페이지는 모두 원서 페이지를 나타낸다.

들어가는 말

철학과 학문의 세계에서 새로운 어떤 것을 발견했다고 자부하는 사람들에게 가장 흔하고 자연스러운 것은, 자신보다 앞선 사람들에 의해 성취된 것을 모두 비방함으로써 자신들의 체계를 은근히 칭찬하는 것이다. 그리고 실제로 인간 이성의 법정에 설 수 있는 가장 중요한 문제에 대해 우리가 여전히 알지 못하고 있다는 것을 한탄하는 것으로 그들이 만족하지만, 쉽게 일치할 수 없을 듯한 학문들에 대해 식견이 있는 사람은 거의 없다. 최고의 신뢰를 획득하여, 엄밀하고 심오한 추론에서 그들이 고도의 자부심을 갖도록 해 주는 바로 저 체계들의 허술한 토대를, 판단력과 학식을 겸비한 사람은 쉽게 지각할 수 있다. 신뢰를 바탕으로 받아들여진 원리들, 그리고 각 부분들 간에는 정합성이 결여되고 전체적으로는 명증성이 결여된 그 원리들로부터 어설프게 연역된 결론, 이런 것을 우리는 매우 유명한 철학자들의 체계 곳곳에서 마주치게 되며, 바로 그러한 것이 철학 자체를 망신스럽게 하는 것 같다.

학문이 지닌 현재의 불완전한 상태를 발견하는 데 매우 심오한 지식이 요구되지는 않으며, 학문의 관문 밖에 있는 구경꾼들조차도 그들이 듣는 야단법석과 아우성으로 미루어 그 안에서는 모든 것이 잘 진행되지 않고 있다는 것을 판단할 수 있을 것이다. 논란거리 아닌 것이 없고, 학식 있는 사람들이 반대되는 의견을 갖지 않는 것도 없다. 가장 하잘

것없는 문제에서도 우리는 논쟁을 피할 수 없고, 가장 중요한 문제에서
도 우리는 확실한 결정을 전혀 내릴 수 없다. 마치 모든 것이 불확실한
것처럼 논쟁은 늘어나고, 마치 모든 것이 확실한 것처럼 뜨겁게 가열되
어 논쟁이 진행된다. 이 모든 소동들 가운데 찬사를 수반하는 것은 이
성이 아니라 웅변이다. 아주 엉뚱한 가설들을 그럴듯하게 꾸미기에 넉
넉한 기술을 가진 사람들은 그러한 가설들로 전향하기를 결코 단념할
필요가 없다. 창과 칼을 쓰는 군인이 승리를 쟁취하는 것이 아니라, 군
대의 음악가와 나팔수 그리고 고수(鼓手) 등이 승리를 얻는다.

내 생각으로는 바로 여기서 모든 종류의 형이상학적 추론을 공연스
레 반대하는 일상적 선입견이 발생하는 것 같다. 물론 이것은 학자를
자칭하며, 다른 모든 학문의 영역에 대하여 정당한 평가를 하는 사람들
에게 있어서조차도 마찬가지이다. 그들은 형이상학적 추론을 학문의
개별적 분야에 관한 것으로 파악하지 않고, 어떻든 난해하고, 또 이해
하려면 어느 정도 주의력을 요구하는 모든 종류의 논변에 관한 것으로
파악한다. 우리가 적어도 자연스럽고 재미있을 환상과 오류의 영원한
희생물이 되어야 한다면, 우리는 공통적으로 형이상학적 추론을 주저
없이 물리치고 해소하려고 애써 탐구하기를 자주 포기했을 것이다. 실
제로 극도의 나태함과 더불어 가장 단호한 회의론만 형이상학을 이처
럼 혐오하는 것을 정당화할 수 있을 뿐이다. 왜냐하면 만약 진리가 완
전히 인간의 능력이 미치는 범위 안에 있다면, 진리가 매우 심오하고
난해한 상태로 있을 것은 분명하기 때문이다. 또 위대한 천재들이 더할
수 없는 고통을 겪으며 좌절했지만, 우리가 고통 없이 진리에 도달할
수 있기를 바라는 것은 허영과 자만으로 평가되고도 남을 것은 확실하
다. 나는 내가 펼쳐 보이려는 철학에 그와 같은 장점이 전혀 없다는 것
을 천명하며, 그리고 만약 나의 철학이 매우 쉽고 명료하다면 그와 반

대로 그것을 완강한 억측으로 평가할 것이다.

　모든 학문이 인간의 본성과 어느 정도 관계되어 있고, 또 설령 학문들 가운데 어떤 것은 인간의 본성과 거리가 멀다고 여겨지지만, 그러나 그런 학문들도 이런 저런 경로를 거쳐 분명히 인간의 본성으로 되돌아온다. 심지어 **수학**과 **자연 철학** 그리고 **자연 종교**조차도 어느 정도 **인간학**에 의존하고 있다. 왜냐하면 그러한 학문들은 인간의 인식 능력 아래 있으며, 또 인간의 능력이나 그 직능에 의해 판단되기 때문이다. 우리가 인간 오성의 범위와 역량을 완전히 이해한다면, 또 우리가 추론하면서 실행하는 것과, 우리가 사용하는 관념 등의 본성을 설명할 수 있다면, 우리가 이 학문들에서 무엇을 변화시키고 개선할 수 있다고 말할 수 없을 것이다. 그리고 그와 같은 개선은 자연 종교에 기대하는 것이 훨씬 나을 것이다. 왜냐하면 자연 종교는 우월한 신들의 본성으로 우리에게 교시하는 데 만족하지 않고, 그 견해를 더욱 확장해서 우리에 대한 신의 의향과 또 신에 대한 우리의 의무까지 조망한다. 결과적으로 우리는 우리 자신이 추리하는 존재자일 뿐만 아니라 우리가 추리하는 바로 그 대상들 가운데 하나일 뿐이다.

　그러므로 **수학**과 **자연 철학** 등의 학문이나 **자연 종교**가 인간에 관한 지식에 의존하고 있다면, 인간의 본성과 더욱더 밀접한 관계를 갖는 다른 과학에서 우리는 무엇을 기대할 수 있는가? 논리학의 유일한 목적은 우리 추론 직능의 실행과 그 원리 그리고 우리 관념의 본성을 설명하는 것이다. 도덕과 비평은 우리의 취향과 소감(sentiments)을 연구하며, 정치학은 사회 안에서 합일되고 서로 의존하는 인간들을 고찰한다. 어떤 방식으로든 간에 우리가 숙지해야 할 만큼 중요하거나, 또는 인간의 정신을 증진하거나 빛낼 수 있는 모든 것이 **논리학, 도덕, 비평** 그리고 **정치학** 등 네 가지 학문에 거의 담겨 있다.

　　그런데 여태껏 지루하도록 쫓아다녔던 타성적 방법을 버리고 우리가 철학적 탐구에서 성공을 기대할 수 있는 유일한 방편이 여기 있는데, 그것은 곧 이따금 변방의 성이나 마을을 점령하는 대신 이들 학문의 서울 또는 그 중심을 향해, 즉 인간 본성 그 자체를 향해 곧장 나아가는 것이다. 단 한 번이라도 우리가 인간 본성을 꿰뚫어 볼 수 있다면, 우리는 어디서나 손쉬운 승리를 기대할 수 있을 것이다. 이 주둔지에서 출발하여 우리는 인간의 삶에 더욱 밀접하게 관여하는 모든 학문을 정복해 갈 수 있을 것이며, 그리고 나중에는 순수한 호기심의 대상인 학문들까지도 여유를 가지고 보다 충분히 밝힐 수 있게 될 것이다. 그 결론이 인간학에 포함되지 않는 중요한 물음은 없다. 그리고 우리가 저 학문에 정통하기 전에 확실하게 결론 내릴 수 있는 것도 전혀 없다. 따라서 우리는 인간 본성에 관한 원리를 설명한다고 자부하면서, 결과적으로 학문들이 안전하게 보호받을 수 있는 거의 완전히 새로운 기초 위에 세워진 학문들의 완전한 체계를 제안한다.

　　인간학은 다른 학문을 위한 유일하고 견실한 기초이므로 우리가 인간학 자체에 제공할 수 있는 그러한 기초는 경험과 관찰 위에 놓여야만 한다. 실험 철학이 자연적 주제에 적용된 다음 1세기 이상의 간격을 두고 이어서 도덕적 주제에 적용되는 것은 결코 놀랍게 생각할 것이 아니다. 왜냐하면 우리는 실제로 이 학문들의 발원 사이의 시간적 간격이 대개 같다는 것을 발견할 수 있기 때문이다. 탈레스에서 소크라테스까지 이르는 시기를 헤아려 보면 그 시간적 간격이 베이컨(F. Bacon)경과 최근 영국 철학자들[1] 사이의 간격과 거의 같다. 근래의 영국 철학자들

---

1)　로크(J. Locke), 샤프츠베리(A. Shaftsbury), 맨더빌(B. Mandeville), 허친슨(F. Hutcheson), 버틀러(J. Butler) 등이 그들이다.

은 인간학을 새로운 토대 위에 세우고 주목받으면서 대중의 호기심을 불러일으켰다. 그러므로 설령 다른 나라가 시로서 우리와 맞서고, 또 다른 좋은 예술로서 우리를 능가한다고 할지라도, 이성과 철학의 진보는 오직 관용과 자유의 땅에 있을 뿐이다.

　또한 우리는 인간학에서 이성과 철학의 진보가 자연 철학에서의 진보보다 우리 조국에 덜 명예로울 것이라고 생각해서는 안 되며, 인간학이 그러한 개혁 아래 깔고 있는 필연성과 함께 그것의 지대한 중요성 때문에 오히려 인간학에서의 이성과 철학의 진보가 훨씬 더 영예롭게 평가되어야 한다. 나는 분명히 외부 물체의 본질과 마찬가지로 정신의 본질도 알 수 없다고 여기기 때문에, 신중하고 정확한 실험, 그리고 상이한 여건과 상황으로부터 유래하는 개별적 실험 결과들에 대한 관찰 등을 제외한 다른 방식으로 정신의 능력과 성질에 관한 어떤 개념도 형성할 수 없다고 생각한다. 그리고 우리가 비록 실험을 궁극에까지 추적하여 가장 단순한 극소수의 원인들로부터 모든 결과를 설명함으로써, 할 수 있는 한 우리의 원리가 보편타당하도록 노력해야 한다고 할지라도, 여전히 우리는 분명히 경험을 넘어설 수 없다. 그리고 인간 본성의 가장 근원적인 성질을 발견했다고 주장하는 어떤 가설들이 주제넘고 터무니없는 것으로 먼저 거부되어야 한다.

　내 생각으로는 영혼의 궁극적 원리를 설명하는 데 매우 열성적으로 전념하는 철학자는 자신이 설명한다고 자부하는 인간의 본성에 관한 xviii 참다운 학문이나, 또는 인간의 정신을 자연스럽게 만족시킬 것이 무엇인가를 참으로 아는 것 등에 있어서 자신이 대가라는 것을 보여 줄 수 없을 것이다. 왜냐하면 가장 확실한 것은 절망이 우리에게 거의 기쁨과 같은 효과를 미치며, 우리는 어떤 욕망 자체가 사라진다기보다는 오히려 그 욕망을 만족시킬 수 없다는 것을 알게 되기 때문이다. 비록 우리가 우리 무지의 큰 바다에서 완전히 만족하며, 가장 일반적이고 세련된 원리들의 실재성을 경험한다는 점 외에는, 그 실재성이 단순한 일상인의 추리이며 가장 독특하고 가장 기이한 현상에 대한 이유를 발견하기 위해 처음에는 어떤 연구도 요구되지 않는 그 원리들에 대하여 어떤 이유도 제시할 수 없다는 것을 지각할지라도, 우리가 인간 이성의 궁극적 영역에 도달했다는 것을 알았을 때, 우리는 만족하고 주저앉는다. 이처럼 더 이상 진전할 수 없다는 것으로 독자들을 충분히 만족시킬 수 있으므로, 저자는 자신의 무지를 거리낌 없이 고백하는 데서, 또 아주 많은 사람들이 범했던 오류를 피하고, 가장 확실한 원리를 위하여 그 사람들의 추측과 가설을 세계에 비춰 보는 저자 스스로의 신중함에서 품위 있게 만족을 얻을 수 있을 것 같다. 대가와 학자가 서로 이렇게 만족할 수 있다면, 내가 알기로는 우리가 철학에 대해서 더 이상 요구할 수 있는 것이 없다.

그러나 궁극 원리에 대한 설명이 이처럼 불가능하다는 것이 인간학의 결함으로 평가된다면, 감히 단언하건대, 철학자들의 강단에서 배양되었건 아니면 가장 미천한 장인들의 일터에서 이루어진 것이건 가릴 것 없이, 그 결함은 우리가 헌신할 수 있는 모든 학문과 예술이 공통적으로 갖는 결함이다. 그것들 가운데 경험을 넘어설 수 있는 것은 전혀 없으며, 또 경험의 권위에 기초를 두지 않는 어떤 원리를 정립할 수 있는 것도 전혀 없다. 실제로 도덕 철학은 자연 철학에서 찾아볼 수 없는 xix 특유의 약점이 있는데, 도덕 철학은 그 실험을 수집하더라도 미리 계획을 세우고 의도적으로 실험할 수도 없으며, 또 있을 수 있는 모든 난제에 대하여 스스로 만족할 만한 방식으로 실험할 수도 없다. 내가 어떤 상황에서 하나의 물체가 다른 물체에 미치는 결과를 알기 위해 허둥거릴 때, 나는 그 물체들을 바로 그 상황 속에 처하도록 해야 하며, 그것으로부터 어떤 결과가 유래하는가를 관찰해야만 한다. 그러나 나 자신을 내가 생각하는 경우와 동일한 상황에 처하게 하는 것과 같은 방식으로 내가 도덕 철학의 의문을 해소하려고 한다면, 이 성찰과 예상은 그러한 현상으로부터 어떤 정당한 결론을 형성할 수 없도록 반드시 나의 자연적 원리들의 실행을 혼란시킬 것이다. 따라서 우리는 이 학문에서는 인간의 삶에 대한 신중한 관찰로부터 우리의 실험을 수집해야만 하며, 사교와 일 그리고 쾌락 등에서 나타나는 행동으로 미루어, 세상의 공통적 추세에 나타나는 그대로 그 실험을 받아들여야 한다. 이러한 종류의 실험이 적절하게 수집되고 비교되는 경우에, 우리는 그것을 기초로 하나의 학문을 정립하겠다고 희망할 수 있을 것이다. 물론 이 학문은 확실성에서도 조악하지 않을 것이며, 실용성에서는 다른 어떤 인간 이해보다 훨씬 우수할 것이다.

제1부
일반적인 덕과 부덕에 관하여

제1절 도덕적 구별의 원천은 이성이 아니다.

　　모든 난해한 추론에 따르는 폐단은 그 추론이 반대자를 납득시키지 않고 침묵을 지키도록 만들 수도 있고, 또 그 추론의 위력을 우리가 느끼도록 하는 데에는 처음 그 추론을 고안할 때와 마찬가지로 강도 높은 연구를 요구한다는 점이다. 우리가 서재를 나서서 일상사에 뛰어들면, 그 난해한 추론의 결론은 동틀 녘의 밤도깨비마냥 자취를 감추는 것 같고, 우리는 어렵사리 얻는 이 확신조차 유지하기 어렵다. 이런 점은 긴 연쇄적 추론에서 더욱 두드러지는데, 이런 추론에서 우리는 첫 명제의 명증성을 끝까지 유지해야 하며, 철학이나 일상생활에서 가장 널리 인정되는 모든 공리를 간과할 때도 흔하다. 그렇다고 하더라도 현재의 철학 체계는 진보한 만큼 새로운 힘을 획득할 것이고, 또 **도덕**에 관한 우리 추론은 지금까지 **오성**과 **정념**에 관해 말한 것을 모두 확인할 것이라는 등의 희망을 나는 잃지 않고 있다. 도덕성은 그 밖의 무엇보다도 우리에게 관심 있는 주제이다. 우리는 사회 평화가 도덕성에 관한 모든 결정에 달려 있는 것으로 생각한다. 우리가 우리와 거의 무관한 주제보다는 바로 이런 관심사에 대해 더욱 실제적이고 확고하게 사색할 수밖에 없다는 것은 명백하다. 우리는 우리를 감동시키는 것이 결코 허상일 수 없다고 추정한다. 정념은 우리를 감동시키는 것으로 기울거나 아니면 허상으로 기울기 때문에, 우리는 자연히 이 문제가 인간이 이해하는 영역 안에 있다고 생각한다. 이와 본성은 같지만 다른 경우에 우리는 인간이 이해하는 영역에 대해 어떤 의심을 품기 쉽다. 이런 장점이 없었더라면 나는 위험을 무릅쓰고 이 난해한 철학의 제3권을 집필하지 못했을 것이다. 더구나 대부분의 사람들이 거의 한결같이 책 읽기를 오락으로 전도시키고, 이해하기에 상당한 주의력이 필요한 것은 모두 내팽개치는 시대에.

이미 살펴보았듯이 정신이 지각하는 것 이외에 어떤 것도 정신에 현전할 수 없으며, 보고·듣고·판단하고·사랑하고·미워하며 생각하는 이 모든 작용을 (지각 작용이라는) 이름으로 일컫는다. 결코 정신은 우리가 **지각 작용**(perception)이라는 술어로 이해할 수 없는 어떤 작용으로 발현될 수 없으며, 따라서 우리가 선·악을 구별하는 판단에 대해서도 그 밖의 모든 정신 작용에 대해서와 다름없이 지각 작용이라는 술어가 적용될 수 있다. 어떤 성격에 찬동하고, 다른 성격을 경멸하는 것은 그토록 많은 상이한 지각 작용들일 뿐이다.

그런데 지각은 인상과 관념 따위의 두 종류로 나뉜다. 이 구별은 다음과 같은 물음을 제기하는데, 우리는 이 물음을 통해 도덕에 관한 이 탐구를 시작하려고 한다. 즉 우리가 덕과 부덕을 구별하고 어떤 행동을 칭찬할 만하다거나 비난받을 만하다고 판정할 때, 이 근거는 인상인가 아니면 관념인가? 이 물음 때문에 우리는 산만한 담화와 열변을 모두 즉각 떨쳐버리고 이 주제에 안성맞춤인 사실들에 몰두하게 된다.

사람들이 단언하는 바에 의하면, 덕은 이성과 부합되는 것일 뿐이며, 사실의 영원한 적합성(fitness)과 부적합성(unfitness)이 있으며,

이 적합성과 부적합은 그 사실을 고찰하는 모든 이성적 존재자에게 동일하고, 옳고 그름에 대한 불변적 척도가 사람뿐만 아니라 신 자신에게도 책임을 부과한다. (이런 주장은 흔히 사람들이 긍정하는 학문 체계들이며, 논증적인) 진리 (인식의 문제)와 마찬가지로 도덕성(의 문제도) 관념들에 의해서 식별되며 또 관념들의 나열과 비교를 통해 식별된다는 의견에는 이 모든 체계들이 동시에 나타난다. 따라서 이런 주장에 대해 판단하려면 우리는 오직 다음과 같은 점을 고려하기만 하면 된다. 즉 오직 이성만으로 도덕적 선과 악을 구별할 수 있는가? 또 우리가 도덕적 선과 악을 구별하는 데 반드시 그 밖의 어떤 원리도 있어야 하지 않는가?

만약 도덕성이 자연적으로 인간의 정념과 행동에 어떤 영향도 미칠 수 없다면, 도덕성을 일깨우기 위해 엄청난 노력을 감수하는 것은 헛일일 것이고, 또 모든 도덕론자들에게 넘쳐 나는 숱한 규칙과 교훈이 아무짝에도 쓸모없을 것이다. 우리는 대개 철학을 사변 철학과 실천 철학으로 나눈다. 그리고 도덕성은 언제나 실천 철학에 포함되므로, 우리는 도덕성이 우리 정념과 행동에 영향을 미치며 오성의 차분하고 냉담한 (indolent) 판단을 넘어서는 것으로 가정한다. 그리고 우리는 일상 경험을 통해 이런 사실을 확인한다. 우리가 일상 경험을 통해 인지하기로는 인간이 흔히 자신들의 의무(감)에 지배되고, 불의라는 의견 때문에 어떤 행동을 단념하며, 책임이라는 의견 때문에 어쩔 수 없이 (어떤 행동을) 추진한다.

따라서 도덕이 행동과 감정에 영향을 미치기 때문에, 결과적으로 도덕은 이성에서 유래될 수 없다. 우리가 이미 입증했듯이 이성 홀로는 그와 같은 영향력을 전혀 가질 수 없기 때문이다. 도덕은 어떤 행동을 일으키거나 억제한다. 바로 이런 점에서 이성은 전혀 힘이 없다. 따라서 도덕성의 규칙은 결코 우리 이성의 산물(conclusions)이 아니다.

내가 믿기로는 어느 누구도 이렇게 추정하는 것의 정당성을 부정하지 않을 것이고, 이렇게 추정하는 기초인 (경험적) 원리를 부정하지 않고는 결코 이런 추정을 피할 도리가 없다. 이성은 우리 행동과 정념에 전혀 영향을 미칠 수 없다는 점이 인정되는 한, 도덕성이 오직 이성의 연역을 통해서만 발견된다고 우기는 것은 헛일이다. 활동적(active) 원리는 비활동적(inactive) 원리에 기초를 둘 수 없다. 그리고 이성 자체가 비활동적이라면, 이성이 자연적 주제에서 발현되건 도덕적 주제에서 발현되건 간에, 또 외부 대상의 힘(powers)을 고찰하건 이성적 존재자들의 행동을 고찰하건 간에 이성은 자신의 모든 기색에서 비활동적인 채로 있어야 한다.

이미 내가 입증했듯이,[1] 이성은 전적으로 무기력하고 어떤 행동이나 감정도 억제하거나 산출할 수 없다는 논변들을 모두 되풀이하는 것은 458 아마 지루할 것이다. 이 주제를 두고 지금까지 언급한 것을 회상하는 것은 쉬울 것이다. 나는 지금 이 논변들 가운데 한 가지를 상기시키기만 하겠는데, 이 논변을 더욱 확정적이고 이 주제에 좀 더 걸맞도록 (다듬기 위해) 애쓰겠다.

이성은 참이나 거짓 따위를 발견(하는 직능)이다. 참이나 거짓은 관념들의 **실제 관계** 또는 **실제 존재**와 사실(matter of fact) 따위에 대한 일치와 불일치에 있다. 따라서 이와 같은 일치와 불일치의 여지가 없는 것은 무엇이든 참이거나 거짓일 수 없고, 결코 우리 이성의 대상일 수도 없다. 그런데 명백하듯이 정념과 의욕 그리고 행동 따위는 이와 같은 일치와 불일치의 여지가 없는데, 이런 것들은 근원적 사실이자 실재

---

1)   제2권 3부 3절.

이며, 그 자체에서 완전하고, '그 밖의 다른 정념과 의욕 그리고 행동을 가리키는 관계를 전혀 포함하지 않기 때문이다.'* 따라서 정념과 의욕 그리고 행동 따위는 참이거나 거짓이라고 단언될 수 없고, 이성과 상반되거나 부합될 수도 없다.

이 논변은 현재 우리의 목적에 이중의 장점을 갖는다. 즉 이 논변이 직접 증명하는 바는 행동의 가치(merit)는 이성과 부합되는 점에서 유래되는 것이 아니고 그 허물(blame)도 이성과 상반되는 점에서 유래되지 않는다는 것이다. 또 이 논변은 다음과 같은 점을 우리에게 보여 줌으로써 바로 이 진리를 좀 더 간접적으로 입증한다. 즉 이성은 어떤 행동에 대해 부인하거나 찬동함으로써 직접 그 행동을 중단시키거나 유발할 수 없으므로, 그 행동을 중단시키거나 유발하는 영향력을 가진 것으로 밝혀진 도덕적 선·악을 구별하는 원천일 수 없다. 어떤 행동이 칭찬받거나 비난받을 수 있을 것이다. 그러나 그 행동이 합리적(reasonable)이거나 비합리적(unreasonable)일 수는 없다. 따라서 칭찬받거나 비난받는 것이 합리적이거나 비합리적인 것과 동일한 것은 아니다. 행동의 잘잘못은 흔히 우리의 자연적 성향과 상충되며, 우리의 자연적 성향을 억제할 때도 있다. 그러나 이성은 이런 영향력이 전혀 없다. 그러므로 도덕적 구별은 이성의 산물이 아니다. 이성은 전적으로 무기력하고, 결코 양심이나 도덕감(a sense of morals)**과 같은 활동적 원리의

---

* 옮긴이 주 인상과 관념을 구분함에 있어서 정념과 의욕 그리고 행동 따위는 인상이지 관념이 아니라는 뜻이다. 따옴표는 옮긴이가 첨가했다.

** 옮긴이 주 a sense of morals를 도덕감이라고 번역하는 것이 상례이다. 그리고 이 책에서 a sense of morals의 sense는 대체로 느낌 또는 감각을 가리키지만, 612면에서는 sense를 감각 기관의 의미로 사용하고 있다. 그리고 립스는 a sense of morals를 '도덕의식'(Sittlichkeitsbewußtsein)이라고 옮기고 있다. D. Hume, (*Ein Traktat über die*

원천일 수 없다.

459   그렇지만 우리는 아마 다음과 같은 말을 할 수도 있을 것이다. 즉 어떤 의지나 행동도 이성과 직접 모순될 수 없다고 하더라도 행동에 수반되는 것 중 어떤 것에서, 말하자면 그 행동의 원인이나 그 결과에서 이성과의 모순을 발견할 수도 있을 것이다. 판단이 어떤 정념과 공조할 때, 이런 행동은 판단을 낳는 원인일 수 있거나, 또는 그 판단 때문에 **우회적으로**(obliquely) 발생할 수도 있을 것이다. 그리고 철학은 욕설적인 말투를 거의 용납하지 않겠지만, 바로 이런 말투 때문에 우리는 그 행동에 (이성과) 상반되는 점이 있는 것으로 여길 수도 있을 것이다. 이와 같은 참과 거짓이 어느 정도 도덕의 원천인지 이제부터 살펴보는 것이 적절하겠다.

지금까지 살펴보았듯이 엄밀하고 철학적인 의미에서 이성은 오직 두 가지 방식으로 우리 행동에 영향을 미친다. 즉 이성은 어떤 정념에 어울리는 대상의 존재를 우리에게 일깨워 줌으로써 해당 정념을 유발할 수도 있다. 또는 이성은 어떤 정념을 드러낼 계기(means)를 우리에게 제공할 정도로 원인과 결과의 연관을 드러낸다. 우리 행동에 수반될 수 있거나 또는 어떤 방식으로 우리 행동을 유발한다고 말할 수 있을 종류의 판단은 이 두 가지뿐이다. 그리고 이런 판단이 종종 거짓이거나 틀릴 수도 있다는 점은 반드시 인정되어야 한다. 어떤 대상이 고통이나 쾌락* 따위의 감각을 산출하는 경향이 전혀 없거나 또는 상상한 것과 상반되는 감각을 산출할 때라도, 사람은 그 대상에 고통이나 쾌락이 담

---

menschliche Natur), übersetzt, mit Anmerkung und Register versehen von Theodor Lipps, 제2권, Hamburg, 1978, 199면.

* 옮긴이 주 흄은 '쾌락'(pleasure)과 '만족'(satisfaction)을 같은 의미로 사용하고 있다.

겨 있다고 상정함으로써 정념에 휩싸일 수도 있을 것이다. 또 사람은 자신의 목적을 달성하기에는 부적절한 수단(false measures)을 택할 수 도 있고, 자신의 어리석은 행동 때문에 어떤 계획의 실행을 진척시키는 것이 아니라 후퇴시킬 수도 있을 것이다. 우리는 이런 거짓 판단이 이 판단과 연관된 정념과 행동에 영향을 미치는 것으로 생각할 수도 있을 것이고, 또 수사적이고 부적절한 말투로 이런 거짓 판단이 그 정념이나 행동을 비합리적이 되도록 한다고 말할 수도 있을 것이다. 그러나 우리 는 이런 사실을 인정하더라도 다음과 같은 사실을 쉽게 관찰한다. 즉 이런 실수는 모든 부도덕성의 원천과는 너무 거리가 멀고 대개 아주 순 진무구하며, 또 그런 실수를 저지르게 된 불행한 사람에게 결코 죄를 물을 수 없다. 이런 실수는 사실에 대한 오해일 뿐이다. 일반적으로 도 덕론자들은 지금까지 이런 오해를 범죄적인 것으로 상정하지 않았는 데, 그 까닭은 사실에 대한 오해가 전적으로 비자발적이라는 점이다. 내가 고통이나 쾌락을 산출하는 대상의 영향력을 잘못 파악하거나 나 의 욕구를 충족시킬 적절한 수단을 모른다면, 다른 사람은 나를 비난하 기보다는 안타깝게 여길 것이다. 그와 같은 실수를 나의 도덕적 성격의 결함으로 여길 사람은 아무도 없다. 예를 들어 내가 거리를 좀 두고 과 일을 보며 실제로 맛이 없는 과일을 오해 때문에 맛있고 향긋한 것으로 상상한다. 여기에 한 가지 실수가 있다. 나는 이 과일에 다가가기 위한 방법을 택했는데, 이 방법은 내 목적에 어울리지 않았다. 여기에 두 번 째 실수가 있다. 행동에 관한 우리의 추론에 끼어들 수 있을 법한 세 번 째 실수는 결코 없다. 따라서 내가 묻고 싶은 것은 다음과 같다. 어떤 사람이 이런 처지에 있고 또 이 두 가지 실수에 대해 책임져야 한다면 그 실수가 아무리 불가피했더라도 그는 부덕하고 죄를 지은 것으로 간 주되어야 할까? 또는 그와 같은 실수를 모든 부도덕성의 원천으로 상상할 수는 없을까?

그리고 아마 여기서 다음과 같은 점을 살펴보는 것이 좋겠다. 즉 만약 이런 판단의 참이나 거짓을 통해 도덕적 구별이 이루어진다면, 우리가 이런 판단을 할 때마다 도덕적 구별이 발생해야 한다. 사안(question)이 사과에 관한 것이든 왕국(kingdom)에 관한 것이든, 또는 실수를 피할 수 있었든 없었든 간에 전혀 차이가 없을 것이다. 도덕성의 참된 본질은 이성에 대한 일치와 불일치에 있다고 가정되므로 그 밖의 여건은 전혀 임의적이며, 어떤 행동에 유덕하거나 부덕한 성격을 부여할 수 없거나 그 성격을 제거할 수 없다. 게다가 이성에 대한 일치나 불일치에는 정도(의 차이)가 전혀 용인되지 않으므로, 모든 덕과 부덕이 (서로) 대등해야 할 것이다.

사실에 대한 오해는 범죄가 아니라고 하더라도 **옳음***에 대한 오해(a mistake of right)는 종종 범죄이며 옳음에 대한 오해가 부도덕성의 원천일 수도 있다고 주장하려 들면, 나는 다음과 같이 대꾸할 것이다. 즉 옳음에 대한 오해는 실제적인 옳고 그름을 상정하기 때문에, 다시 말하자면 이런 판단과는 별도로 도덕에서의 실질적인 구별을 상정하기 때문에, 그와 같은 오해는 결코 부도덕성의 근원적 원천이라고 할 수 없다. 따라서 옳음에 대한 오해는 부도덕성의 일종이 될 수는 있다. 그렇지만 옳음에 대한 오해는 2차적인 부도덕성이며, 그보다 선행하는 다른 어떤 부도덕성에 기초를 두고 있다.

461   이런 판단은 우리 행동의 **결과**이고, 또 이런 판단은 거짓인 경우에 그 행동이 진리와 이성에 상반된다고 단언할 수 있는 빌미를 주는데, 이런 판단에 대해 우리는 다음과 같은 사실을 주목할 수 있을 것이다.

---

* 옮긴이 주 'right'는 문맥에 따라 '옳음'과 '권리'로 옮겼다.

즉 우리 자신의 판단이 참이든 거짓이든 간에 우리 행동은 결코 이 판단의 원인일 수 없고, 우리 행동은 오직 다른 사람의 판단에 (인과적) 영향력을 미칠 뿐이다. 확실하듯이 어떤 행동은 흔히 다른 사람에게 거짓 결론을 유발시킬 수도 있으며, 내가 이웃 부인과 음란한 행동을 할 때 이 행동을 창 너머로 보는 사람이 그 부인을 틀림없는 내 아내로 여길 만큼 단순할 수도 있다. 이런 측면에서 나의 행동은 다소 허구(lye) 또는 거짓에 가깝고, 실질적인 차이점이라고는 내가 다른 사람에게 거짓 판단을 유발시킬 의도가 없이 오직 나의 성욕과 정념을 충족하기 위해 그 행동을 수행했다는 것뿐이다. 그렇지만 나의 행동은 우연적으로 오해와 거짓 판단을 유발했다. 그리고 약간 뜻밖의 수사적 말투 때문에 우리는 그 판단의 결과가 거짓임이 그 행동 자체에 속한다고 생각할 수도 있을 것이다. 그렇지만 나는 이런 실수를 유발하는 경향이 모든 부도덕성의 제1원천 또는 근원이라고 주장할 만한 이성의 핑계거리(pre-text)를 전혀 찾을 수 없다.[2]

---

2) 최근의 한 저술가 [즉 월라스톤(Wollaston)]은 다소 명성을 얻는 행운을 잡았는데, 만일 그 사람이 이와 같은 거짓이 모든 죄와 모든 도덕적 흉의 토대라는 것을 진지하게 단언하지 않았더라면, 아마 이런 사실을 입증하는 것이 전혀 쓸모없다고 생각할 사람도 있을 것이다. 우리가 그의 가설이 오류라는 점을 발견하려면 다음과 같은 점을 고려해 보기만 하면 된다. 즉 상반된 원인들(에서 발생하는) 자연적 원리의 모호성은 어떤 원인의 작용을 은밀하게 중단시키고 두 대상 사이의 연관을 불확실하고 유동적이도록 하는데, 오직 이 자연적 원리의 모호성 때문에 어떤 행동에서 거짓 결론이 도출된다. 그런데 심지어 자연적 대상에 있어서조차 원인들의 이런 불확실성과 다양성이 발생해서 우리 판단에도 이와 유사한 실수를 낳기 때문에, 따라서 실수를 유발하는 이 경향이 부덕과 부도덕성의 실제 본질이라면 무생명체조차 부덕하고 부도덕할 수도 있을 것이다.

무생명체는 자유와 선택의 여지없이 작용한다고 주장하는 것은 헛수고이다. 어떤 행동이 우리에게 틀린 결론에 이르도록 하는 데에 자유와 선택이 필요한 것은 아니므로,

462 　　따라서 대체로 이성은 도덕적 선·악을 구별할 수 없다. 이 구별은 우리 행동에 영향을 미치지만, 이성 홀로는 이런 영향력을 가질 역량이 없기 때문이다. 사실 이성과 판단은 정념을 고무하거나 그 방향을 결정함으로써 어떤 행동을 (유발하는) 간접 원인일 수는 있다. 그러나 이런 종류의 판단이 참인 경우이든 아니면 거짓인 경우이든 간에 이 판단에

결코 자유와 선택 따위가 도덕성에 본질적일 수 없다. 이 체계에 따르면 자유와 선택 따위를 도대체 어떻게 도덕성(의 측면)으로 고려하게 되었는지 나로서는 석연치 않다. 실수를 유발하는 경향이 부도덕성의 기원이라면, 어떤 경우든 이 경향과 부도덕성은 분리될 수 없을 것이다.

　덧붙여서, 내가 이웃 부인과 위의 자유에 탐닉하는 동안 창문을 닫는 등 조심했더라면, 나는 전혀 부도덕성의 죄를 범하지 않았을 것이다. 완전히 은폐된 나의 행동은 거짓 결론을 낳을 경향이 전혀 없었을 것이기 때문이다.

　바로 이런 이유 때문에 사다리를 타고 창문으로 침입해서 전혀 소란을 피우지 않을 정도로 최선의 주의를 기울인 도둑은 결코 죄인이 아니다. 그 도둑은 결코 들키지 않든가 들키더라도 전혀 실수를 유발할 수 없을 것이기 때문에, 이런 여건에서 그를 그의 실제 모습과 달리 생각할 사람은 아무도 없을 것이다.

　익히 알고 있듯이 사팔뜨기는 아주 쉽게 다른 사람에게 오해를 유발한다. 우리는 사팔뜨기가 어떤 사람에게 인사하거나 이야기하는 것으로 상상하지만, 사팔뜨기는 (실제로) 다른 사람에게 말을 건다. 그렇다면 사팔뜨기는 이런 이유로 부도덕한가?

　이밖에도 우리가 쉽게 관찰할 수 있을 법한 것은 이 모든 논변에는 명백한 순환 논증이 담겨 있다는 점이다. 다른 사람의 소유물을 빼앗아서 자신의 것인 양 쓰는 사람은 거의 그 물건이 자신의 것이라고 떠든다. 그리고 이 거짓은 불의라는 부도덕성의 원천이다. 그러나 도덕성이 선행하지 않더라도 소유권이나 옳음 또는 책임 따위를 이해할 수 있을까?

　자신의 은인에게 감사할 줄 모르는 사람은 자신이 그 은인에게서 은혜를 입은 적이 전혀 없다고 일정한 방식으로 확언한다. 도대체 어떤 방식으로? (은혜를 입었다면) 감사하는 것이 그의 의무이기 때문인가? 그렇지만 이런 사실은 선행하는 어떤 의무 규칙과 도덕이 있다는 것을 상정한다. 그러나 인간 본성은 감사하는 것이 일반적이기 때문이고, 또 우리가 다른 사람에게 해를 끼치는 사람은 자신이 해를 끼쳤던 사람에게서 어떤 호의도 입은 적이 없었다는 결론을 내리게 되기 때문인가? 그러나 인간 본성은 이와

덕이나 부덕이 수반된다고 우겨서는 안 된다. 그러나 우리 [행동]* 때
463 문에 발생된 판단을 두고 보면, 이 판단은 그 원인이 되는 행동에 도덕
적 성질을 거의 부여할 수 없다.

그러나 건전한 철학이 사물의 영원한 불변적 적합성과 부적합성을
옹호할 수 없다는 점을 더욱 구체화하고 또 설명하기 위해, 우리는 다
음과 같은 점을 살펴볼 수도 있을 것이다.

사유와 오성 단독으로 옳고 그름의 경계를 확정할 역량이 있다면,
유덕한 성격과 부덕한 성격은 대상들 사이의 어떤 관계에 있거나, 또는
우리 추론을 통해 밝혀지는 사실이어야 한다. 이 귀결은 명백하다. 인
간 오성의 작용은 관념들의 비교와 사실 문제의 추정 등 두 종류로 구
별되므로, 만일 덕이 오성을 통해 밝혀진다면 덕은 이런 (오성의) 작용
들 가운데 한 가지의 대상이어야 하고, 이 덕을 밝힐 수 있는 오성의 제

같은 결론을 정당화할 만큼 감사하는 것이 일반적이 아니다. 또는 만약 이와 같은 결론
이 정당하다면, 모든 경우에 일반 규칙에 대한 예외가 죄라는 것은 오직 그 규칙이 예
외이기 때문인가?

그러나 진리가 유덕하고 거짓이 부덕하다는 등의 이유를 제시할 때 우리는 다른 사람
의 행동의 가치와 비열함을 평가할 때와 동일한 어려움에 처한다는 점은 이 별난 체계
를 완전히 파괴하기에 충분할 것이다. 당신이 원한다면 모든 부도덕성은 행동에 담긴
이 가상적 거짓에서 유래된다는 점을 내가 인정할 것이다. 다만 당신은 그와 같은 거짓
이 부도덕하다는 점에 대해 그럴듯한 이유를 제시할 수 있다면 말이다. 당신이 문제를
제대로만 고찰하면, 자신이 처음과 똑같은 어려움에 처해 있음을 깨달을 것이다.

바로 이 마지막 논변이 참으로 결정적이다. 이런 종류의 참이나 거짓에 동반되는 뚜
렷한 가치나 비열함이 없다면 그 참이나 거짓이 우리 행동에 전혀 영향력을 미칠 수 없
기 때문이다. 어느 누가 어떤 행동에서 다른 사람이 거짓 결론을 끌어낼 수도 있다는
이유로 다시는 그 행동을 하지 않기로 생각하겠는가? 또는 어느 누가 참인 결론을 유발
할 수도 있는 행동을 수행했던가?

* 초판은 '판단'으로 표기되어 있지만, 편집자가 '행동'으로 고쳤다 – 자구에 대한
주석.

3의 작용은 결코 없다. 일련의 철학자들이 아주 열성적으로 유포하는 의견이 있는데, 그것은 곧 도덕성은 논증의 여지가 있고, 도덕성에 대한 논증에서 지금까지 단 한 걸음이라도 전진할 수 있었던 사람은 아무도 없었지만 도덕성에 관한 학문은 기하학이나 대수학과 대등한 확실성에 이를 수도 있다는 의견이다. 이 가정에 따르면 덕과 부덕은 모종의 관계에 있어야만 한다. 누구나 인정하듯이 사실 문제는 결코 (이성만을 통해) 논증될 수 있는 것이 결코 아니기 때문이다. 그렇다면 이 가설에 대한 검토에 착수해서, 할 수만 있다면 우리가 그토록 오랫동안 아무 소득 없이 탐구했던 도덕적 성질을 (이 가설을 근거로) 확정하도록 노력해 보자. 도덕성이나 의무를 구성하는 관계들이 판명하게 적시된다면 우리는 도덕성이나 의무가 존립하는 관계를 알 수 있을 것이고, 또 도덕성이나 의무를 판단해야 하는 방식을 알 수 있을 것이다. 이런 관계들을 판명하게 적시하라.

확실하고 논증될 수 있는 관계에 덕과 부덕이 존립한다는 것이 당신의 주장이라면, 당신은 오직 관계 자체만으로도 이와 같은 정도의 명증성이 인정될 수 있는 네 가지 관계에 당신의 주장을 국한해야 한다. 그리고 이 경우에 당신은 자신이 결코 헤어날 수 없을 모순에 빠지게 된 464 다. 당신이 도덕성의 실제 본질을 관계에 두었으므로, 또 이런 관계들은 비이성적일 뿐 아니라 생명조차 없는 대상에 적용될 수 있으므로, 이와 같은 대상들조차도 (도덕적) 가치나 허물의 여지가 있어야 한다. 유사·반대·성질의 정도·양이나 수 따위의 비율 등과 같은 관계는 모두 우리의 행동과 정념 그리고 의욕 등에 본질적인 만큼 물질에도 본질적이다. 그러므로 도덕성이 이런 관계에 있는 것도 아니고, 또 도덕성의 감각이 이런 관계를 발견하는 데 있는 것도 아니라는 것 등은 의심할 나위가 없다.[3]

위에서 언급한 관계와는 무관한 어떤 관계를 발견하는 데에 도덕성
의 감각이 있다고 주장하려면, 또 논증적(으로 인식할 수 있는) 관계를
모두 이 네 가지 일반적 항목으로 파악할 때 (도덕성의 감각이 담긴 관
계를) 완전히 일일이 열거할 수 없다고 주장하는 사람이 있다면, 그가
이 새로운 관계를 나에게 적시할 때까지 나는 그의 주장에 대해 어떤
대답을 해야 할지 모른다. 여태껏 한 번도 설명된 적이 없는 체계를 반
박할 수는 없(기 때문이)다. 그처럼 암흑 속에서 싸우면 적도 없는 허
공으로 헛주먹을 휘두르게 된다.

　　그러므로 이런 경우에 나는 이 체계를 명료히 할 다음과 같은 두 가
지 조건을 요구하는 것으로 만족할 수밖에 없다. **첫째,** 도덕적 선악은
오직 정신 작용에 속할 뿐이며 외부 대상에 대한 우리의 상황에서 유래
465　되므로, 이런 도덕적 구별이 발생하는 관계는 (정신의) 내부 작용과 외
부 대상 사이에만 있어야 하고, 서로 비교되는 (정신의) 내부 작용에는

---

3)　이런 주제에 대한 우리의 사고방식이 대체로 모호하다는 점에 대한 증거로 우리는
아마 다음과 같은 점을 살펴볼 수 있을 것이다. 즉 도덕성이 (이성을 통해) 논증될 수
있다고 주장하는 사람은 도덕성이 관계에 있다고 말하지도 않고, 이성이 이 관계들을
구별할 수 있다고 말하는 것도 아니다. 이런 사람이 말하는 바는 이와 같은 관계들에서
이성은 어떤 행동이 유덕하고 또 어떤 행동은 부덕하다는 것을 발견할 수 있다는 것일
뿐이다. 이런 사람은 관계라는 말을 명제로 나타낼 수 있으면 그것으로 만족할 뿐이고
그 말이 그 취지에 적합한지 여부에는 관심도 없는 것 같다. 그러나 내 생각에는 여기
에 간명한 논증이 있다. 이성은 오직 관계만 발견할 뿐이다. 그런데 이 가설에 따르면
논증적 이성은 덕과 부덕도 발견한다. 그러므로 이 도덕적 성질은 반드시 관계이다. 우
리가 특정 상황에서 어떤 행동을 나무랄 때, 행동과 상황이 얽힌 이 대상 전체는 부덕
의 본질이 담긴 특정 관계를 반드시 형성한다. 이 가설을 달리 이해할 수는 없다. 이성
이 어떤 행동을 부덕하다고 단언할 때, 이성은 무엇을 발견하는가? 이성은 관계를 발견
하는가 또는 사실을 발견하는가? 이 물음은 단호하며, 누구도 이 물음을 회피해서는 안
된다.

적용될 수 없어야 하거나 또는 어떤 외부 대상은 (우리가 그 대상을) 다른 외부 대상과 대립시킬 때에는 그 외부 대상에 적용될 수 없어야 한다. 도덕성은 특정 관계에 수반되는 것으로 상정되므로, (외부 대상과는) 별도로 고려된 (정신의) 내부 작용에 이런 관계가 속한다면, 아마 결과적으로 우리는 삼라만상에 대한 우리의 처지와 무관한 죄를 스스로 책임질 수도 있을 것이다. 마찬가지로 이런 도덕적 관계가 외부 대상에도 적용될 수 있다면, 심지어 생명이 없는 존재조차 도덕적 아름다움과 흠을 가질 수 있을 법하다는 결론이 나올 것이다. 그런데 어떤 관계가 우리 정념과 의욕 등에 속하지 않거나 또는 **그것들끼리** 서로 비교되는 외부 대상들에게 속하지 않을 수도 있다고 할 때, 외부 대상들과 비교되는 우리 정념과 의욕 그리고 행동 사이에서 우리가 이런 관계를 발견할 수 있다고 상상하기는 어려울 것 같다.

그러나 이 체계를 정당화하기에 필요한 두 **번째** 조건을 충족시키기가 더욱 어려울 것이다. 도덕적 선악 및 사물의 자연적 정당성과 부당성 사이의 추상적인 합리적 차이(an abstract rational difference) (즉 순수 이성을 통해 인식된 차이)를 주장하는 사람의 원리에 따르면, 이런 관계들은 모든 이성적 존재자들이 생각하기에 영원 불변적이기 때문에 동일하다고 상정될 뿐만 아니라 그 **결과들** 역시 필연적으로 동일하다고 상정된다. 그리고 이 관계들이 신의 의지 방향에 미치는 영향력은 우리 인류의 합리적이고 유덕한 (행동을) 결정하는 데 미치는 영향력에 버금갈 뿐만 아니라 오히려 더 크다는 결론을 내리게 된다. (그러나 덕을 아는 것과 의지가 덕을 따르도록 하는 것 등) 이 두 요소(particulars)는 명백하게 구별된다. 따라서 모든 이성적 정신에게 **의무적** (obligatory)인 옳고 그름의 척도가 영원한 법칙이라는 것을 입증하려면, 그 법칙들의 기초인 관계를 보여 주는 것으로는 충분하지 않다. 우리는 그 관계와 의지 사이의 연관도 적시해야 한다. 그리고 우리는 이 연관이 정상적 정신을 소유한 모든 사람(every well-disposed mind)마다 나타나며 그들에게 영향력을 가질 정도로 필연적이라는 것을 입증해야 한다. 물론 달리 보면 이런 정신(을 소유한 사람)들 사이의 차이는 무궁무진할 수도 있겠지만 말이다. 그런데 나는 인간 정신에는 어떤 관계도 그 자체만으로는 어떤 행동도 산출할 수 없다는 것을 이미 증명했는데, 이밖에도 내가 덧붙여 말하는 것은 오성을 다루면서 밝혔듯이 원인과 결과의 어떤 연관도 여기서 가정되는 것처럼 경험 이외의 방식으로 발견될 수 없고, 감히 우리는 그 대상들을 단순히 고찰하는 것만으로는 원인과 결과의 연관에 대해 확실성을 갖는다고 주장할 수 없다는 점이다. 우주의 모든 존재자들은 그 자체로 보면 전적으로 산만하고 서로 무관한 것으로 나타난다. 우리는 오직 경험을 통해 모든 존재자들의 영향력과 연관을 배운다. 그리고 우리는 결코 이 영향력을 경험 이상으로 확장해서는 안 된다.

따라서 옳고 그름에 대해 영원한 이성적 척도의 체계(를 마련하는 데) 필요한 **첫 번째** 조건을 충족할 수 없을 것이다. (도덕적 구별의) 기초가 될 수 있을 법한 관계를 보여 주는 것이 불가능하기 때문이다. **두 번째** 조건 역시 충족할 수 없다. (도덕적 구별의 기초가 될 수 있을 법한) 관계들이 실제로 존재하고 지각되더라도 이 관계들이 보편적으로 영향력을 가지며 의무적이라는 점을 우리가 **선험적으로** 증명할 수 없기 때문이다.

그렇지만 이 일반적인 고찰을 명료하고 확실하도록 하기 위해, 우리는 도덕적 선·악이라는 성격이 깃들인 것으로 아주 일반적으로 승인되는 몇 가지 개별적 사례를 통해 그와 같은 고찰을 예증해 봄 직도 하다. 인간 존재가 저지를 수 있는 모든 범죄 가운데 배은망덕이 가장 잔혹하

고 몰인정하며(unnatural), 특히 부모에 대해 배은망덕할 때와, 상해와
죽음 등 더욱 극악무도한 사례가 배은망덕하다고 여겨질 때, 이 배은망
덕은 가장 잔혹하고 몰인정하다. 일반인은 물론 철학자들까지 모든 인
류가 이런 사실을 인정한다. 철학자들 사이에서나 겨우 발생하는 물음
은 다음과 같다. 즉 이런 행동의 죄 또는 도덕적 흉은 (이성의) 논증적
추론을 통해 발견되는가, 아니면 그와 같은 행동에 대한 반성을 통해
자연스럽게 유발되는 어떤 소감과 내부 감관 따위를 통해 느끼게 되는
가. 우리가 (인간 이외의) 다른 대상에도 바로 이런 관계가 있지만 이
관계에 수반되는 죄나 부정의 개념은 전혀 없다는 것을 보여 줄 수 있
다면, 이 물음은 곧 첫 번째 물음과는 상반되게 귀결될 것이다. 추리나
학문은 관념들을 비교하고 관념들의 관계를 발견하는 것일 뿐이다. 그
467 리고 동일한 관계가 상이한 성격을 갖는다면, 명백한 귀결은 이성 홀로
이런 성격을 발견할 수 없다는 점이다. 그렇다면 이 사실을 위와 같은
(관점에서) 시험하기 위해 오크나무나 느릅나무 따위처럼 생명이 없는
대상(inanimate object)을 선택해서 다음과 같이 가정해 보자. 즉 그
나무는 자신의 씨앗을 떨어뜨려 자신의 아래에 묘목이 움트도록 하고,
이 묘목은 점점 자라서 마침내 어미 나무를 뒤덮어 도태시킨다고 가정
해 보자. 그러면 존속 살인이나 배은망덕 따위에서 발견될 수 있는 관
계가 이 사례에는 없는가? 어미 나무는 묘목이 존재하게 된 원인이 아
닌가? 그리고 꼬마가 부모를 살해했을 때와 마찬가지로 묘목은 어미나
무가 도태되는 원인이 아닌가? (나무의 사례에서는) 선택(의 자유)나
의지가 없다는 것은 충분한 대답이 아니다. 존속 살인의 경우에 의지는
다른 관계*를 유발시키는 것이 아니라, (존속 살인이라는) 행동이 유래

---

* 옮긴이 주   부모와 자식의 관계가 아닌 어떤 관계를 가리킨다.

된 원인일 뿐이고, 또 결과적으로 의지는 오크나무나 느릅나무에서 다른 어떤 원리로부터 발생되는 것과 **동일한** 관계를 산출하기 때문이다. 사람이 자신의 부모를 죽이도록 결정하는 것은 의지이거나 선택(의 자유)이다. 물질과 운동 따위의 법칙은 묘목이 자신의 기원인 오크나무(즉 어미 나무)를 도태하도록 결정한다. 그런데 여기서 동일한 관계들이 상이한 원인을 갖지만, 그럼에도 불구하고 그 관계들은 동일한 것이다. 그리고 이 두 경우 모두에서 이 관계들을 발견한다고 해서 부도덕성의 관념이 나타나지는 않으므로, 결과적으로 부도덕성의 관념은 관계를 발견하는 데서 발생하지 않는다.

그런데 더욱 유사한 사례를 선택해 보자. 나는 정말 다음과 같은 점을 사람들에게 묻고 싶다. 인류의 근친상간은 왜 범죄인가? 그리고 동물에게서는 왜 바로 이런 행동과 관계가 거의 난잡하거나 흉하지 않은가? 동물은 이런 행동이 난잡하다는 것을 알기에 충분한 이성이 없으므로 이런 행동이 동물에게는 도덕적으로 문제되지 않지만(innocent), 인간은 (이성이라는) 직능을 부여받았으므로 자신의 의무에 따라 자제**해야만** 하기 때문에 근친상간이라는 행동이 인간에게는 곧장 죄로 된다. 내 물음에 대해 이와 같이 대답한다면, 나는 이 대답이 분명한 순환 논증이라고 응수할 것이다. 이성이 이런 난잡함을 지각할 수 있기 전에, 그 난잡함이 존재해야 하기 때문이다. 또 결과적으로 그 추잡함은 우리 이성의 결정과 무관하고, 그 추잡함은 이성이 결정한 결과라기보다는 이성이 결정할 대상이라는 것이 더욱 적절하기 때문이다. 이 체계에 따르면 모든 동물은 저마다 감관과 욕망 그리고 의지를 갖추고 있다. 다시 말하자면 우리는 덕과 부덕 때문에 인간 존재에게 칭찬과 비난을 쏟게 되는데, 바로 이런 덕과 부덕은 모든 동물 각각에게도 있어야 한다. 우리의 우월한 이성이 이런 덕과 부덕을 발견하는 데 기여할 수도 있고, 덕과 부덕을 발견함으로써 비난과 칭찬을 증대시킬 수도 있다는 것 등이 (동물과 인간 사이의) 유일한 차이점이다. 그렇지만 이와 같은 발견은 여전히 이런 도덕적 구별(을 규정하는) 별도의 능력(a separate being)을 상정하며, 이 능력(being)은 오직 의지와 욕망에 의존할 따름이고, 사유나 실재 (양 측면)에서 (인간의) 이성과 구별될 수도 있는 능력이다. 동물들도 서로에 대해 인류와 동일한 관계를 가질 수 있으며, 따라서 도덕성의 본질이 바로 이런 관계에 있다면 (인류와) 동일한 도덕성도 가질 수 있을 것이다. (동물은 이런 관계를 발견하기에) 넉넉할 정도의 이성이 부족하기 때문에 동물이 도덕성의 의무와 책임을 지각하지 못할 수도 있겠지만, (동물에게) 이런 의무가 존재한다는 것을 결코 부정할 수 없다. 이런 의무는 지각되기 위해서는 (지각되기에) 앞서 존재해야 하기 때문이다. 이성은 그와 같은 의무와 책임을 틀림없이 발견하지만, 결코 산출할 수 없다. 내가 생각하기에, 이 논변은 전혀 의심할 여지가 없으므로 당연히 중시되어야 한다.

이 추론이 학문의 대상인 (관념들의) 관계에는 도덕성이 없다는 점을 입증하는 데 그치는 것은 결코 아니며, 우리가 이 추론을 검토해 보면 이 추론은 오성을 통해 발견될 수 있는 **사실**에도 도덕성이 없다는 점 역시 확실하게 증명할 것이다. (사실에도 도덕성이 없다는 점을 밝히는) 것이 우리 논변의 **두 번째** 부분이다. 만약 이런 사실이 명백하게 되면, 아마 우리가 도덕성은 이성의 대상이 아니라는 결론을 내려도 좋을 것이다. 그렇지만 우리는 이성을 통해 사실의 존재를 추정하는데, 덕과 부덕이 이와 같은 사실이 아니라는 점을 입증하는 데 어떤 어려움이 있을 수 있는가? 부덕하다고 인정된 행동, 이를테면 고의적인 살인을 사례로 들어보자. 그 행동을 모든 측면에서 검토하고, 당신이 부덕이라고 일컫는 사실이나 실제 존재를 발견할 수 있는지 여부를 살펴보

자. 당신이 그 행동을 어떤 방식으로 생각하든 간에 당신은 오직 특정한 정념과 동기 그리고 의욕과 사유를 발견할 뿐이다. 이 경우에 그 밖의 어떤 사실 문제도 없다. 당신은 그 대상을 생각하는 동안, 부덕을 전혀 포착하지 못한다. 당신이 자신의 가슴으로 (이 행동을) 되새기며 (turn your reflexion into your own breast) 이 행동에 대해 당신에게 발생하는 거부(disapprobation)의 소감을 발견할 때까지, 당신은 결코 이 부덕을 발견할 수 없다. 여기에 사실이 있지만, 이 사실은 느낌의 대상이지 이성의 대상은 아니다. 그리고 이런 사실은 당신 자신에게 있는 것이지 대상에 있는 것이 아니다. 따라서 당신이 어떤 행동이나 성격을 부덕하다고 주장할 때, 당신은 그 행동이나 성격을 보는 데에서 당신 본성의 (생리적) 구조(constitution)에 따라 비난의 느낌이나 소감을 갖는다는 것을 뜻할 뿐이다. 그러므로 덕과 부덕은 소리·색·더움·차가움 따위와 비교될 수 있을 법한데, 근대 철학에 따르면 이런 것은 대상의 성질이 아니라 정신의 지각이다.* 그리고 도덕에서 이런 발견은 물리학에서 (주관적 성질의) 발견과 마찬가지로 사변적 학문의 상당한 진보로 간주된다. 물론 그와 같은 발견은 물리학에서의 발견과 아주 흡사하게 실생활에 영향을 거의 미치지 못하거나 전혀 미치지 못하지만 말이다. 우리에게 가장 실제적이고 관심을 끄는 것은 쾌락과 거북함이라는 우리 자신의 소감이다. 그리고 이와 같은 소감들은 덕에 맞고 부덕에 어긋난다면, 우리의 생활 태도와 행동을 조절하는 데 더 이상 필요한 것은 없을 것이다.

내가 이와 같은 추론에 꼭 덧붙이고 싶은 관찰이 있는데, 아마 우리

---

* 옮긴이 주   고대에는 데모크리토스, 근대에는 갈릴레이가 각각 제1성질과 제2성질을 구별했다.

는 이 관찰에 대해 어느 정도 중요성을 느낄 것이다. 내가 지금까지 접한 모든 도덕 체계들에서 늘 주목했던 것은 명제의 일반적 계사인 이다와 아니다 대신에 해야 한다나 해서는 안 된다로 연결되지 않은 명제를 내가 전혀 보지 못했다는 점을 발견하고는 갑자기 놀랐을 때, 그 (체계의) 저자가 한동안은 일상적 추론 방식으로 진행하고, 신의 존재를 확정하며, 인간사를 관찰한다는 점이다. 이와 같은 (계사의) 교체는 부지불식간에 이루어지지만 매우 중요하다. 해야 한다나 해서는 안 된다는 새로운 관계나 단언으로 표현되기 때문에 반드시 주목받고 설명되어야 할 필요가 있기 때문이다. 동시에 이 새로운 관계가 자신과는 전혀 무관한 다른 관계들에서 연역될 수 있는 방식을 우리가 거의 의식하지 못하는 데 대한 근거도 제시되어야 하기 때문이다. 그러나 (그 체계의) 저자들이 대개 이런 점에 주의하지 않았으므로, 나는 독자들이 이런 점

470 을 주의하기 바라며, 이 조그만 주의가 도덕성에 관한 통속적 체계를 모두 전복시키리라고 확신한다. 그러면 덕과 부덕 등을 구별하는 기초가 단지 대상들의 관계에만 있는 것이 아니며, 이성으로도 역시 그 구별을 지각하지 못한다는 점을 살펴보자.

제2절 도덕감에서 유래된 도덕적 구별

우리는 위의 논의 과정을 통해 다음과 같은 결론에 이르게 된다. 부덕과 덕은 이성만으로는 발견될 수 없고 관념의 비교를 통해서도 발견될 수 없으므로, 덕과 부덕이 유발하는 인상이나 소감을 통해서만 우리는 덕과 부덕의 차이를 확정할 수 있다. 도덕적 청렴과 타락에 관한 우리의 결정은 분명히 지각이다. 그리고 모든 지각은 인상이거나 관념이

므로, 그 결정이 둘 중 하나가 아니라는 점은 그 결정이 그 밖의 것이라
는 데 대해 납득할 만한 논변이다. 그러므로 도덕성은 판단된다기보다
는 느껴진다는 것이 더욱 적절하다. 비록 서로 아주 유사한 것을 동일
한 것이라고 말하는 우리의 일상적 습관에 따라, 우리가 느낌이나 소감
을 관념과 혼동하기 쉬울 정도로 이 느낌이나 소감은 대체로 아주 부드
럽고 온건하겠지만 말이다.

　이제 다음과 같은 물음이 있다. 즉 이런 인상의 본성은 무엇이며, 우
리에게 어떤 방식으로 작용하는가? 우리가 여기서 오랫동안 머뭇거릴
수 없지만, 덕에서 발생하는 인상이 호의적이며 부덕에서 발생하는 인
상은 거북하다는 점은 공언해야 한다. 우리는 매 순간의 경험을 통해
틀림없이 이런 사실을 확신한다. 고귀하고 관대한 행동보다 정정당당
하고 아름다운 장관은 없다. 우리가 가장 혐오하는 것은 잔인하고 배반
적인 행동이다. 우리가 사랑하고 부러워하는 사람과의 교류를 통해 우
리가 누리는 만족에 버금갈 만한 것은 전혀 없다. 모든 형벌 가운데 가
장 큰 형벌은 우리가 미워하고 경멸하는 사람과 어쩔 수 없이 살아가도
471 록 하는 것이다. 덕이 우리에게 쾌락을 전달하며 고통은 부덕에서 발생
한다는 점에 대한 사례로 실제 연극이나 소설을 들 수 있을 것이다.

　인상들을 구별함으로써 우리가 도덕적 선과 악을 알게 되는데, 인상
들을 구별하는 것이 **특정한** 고통과 쾌락일 뿐이므로, 따라서 도덕적 구
별에 대해 탐구하는 모든 경우에 우리가 어떤 성격을 보고 만족이나 거
북함을 느끼게 되는 원리를 설명하는 것으로 충분하다. (그 원리에 대
한 설명을 통해) 우리는 그 성격이 칭찬할 만하거나 비난할 만한 이유
를 납득하기 때문이다. 어떤 행동이나 소감 또는 성격이 유덕하거나 부
덕하다면 그 이유는 무엇인가? 바로 그 행동이나 소감 또는 성격을 지
각하는 것(view)이 특정한 종류의 쾌락이나 거북함의 원인이기 때문이

다. 덕의 감각(sense)을 갖는 것은 어떤 성격을 응시하는 데에서 특정한 종류의 만족을 느낀다는 것일 뿐이다. 그러므로 바로 이 느낌이 우리의 칭찬과 찬미를 구성한다. 우리는 만족의 원인을 더 이상 논의할 수 없고 탐구할 수도 없다. 우리는 어떤 성격이 (우리에게) 유쾌하기 때문에 그 성격을 유덕하다고 추정하지 않는다. 그 성격이 바로 그와 같은 특정한 방식에 따라 (우리에게) 유쾌하다는 그 느낌에서 우리는 결과적으로 그 성격을 유덕하다고 느끼는 것이다. 모든 종류의 아름다움과 취향 그리고 감각 따위에 관한 우리의 모든 판단도 이와 마찬가지이다. 우리의 찬동은 이런 것들이 우리에게 전달하는 직접 쾌락에 담겨 있다.

옳고 그름에 대한 영원한 이성적 척도를 확립한 체계에 대해 나는 지금까지 반박했는데, 합리적인 존재의 행동에서 외부 대상들에서 발견되지 않는 관계를 보여 주는 것이 불가능하고, 따라서 도덕성이 늘 이런 관계에 수반된다면 목석같은 사물도 유덕하거나 부덕할 수 있기 때문이다. 그렇다면 덕과 부덕이 쾌락과 고통에 따라 결정된다면 (덕과 부덕이라는) 성질도 어떤 경우에서든 (고통과 쾌락이라는) 감각에서 발생해야 하며, 결과적으로 대상은 영혼이 있는(animate) 것이든 없는 것이든 간에 또 합리적이든 비합리적이든 간에 만족이나 거북함을 유발할 수만 있다면 도덕적으로 선하거나 악할 수 있을 것이라는 것 또한 이 체계를 위와 같은 방식으로 반박할 수 있을 것이다. 그러나 이런 반박이 앞의 반박과 완전히 동일한 것처럼 여겨지더라도, 결코 그 영향력마저 동일할 수는 없다. 그 이유는 다음과 같다. **첫째,** 우리는 아주 상이한 감각들을 쾌락이라는 술어에 포함시키는데, 이 감각들은 쾌락이라는 추상적 술어로 표현되기에 필수적인 희미한 유사성(distant resemblance)만을 가질 뿐이다. 좋은 음악 작품과 좋은 포도주는 똑같이 쾌락을 산출하며, 더욱이 이 음악 작품과 포도주의 좋음은 오직 쾌락이 결정할 뿐이다. 그러나 좋음을 쾌락이 결정한다고 해서 이 포도주는 가락이 어울리고 이 음악 작품은 풍미가 좋다고 말할 수 있을까? 목석같은 대상과 사람의 성격이나 소감이 모두 이와 같은 방식으로 만족을 준다. 그러나 이 만족이 서로 다르므로, 이 사실 때문에 우리는 그 대상과 사람의 성격이나 소감을 혼동하지 않으며, 사람의 성격이나 소감에 덕이 속하는 것으로 생각하고 대상에는 덕이 속하는 것으로 생각하지 않는다. (사람의) 성격과 행동에서 발생하는 쾌락이나 고통에 대한 소감이 모두 우리가 칭찬하거나 비난하게 되는 **특별한** 종류는 아니다. 적의 좋은 성질은 우리에게 해롭지만 우리의 부러움과 존경을 촉발할 수도 있다. 어떤 성격을 우리 자신의 개별적 이익과 무관하게 일반적으로 고려할 때에만 그 성격은 도덕적으로 선하거나 악하다고 이름붙일 수 있는 느낌이나 소감을 유발한다. 사실 이익과 도덕 따위에서 발생하는 소감들은 혼동되기 쉽고, 자연스럽게 서로 뒤섞인다. 우리가 적을 부덕하지 않다고 생각하기는 거의 어렵고, 우리는 우리와 적의 이익이 상반된다는 것과 적의 실제적 악행이나 비열함 사이를 구별하기도 거의 어렵다. 그러나 이런 사실은 이 소감들이 그 자체로는 구별된다는 점을 막지 못하며, 지조 있고 판단력 있는 사람은 이런 착각을 피할 수 있을 것이다. 마찬가지로 음악적 목소리는 **특정한** 종류의 쾌락을 자연스럽게 제공할 뿐이라는 점은 확실하지만, 그럼에도 불구하고 사람이 적의 목소리를 호의적이라고 감지하거나 또는 음악적이라고 인정하기는 어렵다. 그러나 자제력이 있고 귀가 열린 사람은 이런 느낌들을 분리할 수 있으며, 또 칭찬할 만한 것을 칭찬할 수 있다.

473　　둘째, 고통과 쾌락 사이의 더욱더 현저한 차이를 언급하기 위해 정념들을 다룬 앞의 체계를 회상해 볼 수도 있을 것이다. 긍지와 소심, 사랑과 미움 따위는 바로 그 정념의 대상과 관계를 가지면서 동시에 그 정

념의 감각과 관련된 별도의 감각을 산출하는 어떤 대상이 우리 앞에 현전할 때 유발된다. 그런데 덕과 부덕은 이런 여건을 수반한다. 덕과 부덕은 필연적으로 우리 자신에게 있거나 다른 사람에게 있고 쾌락이나 거북함을 유발할 것이 틀림없으므로, 이 네 가지 정념을 불러일으킬 수밖에 없고, 또 우리와 전혀 무관할 때가 흔한 무생명체에서 발생하는 고통 및 쾌락과 이 네 가지 정념을 분명히 구별한다. 그리고 아마 고통 및 쾌락과 이 네 가지 정념을 구별하는 것은 덕과 부덕이 인간 정신에 대해 미치는 가장 중요한 영향력이다.

그런데 도덕적 선·악과 구별되는 이 고통이나 쾌락에 관해서 일반적으로 다음과 같은 의문이 있을 수도 있을 것이다. 즉 이 **고통이나 쾌락**은 어떤 원리에서 유래되며, 어디서 인간 정신에게 발생하는가? 이 의문에 대해 나는 다음과 같이 대답한다. 첫째, 모든 사례에서 이와 같은 소감이 근원적 성질과 1차적 구조에서 발생한다고 상상하는 것은 터무니없다. 우리 의무의 수는 어떤 의미에서 무한하기 때문에, 우리의 근원적 직감이 그 의무 각각에까지 미칠 수 없고 가장 완전한 윤리학의 체계에 담긴 숱한 교훈을 모두 아주 어렸을 때부터 인간 정신에 새겨 넣을 수도 없다. 그와 같은 진행 방식은 자연을 지배하는 일상적 공리에 부합되지 않는다. 자연에서는 우리가 우주에서 보는 모든 변이를 단 몇 가지 원리가 산출하며 만사는 가장 수월하고 단순한 방식으로 진행된다. 그러므로 이런 1차적 충동들을 간추려서 보다 일반적인 원리를 몇 가지 발견할 필요가 있으며, 이 일반적 원리에 모든 도덕 개념이 기초를 두고 있다.

그러나 두 **번째**로 다음과 같은 의문도 당연한 것이다. 우리는 이 원리를 자연에서 찾아내어야 하는가? 아니면 **자연** 이외의 다른 기원에서 474 찾아야 하는가? 아마 나는 이 물음에 대한 우리의 대답은 **자연**이라는 단어의 정의에 달려 있다고 대답할 것이다. 자연이라는 단어는 가장 애매모호하다. **자연**이 기적과 반대된다면, 덕과 부덕 사이의 구별은 자연적이며, 뿐만 아니라 **우리 종교의 기초를 이루는 기적을 예외로** 하면 늘 세상에 일어나는 모든 사건도 자연적이다. 그런데 덕과 부덕 따위의 소감이 이런 의미에서 자연적이라고 한다면 우리는 이런 말로 아주 특이한 발견을 결코 할 수 없다.

　그러나 **자연**은 희귀하고 비일상적인 것과 반대될 수도 있을 것이다. 이와 같은 자연의 일상적 의미에서, 무엇이 자연적인 것이고 무엇이 비사연적인 것인지에 대한 논쟁이 흔히 발생한다. 대체로 사람들은 이 논쟁을 판결할 수 있는 엄밀한 기준이 없다고 단언할 것이다. 흔한 것과 희귀한 것은 우리가 지금까지 관찰한 사례의 수에 달려 있다. 그리고 이 수는 점차적으로 증가하든가 감소할 수도 있으므로 흔한 것과 희귀한 것 사이의 경계를 정확하게 확정하기란 불가능할 것이다. 아마 우리는 이런 점에 대해 고작 다음과 같이 단언할 수밖에 없을 것 같다. 즉 우리가 일상적인 의미로 자연적이라고 일컬을 수 있는 것이 어디에나 있다면, 도덕성에 대한 소감도 어디에나 있을 것은 확실하다. 도덕성에 대한 소감이 전혀 없고 (인간의 행동) 양식에 대한 찬동이나 혐오를 조금도 드러내지 않는 국가와 개인은 세상에 결코 없기 때문이다. 도덕적 소감은 우리의 (생리적) 구조(constitution)와 기분에 뿌리내리고 있어서, 질병이나 정신 착란 때문에 인간 정신이 완전히 혼란스러워지지 않는 한, 도덕적 소감을 뿌리 뽑거나 파괴할 수 없다.

　그러나 **자연**은 희귀하고 비일상적인 것에 반대되듯이 인위적인 것에도 반대될 수도 있을 것이다. 이런 의미에서는 덕의 개념이 자연적인지 여부가 논쟁거리로 될 수 있다. 인간의 의도와 계획 그리고 전망(view) 따위가 그 작용에서 더움과 차가움 그리고 축축함과 메마름 등과 마찬가지로 필연적 원리이지만, 우리는 이런 점을 쉽게 잊어버린다. 그러나 우리는 인간의 의도와 계획 그리고 전망 따위를 자유로운 것으로 간주하면서 또 전적으로 우리 자신의 것으로 간주함으로써, 이것들을 그 밖의 자연 원리와 반대되는 것으로 생각하는 것이 일상적이다. 따라서 덕의 의미가 자연적인지 인위적인지 묻는다면, 내가 이 물음에 대해 지금 당장 정확하게 대답할 수 없다는 생각이 든다. 아마 다음에 일부 덕의 의미는 인위적이며 그 밖의 덕의 의미는 자연적이라는 점이 밝혀질 것이다. 우리가 개별적인 덕과 부덕을 하나하나 정확히 세부적으로 살펴볼 때, 이 물음을 논의하는 것이 더 적절할 것이다.[4]

475

  잠시 **자연적**과 **비자연적**(이라는 두 말에) 대한 정의를 통해 다음과 같은 점을 살펴보는 것도 잘못은 아닐 듯싶다. 즉 가장 비철학적인 체계는 덕이 곧 자연적인 것이고 부덕은 비자연적인 것이라고 주장하는 것이다. 자연이라는 단어의 첫 번째 의미는 기적과 반대된다는 것인데, 바로 이 의미에서 부덕과 덕은 모두 똑같이 자연적이기 때문이다. 그리고 자연이라는 단어의 두 번째 의미는 비일상적인 것과 반대된다는 것인데, 이 두 번째 의미에서 아마 덕이 가장 비자연적이라는 점이 밝혀질 것이기 때문이다. 영웅적인 덕은 비일상적이기 때문에 아주 짐승 같은 야만성과 마찬가지로 거의 자연적이지 않다는 점은 적어도 인정되어야 한다. 자연적이라는 단어의 세 번째 의미에 대해 부덕과 덕은 모두 인위적이며 자연과 무관하다는 점은 확실하다. 어떤 행동의 가치와 허물 따위의 개념을 두고 자연적인지 비자연적인지 논란을 벌일 수는

---

4) 이어지는 논의에서 **자연적**(natural)은 문화적(civil)과 상반되는 경우도 있고, **도덕적**(moral)과 상반되는 경우도 있다. 이러한 상반성은 언제나 자연적이라는 말이 사용되는 의미를 밝혀 줄 것이다.

있겠지만, 그렇다고 하더라도 그 행동 자체는 분명히 인위적이며 일정한 의도와 의향에 따라 수행되기 때문이다. 그렇지 않다면 그 행동은 가치와 허물 따위의 이름으로 평가될 수 없다. 따라서 어떤 의미에서 자연적과 비자연적 따위의 성격으로 부덕과 덕의 경계를 언제나 나타낼 수는 없다.

따라서 어떤 행동과 소감 또는 성격을 그냥 보고 심사숙고함으로써 우리에게 나타나는 쾌락과 고통을 통해 덕과 부덕이 구별된다는 처음 입장으로 우리는 되돌아왔다. 이런 결정은 아주 편리하다. 자연계는 물론 우리의 상상력에소자 있을 수 없는 이해할 수 없는 관계와 성질을 탐색하지 않고 명석판명한 사유(conception)를 통해 어떤 행동이나 소감의 도덕적 청렴과 타락의 기원을 설명하기 위해, 우리는 이런 결정을 통해 다음과 같이 단순한 물음만 살펴보기만 하면 되기 때문이다. 즉 어떤 행동이나 성격을 우리가 일반적으로 관찰하거나 훑어볼 때 그 행동이나 성격이 일정한 (종류의) 만족이나 거북함을 주는 이유는 무엇인가? 476 나는 내 딴에는 전혀 애매모호하지 않은 이 물음의 형세를 통해 지금 내 계획을 대부분 실행한 것으로 자부한다.

제2부
정의와 불의

제1절 정의는 자연적 덕인가 아니면 인위적 덕인가?

내가 이미 암시했듯이 모든 종류의 덕에 관한 우리 감각(sense)이 자연적인 것은 아니며, 인류의 여건과 필요에서 발생한 책략이나 제도적 장치를 통해 쾌락과 찬동을 낳는 덕도 있다. 내가 주장하는 바는 정의도 이와 같이 (인위적인) 종류라는 것이다. 그리고 나는 정의라는 덕의 의미가 유래된 책략의 본성을 검토하기에 앞서, 내 희망처럼 간단하지만 납득할 만한 논변을 통해 이 의견을 옹호하기 위해 노력하겠다.

명백하듯이 우리가 어떤 행동을 칭찬할 때 우리는 그 행동을 산출한 동기만 존중할 뿐이며, 그 행동을 정신과 기분에 담긴 어떤 원리의 기호 또는 표식으로 간주한다. 겉으로 수행하는 것(external performance)은 가치가 없다. 우리는 도덕적 성질을 발견하기 위해 내면을 들여다보아야(look within) 한다. 우리가 결코 직접 내면을 들여다볼 수는 없고, 따라서 (내면적인 것의) 외부적 기호인 행동에 주의를 기울인다. 그럼에도 불구하고 이런 행동은 기호로 간주되고, 우리 칭찬과 찬동의 궁극적 대상은 그 행동을 산출한 동기이다.

우리가 어떤 행동을 요구하거나, 어떤 사람을 그 행동을 수행하지 않았다고 해서 비난할 때, 우리가 바로 위와 같은 방식에 따라 늘 가정하는 것은 그 행동의 적절한 동기가 이런 상황에 있는 사람에게 영향력을 미쳐야 하며 이 동기를 도외시하는 사람에게서 바로 그 점을 부덕하다고 평가한다는 점이다. 우리가 모르는 여건 때문에 유덕한 동기가 실행되지 않더라도 그의 가슴을 사로잡고 있다는 사실을 탐구를 통해 알수 있다면, 우리는 (그에 대한) 비난을 거두고 우리가 그에게 요구한 행동을 마치 실제로 그가 수행한 것처럼 평가한다.

478

그러므로 모든 유덕한 행동은 오직 유덕한 동기로부터 그 가치를 획득하며, 유덕한 행동은 유덕한 동기의 징표로 간주될 뿐이라는 점이 명백하게 된다. 이 원리에서 나는 다음과 같은 결론을 내린다. 즉 어떤 행동에 가치를 부여하는 최초의 유덕한 동기는 결코 그 행동의 덕에 대한 존중일 수 없고, 그 밖의 어떤 자연적 동기나 원리이어야 한다. 그 행동의 덕을 단순히 존중하는 것이 그 행동을 산출해서 유덕하도록 만드는 최초의 동기일 것이라는 가정은 순환적 추리이다. 우리가 어떤 행동을 유덕하다고 존중하기 이전에 그 행동은 반드시 실제로 유덕하다. 그리고 이 덕은 반드시 유덕한 어떤 동기에서 유래된다. 그리고 결과적으로 유덕한 동기는 반드시 그 행동의 유덕함을 존중하는 것과 다르다. 유덕한 동기는 어떤 행동을 유덕하도록 하는 데 필요하다. 우리가 어떤 행동의 덕을 존중할 수 있기에 앞서, 그 행동은 반드시 유덕해야 한다. 따라서 어떤 유덕한 동기는 우리가 그 동기를 존중하는 것보다 앞서 존재해야 한다.

아마 우리가 이런 (생각)을 철학적 술어로 그다지 명료하게 나타낼수는 없겠지만, 이런 생각은 형이상학적 간계일 뿐만 아니라 일상생활의 모든 추론에도 스며 있다. 우리는 자기 아이를 방치한 아버지를 비난한다. 왜? 아버지가 자기 아이를 방치한 것은 (그 아버지가) 모든 부모의 의무인 자연적 애정(affection)이 결여되어 있다는 것을 보여 주기 때문이다. 자연적 애정이 의무가 아니라면, 아이를 돌보는 것이 의무일 수 없을 것이고, 또 우리가 우리 자식에게 쏟는 관심에서 이 의무를 염두에 둘 수도 없을 것이다. 따라서 이런 경우에 모든 사람은 (부모가 자기 아이를 돌보는 것과 같은) 행동에 어떤 동기가 있는 것으로 가정하는데, 이 동기는 의무감(a sense of duty)과 구별된다.

자비로운 행동을 많이 하는 사람이 있다. 이 사람은 박해받는 사람을 구원하고 슬픔에 잠긴 사람을 위로하며, 아주 낯선 사람에게조차 인색하지 않다. 이보다 온후하고 유덕한 성격은 있을 수 없다. 우리는 이런 행농을 가장 위대한 인간애(humanity)의 증거로 여긴다. 이 인간애는 그 행동에 가치를 부여한다. 따라서 이 가치에 대한 존중은 2차적인 고려이고, 값지고 장한 인간애라는 선행 원리에서 유래된다.

479　　간단히 말해서 어떤 행동의 도덕성에 대한 감각과는 별도로 그 행동을 산출하는 어떤 동기가 인간 본성에 없는 한, 어떤 행동도 유덕하거나 도덕적으로 선할 수 없다는 것을 의심의 여지가 없는 공리로 확립해도 좋을 것이다.

그러나 도덕성에 대한 감각이나 의무감은 그 밖의 동기가 없으면 행동을 일으킬 수 없는가? 나는 이런 일이 있을 수 있다고 본다. 그러나 이것이 이 학설에 대한 반박은 결코 아니다. 어떤 유덕한 동기나 원리가 인간 본성에 공통적이라면, 자신의 마음(heart)에 이 원리*가 전혀 없다고 느끼는 사람은 자기 마음에 이 원리가 없다는 것 때문에 자신을 미워할 수도 있고, 그리고 훈련을 통해 자신이 그 유덕한 원리를 얻기 위해 또는 적어도 자신이 그 원리를 못 갖추고 있다는 점을 될 수 있는

---

*　초판에서는 '동기'였고, 추판을 수정한 수고에서는 '원리'로 되어 있다 – 자구에 대한 주석.

대로 숨기기 위해 어떤 의무감에서 이 동기 없이 행동을 수행할 수도 있다. 자신의 기분(temper)에서 실제로 감사를 전혀 느끼지 않는 사람은 감사하는 행동을 수행하는 것으로 늘 만족하며, 그와 같은 행동을 수행함으로써 자신의 의무를 이행하고 있다고 생각한다. 행동은 처음에 동기의 징표로 간주될 뿐이다. 그러나 그 밖의 경우도 모두 마찬가지겠지만 이 경우에 우리는 그 징표에 관심을 쏟고, 그 징표가 나타내는 사실을 어느 정도 무시하기 마련이다. 그러나 경우에 따라서는 사람이 오직 어떤 행동의 도덕적 책임을 고려함으로써만 그 행동을 수행할 수도 있겠지만, 그럼에도 불구하고 이런 사실이 가정하는 바는 그와 같은 행동을 수행할 역량을 가진 독립적 원리가 인간 본성에 있으며 또 원리의 도덕적 아름다움이 그 행동을 값지도록 한다는 것이다.

그러면 이런 사실을 다음과 같은 경우에 적용해 보자. 즉 어떤 사람에게 내가 며칠 뒤에 갚는다는 조건으로 그의 돈을 일정액 빌렸고, 약속한 기간이 경과된 다음에 그가 그 금액을 (갚으라고) 요구한다고 가정해 보자. 그리고 나는 내가 그 돈을 갚아야 할 이유나 동기가 무엇인지 묻는다. 내가 눈곱만큼이라도 정직하거나 의무감과 책임감을 눈곱만큼이라도 지녔다면, 내가 정의를 존중하고 나쁜 행동과 속임수를 싫어한다는 것이 나의 이유로 충분하다고 할 것이다. 그리고 일정한 규율과 교육을 통해 수련 받은 계몽된 상태의 사람에게는 이 대답이 분명히 옳고 충분하다. 그러나 거칠고 더욱 **자연스러운** 조건 ― 이 조건을 자연적이라고 해도 무방하다 ― 의 사람은 이 대답을 전혀 이해할 수 없고 궤변적이라고 물리칠 것이다. 이런 상황에 처한 사람은 즉각 당신에게 다음과 같은 물음을 던질 것이다. 즉 당신이 다른 사람의 재산을 넘보지 않고 또 빚을 갚는 등에서 발견한 이 정직과 정의 따위가 어디에 있는가? 정직과 정의가 외부적인 행동에 있지 않다는 것은 틀림없다. 따라서 정직과 정의는 외부적인 행동이 유래되는 동기에 있을 수밖에 없다. 이 동기는 결코 그 행동의 정직에 대한 존중일 수 없다. 유덕한 동기가 어떤 행동을 정직하도록 하는 데 필수적이며 동시에 정직에 대한 존중이 그 행동의 동기라는 것은 분명한 오류이다. 어떤 행동이 먼저 유덕하지 않는 한, 우리는 결코 그 행동의 덕을 존중할 수 없다. 어떤 행동이 유덕한 동기에서 기인하지 않는 한, 그 행동은 결코 유덕할 수 없다. 따라서 유덕한 동기는 그 덕에 대한 존중보다 앞서야 한다. 그리고 유덕한 동기와 덕에 대한 존중은 동일한 것일 수도 없다.

　그렇나면 성격에 대한 우리의 존중과는 별도로 정의롭고 정직한 행동의 동기를 찾아볼 필요가 있으며, 여기에 큰 어려움이 담겨 있다. 우리가 우리의 사적인 이익이나 평판 따위에 대한 관심은 모든 정직한 행동에 대한 진정한 동기라고 말하려 들면, 아마 이 관심이 중단되는 모든 경우에 정직은 더 이상 존립의 여지가 없다는 결론이 나올 것이다. 그러나 확실하듯이 자기애는 우리가 정직한 행동에 관심을 두도록 하지 않고 자유롭게 작용하면 모든 불의와 폭력의 원천이 된다. (자기애라는) 욕망의 자연적 운동을 바로잡고 삼가지 않는다면 어느 누구도 (불의와 폭력 따위의) 부덕을 결코 바로잡을 수 없다.

　그러나 그런 행동의 이유 또는 그 동기가 **공공의 이익에 대한 존중**이며 공공의 이익과 가장 상반되는 것은 불의와 부정직의 사례라고 단언해야 한다면, 나는 우리가 주의를 기울일 만한 다음의 세 가지 고찰을 제안하고 싶다. **첫째**, 정의의 규칙을 준수하는 것과 공공의 이익을 결부시키는 것은 자연스럽지 않으며, 이제부터 자세히 설명하겠지만 정의의 규칙을 제정하기 위한 인위적인 묵계(an artificial convention)에 *

481　따라 공공의 이익은 정의와 연관될 뿐이다. **둘째**, 빚이 은밀하고, 채무 관계가 소멸되는 경우에 그 사람의 이익을 위해서 (빌려 주는 사람이

자신의 부를 은폐하려고 할 때와) 동일한 방식으로 돈을 갚을 필요가 있고, 대중은 채무자의 행동에 이제 흥미를 갖지 않는다는 것 등을 우리가 가정한다. 비록 나는 (이 경우에도) 그 의무와 책임이 중단되었다고 단언할 도덕론자는 아무도 없다고 가정하지만 말이다. 셋째, 경험이 충분히 입증하듯이 일상적 생활 태도에서 사람들은 자신의 채권자에게 돈을 주고 자신의 약속을 이행하며 도난과 약탈 및 모든 종류의 불의를 방지할 때, 공공의 이익을 그다지 염두에 두지 않는다. 이것은 (즉 공공의 이익은) 인간의 일반성에 영향을 미치기에는 너무 거리가 멀고 숭고한 동기이며, 정의와 통상적 정직을 갖춘 행동에서 빈번하듯이 사적 이익과 상반된 행동에서 어떤 힘을 가지고 작용한다.

대체로 단언할 수 있을 법한 것은 개인의 성질 및 우리 자신에 대한 봉사나 관계 따위와 무관한 인류애 자체와 같은 정념이 인간 정신에 전혀 없다는 점이다. 사실, 우리 주변에 다가와 생생하게 표상되는 인간 존재는 물론 감정을 지닌 존재(sensible creature)는 그 행복이나 불행이 우리 (감정)에 어느 정도 영향을 미치지 않을 수 없다. 그러나 이런 사실은 공감에서 유래될 뿐이고, 결코 인류에 대한 보편적 감정 (즉 인류애)를 증명하는 것은 아니다. 이런 관심은 인류에 국한되지 않기 때

---

*   옮긴이 주   'convention'은 우리말로 옮기기에 어려웠던 용어들 가운데 하나였고, 이 책의 핵심 개념 중 하나라는 점에서 아주 성가시면서도 더욱 조심해야 했던 용어였다. 사람에 따라 'convention'은 '관행', '관습', 심지어 '인습' 등으로 소개된다. 이런 말들은 흄의 'convention' 의미를 제대로 드러내지 못하고, 특히 '관습'은 제1권의 핵심 개념인 '습관'과 구별되기도 어렵다. 따라서 우리말 사전을 찾아 가장 적절한 말로 옮기기로 했다. 신기철·신용철 두 사람이 함께 편찬한 『새 우리말 큰 사전』에 따르면, 묵계(默契)는 '말 없는 가운데 우연히 서로 뜻이 일치하게 맞음'이다. 이것은 'convention'에 가장 적절한 의미이므로, 생소하지만 'convention'을 묵계로 옮기기로 결정했다.

문이다. 이성(the sexes) 간의 애정은 인간 본성에 분명히 뿌리내리고 있는 정념이며, 이 정념은 그것 특유의 징후에서 나타난다. 뿐만 아니라 이 정념은 그 밖의 모든 감정 원리가 달아오를 때 나타나며, 아름다움과 재치 및 친절 따위로부터 강한 사랑이 발생할 때에도 나타나는데 이때의 사랑은 이것들에서 파생될 수 있는 어떤 것보다도 강하다. 모든 인간 존재 사이에 보편적인 사랑이 있다면, 그 사랑은 이와 같은 방식으로 나타날 것이다. 어떤 정도의 좋은 성질은 같은 정도의 나쁜 성질이 유발할 수 있는 미움보다 훨씬 강한 감정 (즉 사랑)을 유발할 것이나. (그런네) 경험을 통해 우리가 깨닫는 것은 이와 상반된다. 사람의 기분은 서로 차이가 있고, 어떤 사람은 온건한 감정의 성향을 갖지만 다른 사람은 거친 감정의 성향을 갖는다. 그러나 대체로 우리가 단언할 482 수 있을 법한 것은 인간 일반 또는 인간 본성은 사랑과 미움 따위의 대상일 뿐이며, (사랑과 미움의 발생에는 인간 이외의) 다른 어떤 원인도 필요한데, 이 원인은 인상과 관념의 이중 관계를 통해 (사랑과 미움이라는) 정념을 유발시킬 수도 있다는 점이다. 헛되게도 우리는 이 가설을 벗어나려고 애쓸 것이다. 인간에 대해 인간의 가치 및 그 밖의 모든 여건 따위와 무관한 종류의 감정을 적시하는 현상은 있을 수 없다. 우리는 대체로 동류(company)를 사랑하지만, 우리가 동류를 사랑하는 것은 그 밖에 즐거움을 주는 것(amusement)을 모두 사랑하는 것과 같다. **이탈리아**(에서 만난) **영국 사람**은 친구이고, **중국**(에서 만난) **유럽 사람**도 친구이다. 우리가 달에서 어떤 사람을 마주친다면, 그 사람도 아마 이처럼 사랑받을 것이다. 그러나 이런 일은 우리 자신에 대한 관계에서만 나올 뿐이고, 이런 경우에 우리 자신에 대한 관계는 소수의 사람에게 국한됨으로써 강화된다.

그러므로 공적인 자비 또는 인류의 이익에 대한 존중 따위가 정의의 근원적 동기일 수 없다면, 사적인 자비 또는 자기 집단(party concern' d)의 이익에 대한 존중 따위가 정의의 근원적 동기이기는 더욱 어렵다. 만일 어떤 사람이 나의 적이고 그는 내가 그를 미워할 만한 원인을 제공하면 어떨까? 만일 그가 부덕한 사람이고 또 온 인류의 미움을 살만 하면 어떨까? 그가 만일 구두쇠이고 그는 내가 그에게서 혜택 받을 것을 전혀 사용하지 않을 수 있다고 하면 어떨까? 그가 방탕한 난봉꾼이고 막대한 재산 때문에 그가 얻는 득보다 실이 많다고 하면 어떨까? 내가 궁핍하고 내 가족을 위해 무엇을 조달할 긴박한 동기가 있다고 하면 어떨까? 이 모든 경우에 정의에 대한 근원적 동기는 없어질 것이고, 결과적으로 정의 자체가 사라지고, 정의와 함께 모든 소유권과 옳음 및 책임도 사라질 것이다.

부자는 자신의 잉여 재산(superfluities)을 궁핍한 사람에게 나누어 줄 도덕적 책임이 있다. 사적인 자비가 정의의 근원적 동기라면, 사람은 (즉 부자는) 자신이 다른 사람에게 주어야 할 것보다 많은 소유물을 다른 사람에게 남겨 주어야 할 (도덕적) 책임이 없을 것이다. 적어도 이 차이점은 아주 사소할 것이다. 사람들이란 대체로 자신들이 결코 향유하지 못했던 것보다는 자신들이 소유한 것에 더 애착을 갖는다. 바로 이런 이유 때문에 사람에게 무엇을 주지 않는 것보다는 무엇을 빼앗는 것이 더욱 잔혹할 것이다. 그러나 누가 이것이 정의의 유일한 토대라고 주장할 것인가?

게다가 우리는 사람이 자신의 소유물에 그토록 집착하는 주된 이유를 반드시 살펴보아야 하는데, 그 이유는 사람이 자신의 소유물을 자신의 소유권으로 간주하며 또 (그 소유권을) 누구도 침해할 수 없다는 것을 사회의 법률을 통해 보장받는 것으로 간주한다는 점이다. 그러나 이것은 이차적인 고찰이며, 정의와 소유권 등의 선행 개념에 의존한다.

가능한 모든 경우에 사람의 소유권은 소멸되지 않도록 보호되어야 하는 것으로 가정된다. 그러나 소유권자에 대한* 사적 자비는 일부의 사람에 대해서는 그 밖의 사람들보다 약하고 또 약해야 한다. 많은 사람에게서, 사실 대부분의 사람에게서 소유권자에 대한 사적 자비는 절대로 나타나지 않는다. 따라서 사적 자비는 정의의 근원적 동기가 아니다.

이 모든 것으로부터 다음과 같은 결론을 내리게 된다. 즉 법률 준수의 공정성(equity)**과 그 가치가 없다면, 우리가 정의의 법칙(laws of equity)을 준수할 실실석이고 보편적인 동기를 자연적으로*** 갖지 않는다. 독자적인 어떤 동기에서 행동이 발생할 수 없는 경우에는 어떤 행동도 정의롭지 않고 가치도 없으므로, 여기에 명백한 궤변과 순환 논증이 있다. 따라서 자연이 이 궤변을 확정하여 필수 불가결하도록 했다는 점을 우리가 인정하지 않는 한, 정의와 불의에 대한 감각은 자연에서 유래된 것이 아니라 인위적으로 발생하는 것이며, 비록 (이 감각이) 필연적이라고 하더라도 교육 및 사람들의 묵계 등에서 발생한다.

나는 이런 추론에 대해 다음과 같은 보조 정리를 덧붙이겠다. 즉 도덕감과는 별개인 동기나 또는 (행동을) 추진하는 정념들(impelling passions) 따위가 없으면 어떤 행동도 칭찬받거나 비난받을 수 없으므로, 이 별개의 정념들은 도덕감에 중대한 영향력을 미친다. 인간 본성

---

* '소유권자에 대한'은 수고에서 추가되었다 – 자구에 대한 주석.
** 옮긴이 주 흄은 '정의'(justice)와 '공정'(equity)이라는 말을 같은 의미로 혼용하고 있다. 자연적 정념의 결과인 '편파성'(partiality)을 극복하기 위해 인위적으로 발명된 것이 '정의'이므로 '공정'과 '정의'는 같은 의미로 볼 수 있다. 립스는 이 두 개념이 완전히 동일한 의미라는 역주를 붙이기도 했다. Lipps, 226면 주 참조.
*** '자연적으로'는 수고에서 추가되었다 – 자구에 대한 주석.

에 담긴 이 정념들의 일반적 힘에 따라 우리는 비난하고 칭찬한다. 동물 신체의 아름다움에 대해 판단할 때, 우리는 늘 특정한 종류의 유기적 조직(oeconomy)에 눈길을 돌린다. 그리고 팔다리와 체형 따위가 그 종류 공통의 크기(proportion)인 경우에 우리는 그것들이 단정하고 아름답다고 말한다. 마찬가지로 우리는 덕과 부덕에 관해 결정할 때, 그 정념들의 **자연적이고 일상적인** 힘을 생각한다. 그리고 그 정념들이 공통적인 기준에서 어느 한 편으로 너무 멀어지면, 우리는 언제나 그 정념들을 부덕하다고 거부한다. 사람은 같은 값이면 자신의 조카보다 자기 자식을, 그리고 종형제보다는 자신의 조카를, 또 낯선 사람보다는 종형제를 더 사랑하는 것이 인지상정이다. 후자보다는 전자를 선호하는 데에서 의무에 대한 우리의 공통적 기준이 발생한다. 우리의 의무감은 언제나 우리 정념의 일상적이고 자연적인 흐름을 따른다.

484

다른 사람들이 화내지 않도록 하기 위해 나는 다음과 같은 점을 밝히지 않을 수 없다. 즉 내가 정의를 자연적 덕이 아니라고 부정할 때, 나는 **자연적**이라는 말을 오직 **인위적이**(라는 말)과 반대되는 (의미로) 사용한다. (자연적이라는) 말의 또 다른 의미에서 보자면, 덕의 감각(sense of virtue)보다 자연스러운 인간 정신의 원리는 결코 없으므로, 정의보다 자연스러운 덕은 없다. 인류는 발명하는 존재(inventive species)이다. 그리고 발명이 명백하고 절대적으로 필요한 경우에, 사유나 반성의 개입 없이 근원적 원리에서 직접적으로 유래된 것과 마찬가지로 발명도 자연적이라고 말하는 것은 적절할 것 같다. 정의의 규칙들이 인위적이라고는 하더라도 **자의적이지는** 않다. 우리가 어떤 종류에게 공통적인 것을 자연적이라고 이해한다면, 또는 심지어 우리가 자연적이라는 말을 그 종류와 분리될 수 없는 것을 의미하는 것으로 국한하더라도, 이와 같은 표현은 정의의 규칙을 **자연법**이라고 일컫는 데에는 결코 부적절하지 않다.

제2절 정의와 소유권 따위의 기원

　우리는 이제 사람들의 책략을 통해 정의의 규칙들이 확정되는 방식에 관한 물음과, 우리가 도덕적 아름다움과 흉을 이 규칙을 준수하거나 무시하는 데 있는 것으로 결정하는 이유에 관한 물음 등 두 가지 물음에 대한 검토에 착수한다. 우리는 다음에 이 물음들이 별개라는 것을 알게 될 것이다. 앞의 물음부터 검토해 보자.

　언뜻 보기에, 자연은 이 땅에 살아가는 모든 동물 가운데 인간에 대해 가장 가혹한 것 같다. 자연은 인간에게 숱한 욕망(wants)과 필요(necessities)를 떠맡겼으며, 이런 필요에서 빠져나오도록 자연이 인간에게 준 수단은 빈약할 뿐이다. 인간 이외의 존재들에서는 대체로 (필요와 수단)이라는 이 두 요소들이 서로 상쇄된다. 만일 우리가 사자를 많이 먹어 치우는 육식 동물로 생각한다면, 우리는 사자가 욕심이 많다(necessitous)는 것을 쉽게 깨닫게 된다. 그러나 우리가 사자의 체격·기분·민첩함·용기·무기·힘 따위로 눈길을 돌리면, 우리는 사자의 장점이 그 욕망과 균형을 유지한다는 것을 깨닫게 된다. 양과 소는 이런 장점이 전혀 없지만, 그들의 욕망은 온순하고(moderate), 먹이 구하기도 쉽다. 유독 인간에게서 허약함과 필요의 부자연스러운 결부가 온전히 드러나는 것 같다. 인간이 생명을 유지하는 데 필요한 음식을 찾아 다가가면 그 음식은 인간을 피해 달아나 버리며, 인간은 적어도 (음식이) 생산되도록 노동을 해야 한다. 뿐만 아니라 인간은 비바람의 피해로부터 자신을 보호하기 위해 옷가지와 오두막이 있어야 한다. 인간 자체만 두고 보면, 인간은 태어날 때 많은 필요에 어느 정도 대응할 수 있는 무기도 없고 힘도 없으며, 그 밖의 어떤 자연적 기량도 없다.

오직 사회를 통해서, 인간은 자신의 결함을 보완할 수 있고, 자신의 동포와 대등하게 될 수 있으며, 심지어 자기 동료보다 우월하게 될 수 있다. 사회를 통해 인간의 모든 허약함이 보정된다. 그리고 사회라는 상황에서 인간의 욕망은 매 순간마다 증가되지만 인간의 기량 역시 더욱 증대되어, 모든 측면에서 인간을 야만적이고 고독한 상황에서 이를 수 있는 것보다 더 행복하고 만족스럽게 한다. 모든 개인이 저마다 혼자서 오직 자신을 위해 노동한다면, 중대한 일을 수행하기에는 개인의 힘이 너무 약하다. 개인의 노동이 자신의 여러 가지 필요를 모두 충족시키기 위해 투입되면, 개인은 특정한 기술에서 결코 완전함을 얻지 못한다. 개인의 힘과 성공이 늘 일치하는 것은 아니므로, 특정한 기술 가운데 어느 하나에서의 아주 조그만 실패는 반드시 파멸과 불행을 수반한다. 사회는 이런 세 가지 폐단에 대한 해결 방안을 제공한다. (개인의) 힘을 결합하여 우리의 능력이 증대된다. 직업의 분화를 통해 우리의 기량이 향상된다. 그리고 상호 부조를 통해 우리는 운명과 우발적 사고에 거의 노출되지 않는다. 이처럼 추가된 **힘**과 **기량** 그리고 **안전성** 따위를 통해 사회가 유익하게 된다.

486   그러나 사회를 형성하기 위해서는 사회가 유익하다는 것도 필요하겠지만, 인간이 사회의 유익함을 감지할 수 있는 것도 필요하다. 야성적인 무교양의 인간 상태에서 인간이 연구와 반성만으로 (사회가 유익하다는) 지식을 얻을 수는 없다. 따라서 아주 다행스럽게도 그 해결 방안(remedies)이 아득하고 모호한 필요들과 결합된 또 하나의 필요가 있는데, 이 필요는 직접적이고 더욱 분명한 해결 방안을 가지므로 인간 사회의 첫째이자 근원적인 원리로 간주되어도 무방할 것이다. 이 필요

는 다름 아닌 이성 간의 자연적 욕망이다. 이성 간의 자연적 욕망은 (남녀) 양성을 함께 합일시키고, 양성이 함께 낳은 아이에 대한 양성의 배려(concern)에서 새로운 유대가 발생할 때까지 (양성 간의) 합일을 유지한다. 이 새로운 배려 역시 어버이와 아이 사이의 합일 원리로 되어 더욱 큰 사회를 형성한다. 이 사회에서 어버이는 자신들의 우월한 힘과 지혜로 다스리며, 또 아이에 대한 어버이의 자연적 애정 때문에 어버이의 권위 행사는 억제된다. 아이의 여린 정신에 작용하는 습관과 버릇은 머지않아 아이에게 자신이 사회를 통해 얻는 장점을 일깨워 주며, 그뿐만 아니라 유대를 저해하는 거친 구석과 괴팍한 감정을 떨쳐 냄으로써 아이들이 점점 사회에 적응하도록 만든다.

　다음과 같은 점은 인정해야 하기 때문이다. 즉 인간 본성의 여건이 아무리 하나의 합일을 필연적이도록 하더라도, 또 성욕과 자연적 애정 따위의 정념이 아무리 하나의 합일을 불가피하도록 만드는 것처럼 여겨지더라도, 우리의 **자연적 기질**과 **외부적 여건** 따위에는 그 밖의 특수한 것이 있는데, 이것은 아주 옹색하며, 심지어 필수적인 결부와 상반되기도 한다. 우리가 성욕과 자연적 감정 따위의 정념 가운데 **자기중심성**(selfishness)을 가장 중대한 것으로 평가하는 것이 타당할 것이다. 내가 느끼기로는, 흔히 말해서 (인간의) 이런 성질에 대한 묘사는 너무 지나치게 과장되었고, 어떤 철학자들이 바로 이런 점에서 인류를 즐겨 기술한 것은 우리가 전설이나 소설에서 마주치는 괴물에 대한 이야기만큼이나 (인간의) 본성과 거리가 멀다. 사람은 자신 이외에 어떤 것에 대해서도 결코 애정(affection)을 가질 수 없다고 생각하는 한, 내 의견은 다음과 같다. 즉 자기 이외의 어떤 한 사람을 자신보다 더 사랑하는 사람을 만나기는 어렵다고 하더라도, 그럼에도 불구하고 모든 종류가 합쳐진 애정이 자기중심적 애정 전체보다 크지 않는 사람을 만나기도

487

어렵다. 일상 경험을 고려해 보라. 가족 전체의 소비는 일반적으로 가장의 감독 아래 있지만, 자기 개인의 씀씀이와 사교비를 위해 최소한의 재산만 남겨 두고 아내의 쾌락과 아이들의 교육을 위해 자기 재산의 대부분을 내놓지 않는 사람도 거의 없다. 이것은 우리가 아마 (가족 관계와 같은) 애정의 유대를 갖는 것에서 살펴볼 수 있는 것이고, 또 그 밖의 사람이 유사한 상황에 처해 있다면 이 또한 마찬가지라고 추정해도 좋을 것이다.

그러나 우리는 이 관대함을 인간 본성의 자랑거리로 인정하지 않을 수는 없겠지만, 동시에 다음과 같은 점도 알아차릴 수 있을 것이다. 즉 그토록 고귀한 감정은 사람을 거대한 사회에 적응하도록 하는 대신에 가장 속 좁은 자기중심성만큼이나 그 사회와 거의 상반된다. 사람은 저마다 자기 이외의 어떤 한 사람보다 자신을 더 사랑하며, 사람이 다른 사람을 사랑할 때에는 자신의 혈족과 친지에 대해 최대의 애정을 품는다. 반면에 이런 사실은 필연적으로 (자신의 집단에 속하는 사람과 그 밖의 사람들에 대한) 정념들 간의 대립을 산출할 수밖에 없고, 결과적으로 행동들의 대립을 유발할 수밖에 없다. 이런 사실은 새롭게 설정된 합일에 위험하지 않을 수 없다.

그렇지만 정념들의 이런 상반성이 발현될 기회를 제공하는 우리 외부 여건의 특성과 정념들의 상반성이 동시에 나타나지 않는다면, 정념들의 상반성은 단지 미미한 위험만 수반할 것이라는 점을 주목할 만하다. 우리는 상이한 종류의 세 가지 자산(goods)을 가지고 있다. 이런 자산은 곧 우리 정신의 내부적 만족과, 우리 신체의 외부적 장점, 그리고 우리가 근면과 행운을 통해 얻은 소유물의 향유 등이다. 정신의 내부적 만족을 향유함에 있어서 우리는 전적으로 안전하다. 우리는 신체의 외부적 장점을 빼앗길 수도 있겠지만, 우리에게서 그 장점을 빼앗은 사람에게 어떤 장점도 없을 수 있다. 근면과 행운을 통해 얻은 소유물의 향유만이 다른 사람에게 침탈당할 수 있고, 고스란히 양도될 수도 488 있을 것이다. 그렇지만 동시에 모든 사람의 욕구와 필요를 충족할 만큼 소유물의 양이 넉넉한 것도 아니다. 그러므로 이와 같은 자산의 증진은 사회의 주요 장점인 것처럼, 자산 소유의 **불안정성**은 자산의 **희소성** (scarcity)과 함께 (자산 증진의) 으뜸가는 걸림돌이다.

　허황되게도 우리는 **무교양적 자연 (상태)**에서 이런 폐단에 대한 해결 방안을 발견하리라고 기대했거나, 또는 편파적인 애정을 제어하고 우리 여선에서 발생하는 유혹을 물리칠 수 있을 법한 인간 정신의 비인위적 원리를 확신했다. 정의의 관념은 이런 목적에 결코 이바지할 수 없거나, 인간에게 상호 간의 공정한 행동 양식을 고취시킬 역량이 있는 자연적 원리로 간주될 수도 없다. 무례하고 야만적인 사람들 사이에서는 지금 우리가 이해하고 있는 바와 같은 덕을 꿈조차 꿀 수 없다. 위법 행위(injury)와 불의 따위의 개념은 다른 사람에게 범한 부도덕성이나 부덕을 함의하기 때문이다. 그리고 모든 부도덕성이 저마다 그 정념의 결함이나 불건전성에서 유래되므로, 또 이런 결함은 대개 정신 구조에 담긴 자연의 일상적 과정에 따라 판단되므로, 우리는 다른 사람을 향하는 몇 가지 애정의 자연적이고도 일상적인 힘을 살펴봄으로써 우리가 다른 사람에 대해 부도덕성의 죄를 범하는지 여부를 쉽게 알 것이다. 그런데 명백하듯이 우리 정신의 근원적 틀에서 우리는 자신에게 가장 강한 관심을 쏟는다. 다음에 우리는 우리의 혈연과 친지에게 관심을 확장한다. 그리고 낯선 사람이나 무관심한 사람에게 가장 약한 관심을 쏟을 뿐이다. 그런데 이 편파성과 불공정한 애정은, 우리가 그 애정을 지나치게 확대하거나 한정함으로써 편파성의 (자연적) 정도를 현저하게 침해하는 것을 부덕하거나 부도덕하게 여기도록 할 정도로, 반드시 사회에서 우리의 행동과 행동 양식에 영향력을 미칠 뿐 아니라 심지어 덕과 부덕 따위에 대한 우리의 관념에까지도 영향을 미친다. 아마 다음과 같은 경우에 우리는 행동에 관한 우리의 공통적인 판단에서 이런 사실을 살펴볼 수도 있을 것이다. 즉 우리는 자신의 가족에게 자신의 온 애정을 쏟지 않는 사람을 비난하거나, 이익과는 상반되게 (가족보다는) 낯선 사람이나 그저 우연히 아는 사람을 더 좋아할 정도로 그 가족을 돌보지 않는 사람을 비난한다. 이 모든 사실로부터 우리는 도덕성에 관한 자연적이고 무교양적인 우리의 관념이 우리 애정의 편파성에 대한 해결 방안을 제공하는 것이 아니라 오히려 그 편파성에 순응하며, 그 편파성에 힘과 영향력을 추가한다는 결론을 내린다.

그렇다면 그 해결 방안은 자연에서 유래되는 것이 아니라, **책략**에서 유래된다. 또는 좀 더 정확히 말해서 자연은 그 애정들에 담긴 불규칙적이고 옹색한 것에 대한 해결 방안을 판단력과 오성에 부여했다. 인간이 사회의 유년기 교육을 통해 사회에서 발생되는 무한한 장점을 깨닫게 되면, 더 나아가 교제(company)와 대화 등에 대한 새로운 애정을 획득하게 되면, 그리고 주요 사회 병폐가 이른바 외부적 자산에서 발생하고 또 외부적 자산의 유동성 및 사람끼리 외부적 자산을 쉽게 이전할 수 있다는 점 따위에서 발생한다는 것을 주목한다면, 인간은 반드시 이런 사회 병폐에 대한 해결 방안을 추구하는데, 이 해결 방안은 될 수 있는 대로 외부적 자산을 정신과 신체 따위의 확고하고 안정된 장점과 대등하게 보는 것이다. 사회의 각 구성원이 모두 참여하는 묵계를 통해 외부적 자산의 소유에 안정성을 부여하고 모든 구성원이 자신의 행운이나 근면을 통해 획득할 수 있을 법한 것을 평화적으로 향유하도록 하는 것, 이것은 인간이 사회 병폐에 대한 해결 방안을 마련할 수 있는 유일한 방식이다. 이런 방식으로 모든 사회 구성원은 각자 자신이 안전하게 소유할 수 있음을 알고, 이 정념들도 편파적이고 모순된 운동들 안에서 억제된다. 이와 같은 억제는 이런 정념들(의 본성)과 결코 상충되지 않는다. 만약 상충된다면 이와 같은 억제는 결코 그 정념들(의 운동)에 개입될 수 없고, 유지될 수도 없기 때문이다. 다만 이와 같은 억제는 이런 정념들의 경솔하고 충동적인 운동과 상반된다. 우리가 낯선 사람들(others)의 소유물을 거들떠보지 않을 때 우리 자신의 이익이나 가장 친한 친구의 이익도 손해 보지 않는다는 묵계를 통해서, 우리는 자신의 이익이나 가장 친한 친구의 이익은 물론 낯선 사람의 이익도 모두 사상 살 지킬 수 있다. 바로 이 (묵계라는) 수단을 통해서 우리는 우리 자신의 안녕과 생존뿐만 아니라 다른 사람의 안녕과 생존에 필요한 사회를 지탱할 수 있기 때문이다.

490   이런 묵계는 약속의 성격이 없다. 우리가 다음에 살펴보겠지만, 약속 그 자체조차 인간의 묵계에서 발생하기 때문이다. 묵계는 공동 이익이라는 일반적 감각(general sense)일 뿐이다. 사회 구성원은 모두 공동 이익이라는 일반적 감각을 서로 표명하고, 이 일반적 감각을 통해 사회 구성원들은 일정한 규칙에 따라 행동하게 된다. 내가 주목하는 점은 만일 다른 어떤 사람이 나와 동일한 방식으로 행동한다면 그가 자신의 자산을 소유하도록 허용하는 것이 나의 이익일 것이라는 점이다. 그는 자신의 이와 같은 행동 양식에서 (나와) 똑같은 이익을 느낄 수 있다. 이익에 대한 이 공통 감각이 서로 간에 표명되어 나와 그에게 함께 알려지면, 이익에 대한 공통 감각은 알맞은 결심과 행동을 유발할 것이다. 그리고 비록 이익에 대한 공통 감각이 약속(이라는 과정)을 거치지 않더라도 이 감각을 우리 사이의 묵계 또는 호응(agreement)이라고 일컬어도 전혀 무방할 것이다. 우리 각자의 행동은 다른 사람의 행동과 관계있고, 또 어떤 것은 다른 사람의 입장에서 수행된 것이라는 가정에

따라 우리 행동이 수행되기 때문이다. 조각배의 노를 함께 젓는 두 사람은 서로 아무 약속도 하지 않았지만 (상호 간의) 호응이나 묵계에 따라 노를 젓는다. 소유의 안정성에 관한 규칙도 인간의 묵계에서 유래되기는 마찬가지인데, 소유의 안정성에 관한 규칙은 점진적으로 발생했으며 점진적인 진보를 통해 힘을 얻었고, 또 소유의 안정성을 저해했을 때의 폐단을 거듭 경험함으로써 힘을 얻는다. 반면에 이런 경험을 통해 우리가 더욱 확신할 수 있는 것은 이런 이익의 감각이 우리 모든 인간에게 공통적으로 되었으며, 인간 행동 방식의 미래의 규칙성에 대한 신뢰도 부여한다는 점이다. 우리의 온건함과 금욕의 유일한 기초는 바로 이것에 대한 기대이다. 언어도 이와 같이 약속이 전혀 없더라도 인간의 묵계를 통해 점차적으로 확정된다. 금과 은 따위가 이와 같은 방식으로 교환의 공통 척도가 되며, 제값보다 수백 배의 가치를 지닌 것에 대해 충분한 보상 (가치)로 평가된다.

이 묵계가 다른 사람의 소유물에 대한 절제에 개입하고 모든 사람은 저마다 자기 소유물의 안정성을 획득하면 곧 **소유권**과 **옳음**과 **책임** 따위의 관념이 발생하듯이 정의와 불의 따위의 관념도 발생한다. 묵계를 먼저 이해하지 않고는 **옳음**과 **책임** 따위를 거의 알 수 없다. 우리의 소유(property)란 사회의 법률, 즉 정의의 법칙들이 정한 바에 따라 우리가 늘 소유하는 자산(goods)에 지나지 않는다. 따라서 정의의 기원을 설명하기 전에 **소유**나 **옳음** 또는 **책임** 따위의 단어를 사용하는 사람이나, 또는 심지어 (정의에 대한) 설명(의 범위) 안에서 이와 같은 단어를 사용하지 않는 사람은 아주 엄청난 오류를 범하는 것이고, 결코 탄탄한 토대 위에서 추리할 수 없다. 인간의 소유는 자신과 (소유) 관계가 있는 대상이다. 이 관계는 자연적인 것이 아니라 도덕적인 것이며, 정의에 기초를 둔다. 따라서 우리가 정의의 본성을 충분히 이해하지 않고도, 또 인간의 책략과 제도적 장치 안에서 정의의 기원을 설명하지 않고도, 우리가 정의의 관념을 가질 수 있다고 상상하는 것은 아주 터무니없다. 정의의 기원은 소유의 기원을 설명한다. 동일한 책략이 정의와 소유 따위의 원천이다. 도덕에 대한 처음이자 가장 자연스러운 우리의 소감은 우리 정념의 본성에 기초를 두고 있으며, 바로 이 소감 때문에 우리는 낯선 사람보다 우리 자신과 친구를 편애하게 된다. 따라서 인간의 상반된 정념들은 인간을 상반된 방향으로 몰아붙이고 묵계나 호응을 통해 제한되지 않는 한, 확정된 옳음이나 소유권 따위는 결코 자연직으로 있을 수 없다.

누구도 의심할 수 없는 것은 소유권의 구별 및 소유의 안정성 등에 대한 이 묵계는 인간 사회의 정립에 필요한 모든 여건 가운데 가장 필수적인 것이라는 점과, (소유권의 구별과 소유의 안정성에 대한) 이 규칙을 정하고 지키는 데 합의하면 (사회의) 완전한 조화와 화합을 정착시키기 위해 할 일은 거의 없든가 전혀 없다는 점 등이다. 이익에 대한 이 정념 이외의 모든 정념은 쉽게 억제되든가, (이익에 대한 정념에) 휩싸였을 때처럼 유해한 결과를 갖지 않는다. **허영심**은 오히려 사회적 정념이자 사람들을 합일하는 유대감으로 평가된다. 우리는 연민과 사랑도 이와 같은 측면에서 생각한다. 그리고 **질투와 원한**은 위태로운 결과를 가질 수 있다고 하더라도, 때때로 (불쑥) 작용할 뿐이며 우리가 자신보다 우월하다고 생각하거나 적으로 간주하는 특정한 사람을 향한다. 우리 자신 및 가장 가까운 친구를 위해 자산과 소유물을 획득할 때, 이런 탐욕만으로는 (즉 인간 본성의 다른 원리가 없다면 이 탐욕은) 그칠 줄 모르며, 영속적이고 보편적으로 사회를 직접적으로 파괴한다. 이 탐욕에 따라 행동하지 않는 사람은 드물며, 또 이 탐욕이 전혀 거리낌 없이 작용하고 탐욕 최초의 가장 자연적인 추세를 따를 때 이 탐욕을 두려워할 분별력이 없는 사람은 아무도 없다. 따라서 우리는 대체로 이 (탐욕이라는) 정념을 다스리고 삼갈 때 마주치게 되는 이런 난점에 따라 사회 수립의 난점을 크거나 작게 평가하게 된다.

확실하듯이, 인간 정신의 어떤 감정도 이익에 대한 애착(the love of gain)을 진정시키기에 충분한 힘과 적절한 방향을 갖지 못하며, 또 사람이 다른 사람의 소유물에 대해 욕심내지 않도록 하여 사회 구성원 자질을 갖추도록 하기에 충분한 힘과 적절한 성향을 갖지 못한다. 낯선 사람에 대한 자비는 이런 목적에 너무 약하다. 그리고 우리의 소유물이 많을수록 모든 욕망을 충족시킬 우리 역량도 증대된다는 점을 염두에 두면, 그 밖의 정념들도 오히려 (이익에 대한) 이 갈망을 부추긴다. 따라서 타산적인 감정 자체가 자신의 방향을 변경하지 않는 한, 어떤 정념도 타산적인 감정을 다스릴 역량이 없다. 그런데 (소유에 대한) 이 정념은 방치되는 것보다는 절제를 통해 더욱 만족되는 것이 명백하므로, 또 폭력과 보편적인 방종의 필연적 귀결인 의지할 데 없이 쓸쓸한 처지에 빠지는 것보다는 사회를 유지함으로써 우리가 더 많이 소유하게 되는 것은 명백하므로, 조금만 반성해도 (타산적인 감정의 방향을) 필연적으로 변경하게 된다. 따라서 인간 본성의 사악함이나 그 선에 대한 물음은 사회의 기원에 대한 다른 물음과 전혀 무관하다. 오직 인간의 명민함이나 그 어리석음 따위의 정도만 관심사일 뿐이다. 우리가 자기 이익에 대한 정념을 부덕하게 평가하든 유덕하게 평가하든 전혀 문제될 것이 없다. 그 정념 자체는 스스로를 억제하기 때문이다. 따라서 그 정념이 유덕하다면 인간은 자신의 덕을 통해 사회적으로 될 것이고, 그 정념이 부덕하다면 인간의 부덕도 마찬가지 결과를 가질 것이다.

493   소유의 안정성을 위한 규칙을 확립함으로써 (소유에 대한) 이 정념은 자제된다. 따라서 그 규칙이 아주 난해하고 고안하기도 어렵다면 우

리는 사회를 여러 세대에 걸친 어느 정도 우연적 결과로 평가할 수밖에 없다. 그러나 이 규칙보다 간단하고 명료할 수 있는 것은 결코 없다는 것이 밝혀진다면, 또 모든 부모는 자기 아이들이 화목하게 지내도록 하기 위해 이 규칙을 마련하며, 정의의 맹아도 사회가 확대됨에 따라 나날이 증진될 수밖에 없다는 것이 밝혀진다면, 이 모든 것이 명백하게 드러난다면, 우리는 아마 다음과 같은 결론을 내릴 수 있을 것이다. 즉 인간이 상당 시간을 사회화 이전의 야만적 처지로 있었다는 것은 궁극적으로 불가능하며, 아마 인간의 최초 상태와 상황을 사회적이었다고 평가하는 것이 옳을 것이다. 그러나 이런 사실은, 철학자들이 원한다면, 또 철학자들이 가상적 자연 상태는 결코 실재하지 않았고 실재할 수도 없었을 철학적 허구에 지나지 않는다는 것을 인정하기만 하면, 자신들의 추론을 가상적인 **자연 상태**(state of nature)까지 확장할 수도 있다는 데 대한 걸림돌이 아니다. 인간의 본성은 감정과 오성이라는 두 가지 주요 부분으로 구성되어 있으며, 이 두 부분은 이 인간 본성이 작용하는 모든 경우에 필수적이다. 따라서 오성의 지도를 받지 않는 감정의 맹목적인 운동이 인간에게 사회적 자격을 박탈한다는 것은 확실하다. 그리고 우리는 아마 정신의 이 두 구성 부분이 각각 작용한 결과를 따로따로 고찰해도 좋을 것이다. 자연 철학자들에게 적용된 이 자유는 아마 도덕 (철학자)에게도 허용될 수 있을 것이다. 그리고 아주 흔한 일이지만 자연 철학자들은 운동을 서로 분리된 두 부분이 혼합되어 이루어진 것으로 간주한다. 물론 그러면서도 자연 철학자들은 운동이 그 자체에서는 혼합되지도 않았고 분리될 수도 없다는 것을 인정하지만 말이다.

따라서 이 **자연 상태**는 시인들이 고안했던 **황금시대**라는 허구와 다를 바 없는 순수 허구로 간주되어야 한다. 자연 상태는 전쟁과 폭력과 불의로 가득하며, 반면에 황금시대의 상태는 아마 상상될 수 있는 한 가장 매혹적이고 평화로운 상태로 채색되어 있다는 점이 유일한 차이 점이다. 우리가 시인들을 믿어도 좋다면, 태초의 자연은 계절이 온화해 서 인간은 맹렬한 더위와 추위를 막기 위한 옷과 집을 마련할 필요가 전혀 없었다. (그 시대의) 강에는 포도주와 젖이 흘러넘쳤다. 오크 나무 에는 꿀이 맺혀 있었고, 자연은 자동적으로 자신의 진미를 최대한 산출 했다. 이런 것이 결코 (황금시대라는) 그 행복의 시대가 갖는 주요 장 점은 아니다. 폭풍우와 악천후가 자연에서 사라졌을 뿐만 아니라, 오늘 날 엄청난 소용돌이를 일으키며 엄청난 혼란을 초래하는 더욱 가공스 러운 악천후를 (당시) 인간의 마음(human breasts)은 몰랐다. 인간은 탐욕과 야망 그리고 잔혹과 자기중심성 따위를 들은 바 없다. 즉 정성 어린 애정과 동정 그리고 공감 따위가 당시까지 인간 정신과 친숙한 충 동(movements) 전부이다. 이 행복한 인류(race of mortals)에게는 심 지어 내 것과 네 것의 구별조차 사라졌고, 인류는 소유권과 책임 그리 고 정의와 불의 따위에 대한 참된 개념을 통해 내 것과 네 것을 구별하 게 되었다.

이것은 분명히 쓸모없는 허구로 간주되어야 하지만, 그럼에도 불구 하고 우리가 관심을 기울일 만한 까닭은 이것이 우리가 지금 탐구하고 있는 주제인 덕의 기원을 가장 명백하게 드러낼 수 있기 때문이다. 내 가 이미 살펴보았듯이, 정의는 인간의 묵계에서 발생하고, 이런 묵계는 인간 정신의 어떤 **성질들**과 외부 대상들의 **상황**이 공조해서 발생하는 어떤 폐단을 (해소하는) 해결 방안으로 의도된 것이다. 인간 정신의 이 런 성질은 **자기중심성**(selfishness)과 **한정된 관용**(limited generosity) 이다. 그리고 외부 대상들의 그런 상황이란 쉽게 변한다는 것이며, 인 간의 필요와 욕구 따위와 비해 대상들의 부족함과 연결된다. 그렇지만

철학자들은 지금까지 이런 사변에 휩쓸릴 수 있었다고 하더라도 시인
들은 일종의 취향(taste)이나 일반적 직감을 통해 훨씬 정확하게 인도
되었는데, 이 취향이나 일반적인 직감은 대부분의 추론에서 우리가 지
금까지 이미 숙지하고 있는 (추론의) 기술과 철학보다 멀리 나아간다.
시인들이 쉽게 지각했듯이, 모든 사람이 저마다 다른 사람에 대해 상냥
하게 배려하거나 자연이 우리의 모든 필요와 욕구를 넉넉히 충족시켜
준다면, 정의가 가정한 이해의 대립(the jealousy of interest)은 더 이상
존재할 수 없을 것이다. 그리고 현재 인류에게 통용되는 소유권과 소유
물 따위를 구별하고 한계 지울 요인도 전혀 없을 것이다. 인간 (상호 간
495 의) 자비나 자연의 선물(bounty)이 충분한 정도로 증대되고, 정의는
더 이상 쓸모없게 된다. 더욱 고귀한 덕과 더욱 가치 있는 (자연의) 축
복이 정의의 자리를 차지하기 때문이다. 인간의 자기중심성은 우리가
가진 얼마 안 되는 소유물 때문에 우리의 필요에 비례하여 고취된다.
그리고 자기중심성을 억제하기 위해, 인간은 어쩔 수 없이 (소유의) 공
동체를 벗어나 자신의 자산과 다른 사람의 자산을 구별한다.

　　우리는 이런 사실을 알기 위해 결코 시인들의 허구를 들먹거릴 필요
는 없다. 그 사실에 대한 추리는 제쳐 두더라도, 우리는 일상적 경험과
관찰을 통해 바로 그와 같은 진리를 발견할 수도 있을 것이다. 쉽게 간
파할 수 있듯이, 진정한 애정은 친구들이 만물을 공유하도록 하고, 특
히 혼인 관계에 있는 사람은 서로 소유권을 버리고 내 것과 네 것(이라
는 구별을) 모르는데, 내 것과 네 것(이라는 구별)은 인간 사회에 아주
필수적이지만 엄청난 혼란의 원인이다. (소유권을 버리고 네 것과 내
것이라는 구별을 모르는) 결과는 인류의 여건이 변하는 데에서 발생하
다. 예를 들자면 인간의 모든 욕구가 충족될 정도로 재화(any thing)가
넉넉할 때 이런 결과가 발생하는데, 이런 경우에 소유에 대한 구별은

고스란히 사라지고 만물은 공유로 된다. 우리는 모든 외부 대상 가운데 가장 값진 것인 공기와 물에서 이런 사실을 알 수 있을 것이다. 그리고 아마 쉽게 결론 내릴 수 있듯이, 인간이 모든 것을 이처럼 풍요롭게 공급받을 수 있거나 만인이 만인에 대해 자기 자신에 대해서와 똑같은 애정을 가지고 따뜻하게 배려한다면, 인류는 정의나 불의를 모두 몰랐을 것이다.

여기에 내가 확실하다고 간주해도 될 것으로 생각하는 다음과 같은 명제가 있다. 즉 인간의 욕구에 비해 부족한 자연 자원과 아울러 인간의 자기중심성과 한정된 관용 등 오직 이런 것들에 정의의 기원이 있다. 돌이켜 보면 알게 되지만, 이 명제는 우리가 지금까지 이 주제에 관해 관찰한 것 중 몇 가지에 대해 추가적인 힘을 제공한다.

첫째, 이 명제에서 우리가 내릴 수 있는 결론은 다음과 같다. 즉, 공공의 이익에 대한 존중이나 강력한 포괄적 자비는 정의의 규칙을 우리가 준수하는 일차적이고 근원적인 동기는 아니다. 만일 인간이 그와 같은 자비를 타고 났다면 정의의 규칙들은 꿈조차 꾸지 못할 것이기 때문이다.

둘째, 우리는 아마 동일한 원리에서 다음과 같은 결론을 내릴 수도 있을 것이다. 즉 정의감(sense of justice)의 토대는 이성이 아니거나, 영원 불변적이고 보편적으로 책임을 부과하는 관념들의 어떤 연관과 그 관계를 발견하는 것도 아니다. 위에서 언급했듯이 인류의 기질(temper)과 여건상의 변화는 우리의 의무와 책임을 고스란히 변화시킬 수 있다는 점은 인정되므로, 덕의 감각(the sense of virtue)이 이성에서 유래된다는 일상 체계에 따르면 (인류의 기질과 여건상의) 변화가 반드시 산출하는 그 관계와 관념 등의 변화를 우리에게 입증할 필요가 있기 때문이다. 그러나 명백하듯이, 인간의 포괄적인 관용 및 (필요한 만큼)

496

충분한 만물 따위가 정의의 실제 이념을 파괴할 수도 있는 유일한 원인은 그런 것들이 정의의 실제 이념을 쓸모없이 만들기 때문이다. 반면에 인간의 한정된 자비와 궁색한 처지는 (정의라는) 이 덕이 공공의 이익과 모든 개인의 이익에 필요하도록 만듦으로써만 이 덕을 유발한다는 것도 명백하다. 따라서 우리 자신의 이익에 대한 관심과 공공의 이익에 대한 관심 때문에 우리는 정의의 법칙들을 제정하게 되었다. 우리에게 이런 관심을 유발하는 것이 관념들의 관계가 아니라 우리의 인상과 소감이며, 이 인상과 소감이 없다면 우리는 자연의 만물에 대해 전혀 무관심하고, 전혀 영향을 받지도 않는다는 점은 더할 나위 없이 확실하다. 따라서 정의감의 기초는 우리의 관념이 아니라 인상이다.

셋째, 우리는 위의 명제에서 또 다음과 같은 점을 확인할 수도 있을 것이다. 즉, 이런 정의감을 유발하는 인상은 인간 정신이 타고난 것이 아니라 책략과 인간의 묵계 따위에서 발생한다. 기질과 여건 등의 중대한 변화는 정의와 불의를 똑같이 파괴한다. 그리고 그와 같은 변화는 오직 우리 자신의 이익과 공공의 이익 따위를 변환시킴으로써 영향력을 갖는다. 따라서 정의의 규칙을 최초로 수립하는 것은 근원적으로 (우리 자신의 이익과 공공의 이익이라는) 이 서로 다른 이익들에 의존한다. 그러나 인간이 자연적으로 또 마음에서 우러난 애정으로 공공의 이익을 추구한다면, 사람들은 이 규칙으로 서로를 규제할 꿈조차 꾸지 않을 497 것이다. 그리고 사람이 전혀 조심하는 마음 없이 자기 자신의 이익을 추구한다면, 사람은 모든 종류의 불의와 폭력에 빠져들 것이다. 따라서 이 규칙들은 인위적이며, 우회적이고 간접적인 방식으로 그 목적을 추구한다. 그런 규칙을 유발하는 이익은 결코 인간의 자연적이고 비인위적인 정념을 통해 추구될 수 있는 것이 아니다.

이것을 좀 더 명료히 하기 위해 다음과 같은 점을 고찰해 보자. 정의의 규칙이 오직 이익을 통해 확정될 뿐이라고 하더라도, 그 규칙들과 이익의 연관은 다소 독특하며(singular), 그 밖의 경우에서 관찰되는 것과는 차이가 있다. 정의에 (상응하는) 개별 행동(singular act)이 공공의 이익과 상반되는 경우는 흔하며, 그 밖의 행동들이 이어지지 않고 정의에 상응하는 행동만 고립적으로 존립하는 경우에 그 행동 자체는 사회에 대해 매우 유해할 수도 있을 것이다. 덕망 있고 자비로운 사람이 수전노나 선동적인 고집쟁이에게 많은 재산을 반환한다면, 그는 정의롭고 칭찬받을 행동을 했지만 대중은 (반환된 재산 때문에) 실제로 고통을 겪는 사람이다. 정의에 (상응하는) 어떤 개별 행동도 따로따로 살펴보면 공공의 이익과 마찬가지로 개인적 이익에 이바지하지 않는다. 그리고 성실성에 대한 한 가지 훌륭한 사례를 통해 어떻게 한 인간이 스스로 빈곤하게 될 수 있는지, 그리고 그가 어떻게 이 한 가지 행동을 두고 정의의 법칙이 우주에서 잠시 중지되었다고 생각하고 싶어 하는 까닭을 갖게 되는지를 우리는 쉽게 생각할 수 있다. 그러나 정의에 (상응하는) 개별 행동들이 공공의 이익이나 개인적 이익과 상반될 수 있다고 하더라도, 전체적인 계획이나 틀은 사회 유지와 모든 개인의 복지 양자에 고도로 기여하며 실로 절대적으로 필요하다는 것은 확실하다. 선을 악에서 분리하는 것은 불가능하다. 소유권은 안정적이어야 하며, 일반 규칙을 통해 고정되어야 한다. 어떤 한 가지 사례에서 공중이 고통을 겪는다고 하더라도, 이 순간적인 악은 그 규칙을 안정적으로 집행함으로써 충분히 보충되며, 또 그 규칙이 사회에 확립하는 평화와 질서를 통해 충분히 보충된다. 그리고 모든 개인은 (손익을) 결산해 보면 자신이 이익이라는 것을 반드시 깨닫는다. 정의가 없다면 사회는 즉각 해체될 수밖에 없고 모든 개인은 야만적이고 고독한 처지에 빠질 수밖에 없기 때문인데, 이 야만적이고 고독한 처지는 사회에서 상정할 수

498 있는 가장 나쁜 처지보다 훨씬 나쁘다. 한 개인에 의해 수행된 정의로
운 개별 행동이 어떤 결과를 초래하든, 사회 전체에서 함께 발생된 행
동들의 전 체계는 (사회) 전체에 대해서 한없이 유익하며 각 부분들에
대해서도 유익하다. 사람이 이런 점을 깨닫기에 충분한 경험을 했을
때, 머지않아 정의와 소유권이 발생한다. 사회의 모든 구성원은 저마다
이 이익을 감지하고 있다. 모든 사람은 다른 사람도 마찬가지일 것이라
는 조건 아래에서 자신의 동료에게 이 감각에 자신의 행동을 부합시키
기로 한 결심과 아울러 이 감각을 표현한다. 이런 기회를 처음으로 얻
은 사람이 정의로운 행동을 수행하도록 하는 데 더 이상 필요한 것도
없다. 이것은 그 밖의 사람들에 대한 사례가 된다. 따라서 정의는 일종
의 묵계나 (상호 간의) 호응을 통해 스스로 확립된다. 다시 말하자면
모든 사람에게 공통적이라고 상정되는 이익에 대한 감각을 통해 정의
가 스스로 확립된다. 그리고 이 경우에 모든 개별적 행동은 다른 사람
들도 똑같이 행동하리라는 기대 속에 수행된다. 그와 같은 묵계가 없다
면 어느 누구도 정의라는 덕이 있다고 꿈조차 꿀 수 없거나, 또는 지금
까지 그 덕에 부합되게 행동할 마음이 내킨 사람도 없을 것이다. 어떤
개별 행동을 두고 보면 나의 정의가 모든 측면에서 유해할 수도 있을
것이다. 그리고 다른 사람이 나의 사례를 모방하리라는 가정에 따르는
경우에만 나는 (정의라는) 이 덕을 받아들일 마음이 내킬 수 있다. 오
직 이런 결합만이 정의를 유용하게 만들 수 있거나, 또는 나 자신이 정
의의 규칙에 따르도록 할 동기를 나에게 제공할 수 있기 때문이다.

　　우리는 이제 우리가 제기했던 우리는 왜 덕의 관념을 정의에 결부시
키고, 부덕의 관념을 불의에 결부시키는가라는 두 번째 물음에 이르렀
다. 이 물음 때문에 우리는 우리가 지금까지 이미 확립했던 원리에 오

래 머무를 수 없게 된다. 우리가 지금 이 물음에 대해 말할 수 있는 것은 모두 몇 마디 말로 간단히 처리될 것이다. 그리고 독자들은 더욱 만족하려면 우리가 이 책의 **제3부**에 이를 때까지 기다려야 한다. 정의에 대한 **자연적** 책임, 즉 이익은 충분히 설명되었다. 그러나 **도덕적** 책임 또는 옳음과 그름 따위의 소감에 대해 우리가 충분하고 만족스러운 설명을 할 수 있기에 앞서 우선 자연적 덕들을 검토할 필요가 있을 것이다.

499   사람은 마음대로 작용하는 자신의 자기중심성과 한정된 관용 때문에 자신의 사회적 자격이 완전히 박탈당한다는 사실을 경험을 통해 깨달았다. 동시에 이 정념들을 만족시키기에 사회가 필수적이라는 것도 깨달았다. 이어서 사람들은 자신들의 거래를 더욱 안전하고 편리하도록 해 줄 수 있을 법한 이 규칙들의 규제 아래 있을 마음이 자연스럽게 내킨다. 일반적 사례 및 모든 개별적 사례에서 이 규칙들을 부과하고 준수하기 위해서는 애초에 이 규칙들이 오직 이익에 대한 고려를 통해 제안된다. 그리고 사회를 최초로 구성할 때 이 동기는 충분히 강하며 힘을 갖는다. 그러나 사회는 수적으로 팽창되어 부족이나 국가로 확대된다면, 이 이익은 더욱 거리가 멀어진다. 또 더욱 아슬아슬하고 옹색한 사회에서와 마찬가지로 이 규칙들을 위반한 모든 경우에도 혼동과 무질서가 나타난다는 점을 사람들이 그다지 쉽게 지각하는 것도 아니다. 그러나 우리가 질서를 유지할 때 얻는 이 이익을 우리 자신이 행동할 때에는 고려하지 못하고 다소 당면한 이익을 쫓는 경우가 흔하다고 하더라도, 우리는 다른 사람의 불의로부터 직접적으로나 간접적으로 우리가 받는 불이익(prejudice)을 결코 외면할 수 없다. 우리는 이 경우에 정념에 현혹되지 않고, 상반된 유혹에 좌우되지도 않는다. 오히려 불의가 우리 이익을 전혀 침해할 수 없을 정도로 우리와 거리가 멀더라

도, 그 불의가 우리에게 불만스럽기는 마찬가지이다. 우리는 불의를 인
간 사회에 해롭다고 생각하며, 또 불의를 범한 사람과 가까운 모든 사
람에게 그 불의가 파멸적이라고 생각하기 때문이다. 우리는 **공감**을 통
해 그들의 거북함을 공유한다. (이해 관계없이) 일반적으로 보면, 인간
의 행동을 거북하게 만드는 것은 모두 **부덕**이라고 일컬어지므로, 이와
마찬가지로 만족을 낳는 것은 무엇이든 덕이라고 지칭된다. 이것은 도
덕적으로 선이라는 감각과 악이라는 감각이 정의와 불의에서 유래되는
까닭이다. 그리고 이 경우의 (도덕적) 감각은 다른 사람의 행동을 응시
하는 데에서만 유래된다고 하더라도, 그럼에도 불구하고 우리는 이 감
각을 우리 자신의 행동에까지 주저 없이 확장한다. 이 **일반 규칙**은 이
규칙이 발생한 사례들을 넘어서지만, 동시에 우리는 다른 사람이 우리
에 대해 품은 소감 안에서 자연적으로 그들과 **공감**한다. 따라서 **자기 이**
500 **익**(self-interest)은 정의를 확정하는 근원적 동기이지만, 그러나 **공공 이**
익에 대한 하나의 공감은 (정의라는) 이 덕에 수반되는 도덕적 찬동
(moral approbation)의 원천이다.*

　　이 소감이 이렇게 진행되는 것은 **자연스럽고** 심지어 필연적이라고
하더라도, 현실적으로(here) 그 소감의 진행이 정치인들의 책략에 의
해 촉진된다는 것도 확실하다. 정치인들은 사람들을 보다 쉽게 통치하
고 사회의 평화를 유지하기 위해 (사람들이) 정의에 대한 존경과 불의

---

　*　이 문구를 담고 있는 초판의 책장은 인쇄가 삭제되어 있다. 초판을 개정한 흄 수고
의 다음 문구는 삭제되지 않은 책장에 있는 것이다. '따라서 자기 이익은 정의 확립의
근원적 동기이다. 그러나 **공공**의 이익에 대한 공감은 (정의라는) 이 덕에 수반되는 도덕
적 찬동의 원천이다. 공감이라는 이 후자의 원리는 우리의 **정념**을 지배하기에는 너무 약
하지만, 그러나 우리의 **취향**에 영향을 미치기에 충분한 힘을 가지고 있으며, 우리에게
찬동과 비난에 대한 소감을 제공한다' - 자구에 대한 주석.

에 대한 혐오를 나타내도록 애쓴다. 정치인들의 책략이 반드시 효력을 가진다는 점은 의심할 나위 없지만, 무엇보다 명백하듯이 인류에게서 덕의 감각을 모두 일소하기 위해 진력을 기울이는 듯 보이는 도덕론자들(writers on morals)은 이 문제를 극단으로 몰아붙였다. 정치인들의 책략은 자연이 우리에게 암시하는 이 소감들을 산출하도록 자연을 도울 수도 있고, 심지어 어떤 경우에는 그 책략만으로도 특정 행동에 대한 부러움과 찬동을 산출할 수도 있을 것이다. 그러나 그 책략이 우리가 부덕과 덕을 구별하는 유일한 원인일 수는 없다. (선과 악을 구별함에 있어서) 자연의 도움이 없다면, 정치인들이 **명예롭**다거나 **불명예롭**다고 말하는 것 또는 **칭찬받을 만하**다거나 **비난받을 만하**다고 말하는 것이 쓸데없을 것이기 때문이다. 이 (가치 평가적인) 말들은 전혀 이해될 수 없고, 이 말들은 우리가 전혀 모르는 소리에 지나지 않는 것과 마찬가지로 (그 말들이 지칭하는 사실에 대한) 어떤 관념도 수반하지 않는다. 정치인들이 수행할 수 있는 최대한의 것은 자연적 소감들을 그 소감들 본래의 한계 너머로 확장하는 것이다. 그럼에도 불구하고 자연은 반드시 (그 소감의) 자료(materials)를 제공하며, 도덕적 구별에 대한 개념을 우리에게 제공한다.

  공적인 칭찬과 비난은 정의에 대한 우리의 존경을 증대시킨다. 사적인 교육과 지도 역시 정의에 대한 우리의 존경을 증대시키는 데 이바지한다. 부모들이 쉽게 관찰할 수 있듯이, 사람은 자신이 갖춘 정직과 명예가 크면 클수록 그 자신과 다른 사람에게 더욱 유익하고, 습관과 교육이 이익과 반성을 보조할 때 이 원리들은 더욱 힘을 얻는다. 이런 이유 때문에 부모들은 자기 아이들을 아주 어릴 때부터 정직의 원리를 가르칠 마음이 내키며, 아이들에게 사회를 유지하는 이 규칙들을 준수하는 것을 값지고 명예로운 것으로 간주하도록 가르치고, 또 그 규칙을

501 침해하는 것을 야비하고 불명예로운 것으로 간주하도록 가르친다. 이런 방식으로 명예에 대한 소감은 어린이들이 여린(tender) 정신에 뿌리 내릴 수 있을 것이고, 또 이 원리에 조금도 모자람이 없을 정도로 확고부동함을 얻을 수 있을 것이다. 이 원리들은 우리 본성에 가장 본질적인 것이며, 우리 내부적 구조에 가장 깊이 붙박여 있다.

가치(merit)나 허물(demerit)은 정의나 불의에 수반된다는 견해가 인류 사이에 일단 확실하게 확정된 다음부터는 이 원리들의 확고부동함을 증진시키는 데 더욱 기여하는 것은 우리 평판의 이익이다. 우리와 가장 밀접한 것은 우리의 평판이며, 우리의 평판은 다른 사람의 소유권과 관계된 우리 행동거지에 주로 의존한다. 이런 까닭으로, 자신의 인품(character)을 중시하거나 인류와 좋은 관계로 살아가려는 의도가 있는 사람은 모두 그 자신에 대해 불가침의 법칙을 확정해야 하며, 정직하고 명예로운 사람에게 본질적인 이 원리를 어떤 유혹에도 침해할 엄두를 결코 내지 않게 된다.

이 주제를 마치기에 앞서 나는 단 한 가지만 살펴보겠다. 즉 나는 사회가 유래된 자연 상태, 또는 가상적 상태에서는 정의나 불의가 있을 수 없다고 주장하지만, 그와 같은 상태에서 다른 사람의 소유권에 대한 침해가 허용될 수 있었다고 주장하지 않는다. 내가 주장하는 바는 오직 (그와 같은 상태에서는) 소유권 따위의 것이 아예 있을 수 없다는 것이며, 따라서 정의와 불의도 있을 수 없다는 것이다. 내가 약속을 다루게 되면, 약속에 대해서도 유사하게 고찰할 기회가 있을 것이다. 나는 이 고찰이 정당하게 평가되면 정의와 불의에 관한 지금까지의 견해들에 대한 모든 악평을 없애기에 충분하리라고 생각한다.

제3절 소유권을 결정하는 규칙에 관하여

소유의 안정성에 관한 규칙을 확정하는 것이 인간 사회에 유익할 뿐만 아니라 절대적으로 필요하다고 하더라도, 그 규칙은 이와 같은 일반술어로 남아 있는 한 결코 어떤 (실천적) 목적에도 기여할 수 없다. 특정 재화(goods)는 특정한 개인에게 배당되어야 하지만 그 밖의 사람들은 그 개인의 소유와 향유로부터 배척되어야 하는데, 우리가 이것을 구별할 수 있을 법한 방법이 반드시 밝혀져야 한다. 다음으로 우리가 해야 할 일은 이 일반 규칙을 변경하여 세계의 공동 용도와 관습(the common use and practice)에 적합하도록 하는 이유들을 밝히는 것이다.

명백하다시피, **특정인**이나 공공이 그 재화를 향유하는 데에서 거둘 수 있는 유용성이나 장점이 다른 사람이 **특정** 재화를 소유함으로써 발생할 수 있는 유용성이나 장점보다 더 크다는 데에서 이런 이유들이 도출되지 않는다. 만인이 각자 자신에게 가장 알맞고 자신이 쓰기에 가장 적절한 것을 소유하는 것이 더 낫다는 것은 의심할 나위없다. 그러나 적합성(fitness)이라는 이 관계를 몇몇 사람이 동시에 공유할 수도 있다는 점은 제쳐 두더라도, 이 관계는 아주 많은 논쟁에 직면하게 되고, 인간은 이런 논쟁을 판정하기에는 아주 편파적이고 격정적(passionate)이므로, 이처럼 엉성하고 불확실한 규칙은 인간 사회의 평화와 절대로 양립할 수 없을 것이다. 불화와 싸움(이 일어날 수 있는) 모든 경우를 제거하기 위해 우리는 소유의 안정성에 관한 묵계에 참여한다. 그리고 이 (일반적인) 규칙을 적용함에 있어서 드러날 수도 있는 각각의 특정한 유용성에 따라 이 규칙을 매사에 다르게 적용하도록 버려둔다면, (소유의 안정성이라는) 이 목적은 결코 달성될 수 없을 것이다. 정의의 판결에 있어서 정의는 특정인에 대한 대상들의 적합성 여부를 결코 고려하지 않고, 더욱 포괄적인 관점을 따른다. 어떤 사람이 관대하건 수전노이든 관계없이 정의는 그를 대등하게 인정하며, 그 사람은 설령 자신에게 전혀 쓸모없는 것일지라도 자신에게 유리하게 (정의의) 결정을 (정의가 자신을 대등하게 받아들이는 것과) 똑같이 수월하게 획득한다.

그러므로 **소유가 안정되어야 한다**는 일반 규칙은 특정 판단들을 통해 적용되는 것이 아니라 다른 일반 규칙을 통해 적용되는데, 이 다른 일반 규칙들은 반드시 사회 전체까지 확장되어야 하며 원한이나 호의 때문에 변하는 것은 아니어야 한다. 이런 결론을 예증하기 위해 나는 다음 사례를 제안한다. 나는 먼저 야만적이고 외로운 처지의 사람들을 생
503 각하며 다음과 같이 가정한다. 즉 그런 상태의 참담함을 감지하고 사회에서 발생될 수 있는 장점을 예견하기 때문에, 그들은 각기 다른 사람의 모임(company)을 기웃거리고 상호 간의 보호와 부조를 제의한다. 또 하나의 가정은 다음과 같은 것이다. 즉 그런 사람은 사회 및 협력을 도모하는 데 가장 큰 걸림돌이 자신들의 자연적 기질에 담긴 탐욕과 자기중심성에 있다는 사실을 직접적으로 지각할 정도로 예지(sagasity)를 갖추고 있으며, 이 걸림돌을 제거하기 위해 그들은 소유의 안정성과 상호 절제 및 상호 금지 따위에 대한 묵계에 참여한다. 내가 느끼기에는 이런 추이(method of proceeding)가 전적으로 자연적인 것은 아니다. 사실 우리도 모르게 점진적으로 일어나는 이런 반성들이 일시에 형성되는 것으로 내가 여기서 가정했을 뿐이라는 점은 제쳐 두더라도, 내가 말하고 싶은 것은 또 이런저런 우발적 사건들 때문에 자신들이 과거에 소속되었던 사회로부터 소외된 몇몇 사람은 어쩔 수 없이 자신들끼리 새로운 사회를 형성하게 될 수도 있다는 것이다. 이때 이런 사람들은 전적으로 위에서 언급한 상황에 있다.

명백하듯이, 이런 처지의 사람들이 사회의 확립과 소유의 불변성 등

을 위해 일반적 묵계를 한 뒤에 처음 겪는 어려움은 그들의 소유를 나누어 각 개인이 미래를 위해 한결같이 향유해야 할 각자의 몫을 각 개인에게 배당하는 방법이다. 이런 어려움이 그들에게 오래도록 걸림돌이 되지는 않을 것이다. 그러나 모든 사람은 자신이 지금 장악하고 있는 것을 계속 향유하며 소유권 또는 항상적 소유가 직접적 소유와 결합되는 것이 가장 자연적인 방편으로 즉각 나타난다. 습관의 효력은 우리를 우리가 오랫동안 향유했던 것과 친화시킬(reconcile) 뿐만 아니라, 그런 것에 애착을 갖도록 하며, 더 값질 수도 있지만 우리가 잘 모르는 것보다는 오랫동안 향유했던 것을 더 선호하도록 만드는 것 등이다. 우리는 오랫동안 우리 눈에 익었고 우리가 자주 유익하게 사용했던 것에서 손을 떼기가 가장 어려운 것이 상례이지만, 그러나 우리가 향유해 본 적이 전혀 없고 우리와 익숙하지도 않은 것은 소유하지 않아도 쉽게 살 수 있다. 따라서 사람들은 **모든 사람은 각자 자신이 지금 소유하고 있는 것을 계속 향유하려고 한다**는 방편을 쉽사리 묵인할 것이고, 이것은 (즉 습관의 효력은) 이런 방편에 모든 사람들이 아주 자연스럽게 동의하게 되는 까닭이라는 점은 명백하다.[1]

504

---

1)   철학에서 가장 어려운 문제는 동일한 현상에 숱한 원인이 나타났을 때 지배적이고 주요한 원인을 결정하는 것이다. 우리의 선택을 확정할 참으로 엄밀한 논증은 거의 없고, 사람들은 유비 추리와 유사한 사례들을 비교함으로써 발생하는 일종의 취향이나 공상을 따르는 것에 만족해야 한다. 따라서 소유권을 결정하는 대부분의 규칙에 대한 동기가 공공의 이익이라는 점은 현재의 경우에는 의심할 나위 없지만, 그래도 내가 의혹을 갖는 것은 이런 규칙을 확정하는 것이 주로 상상력이거나 우리 사유와 표상 작용의 더욱 하찮은 속성들이라는 점이다. 나는 계속해서 이런 원인들에 대해 설명할 것이고, 독자들이 공공의 유용성(publick utility)에서 유래된 동기를 선호하든 또는 상상력에서 유래된 동기를 선호하든 그것은 독자의 선택에 맡겨 둔다. 우리는 현재 소유자의 권리부터 시작할 것이다.

505　　그러나 우리가 관찰할 수 있듯이, 소유권을 현재의 소유자에게 배당
　　　한다는 규칙이 자연스럽고 또 그렇게 함으로써 유용하더라도, 그 규칙
　　　의 유용성은 사회의 최초 형성 (단계)를 넘어서지 않는다. 뿐만 아니라
　　　그 규칙을 불변적으로 준수하는 것보다 위태로운 것도 없을 것이다. 그
　　　규칙을 불변적으로 준수하면 (그 소유권을 원래의 소유권자에게) 상환

　　내가 이미 제1권 4부 5절에서 인간 본성을 두고 살펴보았던 성질은 두 대상들이 서
로 밀접한 관계를 가지고 있는 것으로 나타날 때 정신은 (그 대상들의) 합일을 완성하
기 위해 그 대상들에게 추가적 관계가 속하는 것으로 생각하는 성향을 갖는다는 것이
다. 이런 성향은 아주 강해서 우리가 자주 (사유와 물질을 결부시키는 것과 같은) 오류
에 빠질 정도이다. 이런 오류가 완전한 합일이라는 목적에 기여할 수 있다는 것을 우리
가 깨닫는다고 하더라도 말이다. 우리 인상은 대개 장소나 공간적 위상을 가질 수 없
다. 그렇지만 우리는 바로 이런 인상들이 시각과 촉각 따위의 인상과 공간적으로 결부
된 것으로 상정한다. 그 까닭은 단지 그런 인상들이 인과에 의해 결합되고 또 이미 상
상력 안에서 합일되기 때문이다. 따라서 어떤 합일을 완성하기 위해서 우리는 새로운
관계를 꾸며 낼 수 있고 심지어 불합리한 관계까지 꾸며 낼 수 있으므로, 우리가 쉽게
상상할 수 있듯이 정신에 의존하는 어떤 관계가 있다면 이 관계를 선행 관계에 거리낌
없이 결합시키고, 새로운 유대(bond)를 통해 공상 안에서 이미 합일된 대상들을 합일
한다. 따라서 예를 들어 우리가 물체를 배열할 때, 우리는 유사한 대상들을 서로 인접
하게 두거나 적어도 대응하는 관점으로 배치하지 않을 수 없다. 우리는 인접 관계를 유
사 관계에 연결시키는 데에서, 또는 상황의 유사성을 성질들의 유사성에 연결시키는
데에서 만족을 느끼기 때문이다. 그리고 우리는 이것을 인간 본성의 알려진 속성으로
부터 쉽게 설명한다. 어떤 대상들과 정신이 연결되도록 결정되었지만 특정 대상들을
정신이 선택하는 것은 결정되지 않았을 때, 자연적으로 정신은 함께 관계된 대상들로
자신의 눈을 돌린다. 그 대상들은 이미 정신 안에서 합일되어 있다. 즉 그 대상들은 표
상 작용에 동시에 출현한다. 그리고 그 대상들의 결부에 대해 새로운 어떤 추리가 필요
한 것이 아니라, 이 자연적 친화성(natural affinity)을 우리가 꿰뚫어 보도록 하는 데에
아주 강력한 추리가 필요할 것이다. 우리가 다음에 **아름다움**을 다룰 때 이 문제를 더욱
충분히 설명할 것이다. 그동안 다음과 같은 점을 주목하는 것으로 만족했으면 좋겠다.
즉 순서와 가지런함 따위에 대한 취향(love)이 도서관에 책을 배열하고 응접실에 의자
를 배열하는데, 순서와 가지런함 따위에 대한 이 취향은 소유의 안정성에 관한 일반 규

하는 것도 배제되고 모든 불의가 공인되고 보답받게 될 것이다. 그러므로 우리는 사회가 일단 확립된 다음에 소유권을 유발할 수 있을 법한 다른 여건을 탐색해야 한다. 나는 이런 종류의 여건 중 아주 중요한 네 가지, 즉 **점유 취득**(Occupation), **시효**(Prescription), **증식**(Accession) 그리고 **상속**(Succession) 따위를 발견했다. 우리는 이 여건들을 점유 취득부터 하나씩 간단히 검토할 것이다.

모든 외부적 자산(external goods)에 대한 소유는 가변적이며 불확실하다. 이런 사실은 사회를 설립하는 데 가장 큰 걸림돌이며, 또한 명시적이거나 묵시적인 보편적 호응을 통해 오늘날 정의와 공정 따위의 규칙이라 일컫는 바에 따라서 사람들이 자제하는 이유이다. 이와 같은 절제 이전 상태의 참담함은 우리가 될 수 있는 대로 빨리 (절제라는) 해결 방안에 순종하게 되는 원인이다. 이것은 우리가 최초의 소유 또는 **점유 취득**에 소유권의 관념을 덧붙이는 평이한 이유를 제공한다. 사람들은 잠시라도 소유권을 미정인 상태로 방치하기를 원치 않으며, 소유권에 대한 폭력과 무질서의 여지를 두려고 하지 않는다. 여기에 우리가 덧붙여도 좋은 것은 최초의 소유가 항상 가장 관심을 끈다는 점이다. 그리고 우리가 최초의 소유를 무시한다면, 소유권을 그 다음에 이어지는 소유에 배정할 근거가 무색할 것이라는 점도 덧붙일 수 있을 것이다.[2]

칙을 변형함으로써 사회의 구성과 인류의 안녕 등에 기여한다. 소유권이 인간과 대상 사이의 관계를 형성하므로, 선행하는 어떤 관계에서 소유권이 발견되는 것이 당연하다. 그리고 소유권은 사회의 법률을 통해 보장된 항상적인 소유에 지나지 않으므로, 소유권을 그와 유사한 관계인 현재의 소유에 덧붙이는 것이 당연하다. 이 (유사성) 또한 영향력을 갖기 때문이다. 모든 종류의 관계를 결합시키는 것이 당연하다면, 서로 유사하고 함께 관련된 관계를 결합시키는 것은 더욱 자연스럽다.

506   소유의 의미가 무엇인지 정확히 결정하는 일만 남아 있을 뿐이지만,
그 의미를 결정하는 일은 단번에 상상될 수 있을 만큼 쉬운 것이 아니
다. 우리는 어떤 것을 직접 손에 쥐고 있을 때뿐만 아니라 우리 능력으
로 그것을 사용할 수 있는 상황에 있을 때, 그리고 우리의 현재 만족이
나 우리가 유리한 데 따라 그것을 옮기고 변형하거나 파괴할 수 있을
때에도 그것을 소유하고 있다고 말한다. 그런데 이 관계는 일종의 원인
과 결과이며, 그리고 소유권은 정의의 규칙 또는 인간의 묵계에서 유래
된 안정된 소유에 지나지 않으므로 (인과와) 동일한 종류의 관계로 간
주된다. 그렇지만 우리가 여기서 아마 수복할 수 있을 법한 것은 우리
가 부닥치는 방해(interruption)의 개연성이 증감됨에 따라 그 대상을
사용하는 능력의 확실성도 증감되므로, 그리고 이 개연성은 우리가 느
낄 수 없을 정도로 점차적으로 증대될 수도 있으므로, 많은 경우에 소
유가 시작되고 그치는 때를 결정할 수 없으며, 우리가 그와 같은 논란
을 판정할 수 있는 확실한 기준도 없다. 우리 덫에 걸린 멧돼지가 달아
나는 것이 불가능하다면, 그 멧돼지는 우리 소유로 생각된다. 그러나
불가능하다는 것은 무슨 뜻인가? 우리는 이 불가능성을 비개연성

---

2)   어떤 철학자들은 (예를 들면, 로크는) 점유 취득의 권리를 다음과 같이 설명한다.
만인은 자신의 노동 안에서 소유권을 갖는다. 그리고 사람이 자신의 노동을 어떤 것과
결합할 때, 그 노동은 자신에게 그것 전체에 대한 소유권을 부여한다. 그러나 (1) 우리
가 어떤 목초지에서 우리 소가 풀을 뜯게 함으로써 그 목초지를 손에 넣을 때처럼, 우
리가 획득한 대상에 우리 노동을 결합시켰다고 말할 수 없는 경우에는 여러 종류의 점
유 취득이 있다. (2) 이것은 증식을 통해 소유 문제를 설명하는 것이며, 이런 설명은 쓸
데없이 말을 돌리는 것이다. (3) 우리는 비유적인 의미로 어떤 것에 우리 노동을 결합
506 시킨다고 말할 수 없다. 정확히 말해서 우리는 그 대상을 우리 노동을 통해 변경시킬
수 있을 뿐이다. 이것이 우리와 그 대상 사이의 관계를 형성하며, 위의 원리들에 따르
면 여기에서 소유권이 발생한다.

(improbability)과 어떻게 분리할 것인가? 우리는 어떻게 비개연성을 개연성과 정확히 구별할 수 있는가? 비개연성과 개연성의 엄밀한 한계를 정하고, 이 주제에서 발생할 수 있을 법한, 그리고 경험을 통해 우리가 발견하듯이, 이 주제에서 자주 발생하는 모든 논쟁을 판결할 수 있을 법한 기준을 보여 주자.3)

507   그러나 이런 논쟁은 소유권과 소유 따위의 실제 존재뿐만 아니라 그

---

3)   우리가 이성과 공공의 이익 안에서 이런 난점들의 해법을 모색한다면, 우리는 결코 만족하지 못할 것이다. 그리고 우리가 상상력 안에서 그 해법을 찾는다면, 상상력이라는 직능에 작용하는 성질들은 낌새도 없이 점차적으로 서로에게 이입되고(run into) 그 성질들의 정확한 경계나 한계를 나타내는 것은 불가능하다는 점은 명백하다. 우리의 판단은 그 대상(subject)에 따라 현저히 변화하며, (어떤 대상에 대한) 똑같은 능력과 가까움(proximity)이 어떤 경우에는 소유로 생각되고 또 다른 경우에는 소유로 평가되지 않는다는 것 등을 우리가 고려하면, 여기서의 난점은 증대된다. 안간힘을 다해 산토끼를 쫓아간 사냥꾼은 그 산토끼를 자기 앞으로 달려오는 다른 산토끼에 비해 고약한 것(injustice)으로 보며, 자신의 사냥감을 낚아챈다. 그러나 바로 이 사람이 자기 손이 닿는 곳에 달린 사과를 따려고 할 때, 다른 사람이 자신보다 민첩하게 자신을 앞

507   질러 (그 사과를) 소유하더라도 자신이 불평할 까닭은 전혀 없다. 산토끼 사냥의 경우에 산토끼가 가지고 있지(natural) 않지만 (사냥꾼의) 노력의 산물은 가지고 있는 부동성(immobility)이 사과 채취의 경우에는 없는 (사냥꾼과 산토끼 사이의) 강력한 관계를 형성한다는 점을 제외하면, 이 (두 경우 사이의) 차이점의 근거는 무엇인가?

그러나 여기서 (어떤 대상에 대한) 확실하고 틀림없는 향유 능력도 (그 대상에 대해) 직접 만지거나 그 밖의 어떤 감지할 수 있는 관계가 없다면, 소유권을 산출하지 않는 경우가 흔하다는 점은 명백하다. 그리고 내가 또 주목하는 점은 지금 (대상을 향유할) 능력이 없더라도, (대상에 대한) 감지할 수 있는 관계는 그 대상에 대한 권리를 부여하기에 충분하다는 것이다. 대상을 보는 것은 (그 대상에 대해) 중대한 관계가 거의 아니고, 그 대상이 숨겨져 있거나 아주 모호할 때 중대한 관계로 간주될 뿐이다. 이런 경우에 우리는 본다는 것만으로도 소유권을 시사함을 깨닫는다. 이 공리에 따라서 대륙 전체도 그것을 처음 발견한 국가에게 귀속된다. 그렇지만 발견과 소유 등 두 경우에 있어서 최초 발견자와 소유자는 그 관계에 자신을 소유권 취득자(proprietor)로 하려는 의향을 결합시켜야 한다. 그렇지 않다면 그 관계는 어떤 효력도 갖지 않을 것이다. 우리 공

범위에 관해서도 발생할 수도 있을 것이다. 그리고 이런 논쟁은 판결의
여지가 없을 때가 많거나 상상력 이외의 어떤 능력으로도 판결될 수 없
다. 황량하고 개간되지 않은 조그만 섬의 해변에 상륙한 사람은 바로
첫 순간부터 소유자로 생각되며, (섬) 전체에 대한 소유권을 획득한다.

상에서 소유권과 그 관계 사이의 연관은 그다지 중요하지 않고, 우리 의향의 도움이 필
수적이기 때문이다.

　이 모든 여건들로 미루어, 점유(occupation)를 통한 소유권 취득을 두고 많은 문제
들이 얼마나 당혹스럽게 되는지 쉽게 안다. 그리고 우리는 조금만 생각해도 정당한 결
정의 여지가 없는 사례들을 발견할 수 있을 것이다. 우리가 가상적 사례보다 실제 사례
를 선택한다면, 자연법을 다루는 거의 모든 저술가들에게서 마주치는 다음 사례를 생
각해 볼 수도 있을 것이다(흄의 수고에서는 여기서 단락을 구분하고 있다 - 자구에 대
한 주석). 새로운 정착지를 찾아서 모국을 떠난 그리스의 두 해외 식민단은 그들 주변
의 한 도시를 원주민들이 버리고 떠났다는 사실을 알게 되었다. 이 보고가 참이라는 것
을 알기 위해 그들은 각 식민단에서 한명씩 두 사람을 즉각 사자로 파견한다. 사자들은
가까이 가서 그들의 정보가 참이라는 것을 발견하고는 각자 자기 조국 사람들을 위해
그 도시를 소유할 의도로 함께 경주하기 시작한다. 이 사자들 중 자신이 상대방에게 호
적수가 아니라는 사실을 깨달은 사람은 그 도시의 문에 자기 창을 던졌고, 그는 다행스
럽게도 그 창을 다른 사자가 도착하기 전에 그 문에 꽂았다. 이런 사실 때문에 두 식민
단 사이에는 누가 텅 빈 도시의 소유권 취득자인지에 대한 논쟁이 일어났다. 그리고 이
논쟁은 지금도 철학자들 사이에서 계속되고 있다. 내 입장에서 볼 때, 이 논쟁은 해결
될 수 없다고 생각한다. 이 물음은 전체적으로 공상에 좌우되며, 이 경우에 공상은 자
신이 이 물음에 대해 평결할 수 있는 정확하거나 결정적인 기준을 전혀 가지고 있지 못
하기 때문이다(흄의 수고에서는 여기서 단락을 구분하고 있다 - 자구에 대한 주석).
이런 사실을 명료히 하기 위해 다음과 같은 점을 살펴보자. 이 두 사람이 식민단의 구
성원일 뿐, 사자나 대표자가 아니라면, 이들의 행동은 대수롭지 않을 것이다. 이럴 때
식민단에 대한 그들의 관계는 미약하고 불완전할 뿐일 것이기 때문이다. 게다가 그들
이 (점유를 통한 소유권 취득을 위해) 그 도시의 담벼락이나 그 밖의 다른 곳이 아니라
오직 문으로 달려가도록 결정하는 것이 전혀 없지만, 흔히 문에서 자신들의 심상과 은
유를 끌어내는 시인들을 통해 우리가 알 수 있듯이 가장 눈에 띄는 부분인 문은 공상이
그 문을 (도시) 전체로 여기도록 하는 데 만족스럽다. 이외에도 우리가 고려할 수 있을

그 대상은 공상에서 한정되고 구획되며(circumscribe), 동시에 새로운 소유자에게 배당된다. **대브리튼 섬(Great Britain)** 정도로 큰 황량한 섬에 상륙한 바로 그 사람은 자신의 소유권을 자신의 직접 소유 이상으로 확장하지 못한다. 비록 수가 많은 식민단은 자신들이 상륙한 바로 그 순간부터 (그 섬) 전체에 대한 소유권자로 평가되겠지만 말이다.

그러나 흔히 있는 일이지만, 최초 소유라는 권리(title)는 시간이 지남에 따라 모호해지며, 또 그 권리를 두고 발생할 수도 있는 숱한 논쟁을 판결하는 것도 불가능하다. 이런 경우에 장기적인 소유 또는 **시효**는 자연적으로 발생하며, 인간에게 자신이 향유하는 것에 대한 소유권을 제공한다. 인간 사회의 본성은 (이런 문제에 대한 판단에 있어서) 고도의 정밀성을 허용하지 않으며, 우리가 사물들의 현재 상태를 판결하기 위해 언제나 그 기원으로 되돌아갈 수 있는 것도 아니다. 상당한 시간적 틈은 어떤 측면에서 대상들이 그 실재성을 상실한 듯이 여겨져서 마치 그 대상들이 지금까지 존재하지 않았던 것처럼 정신에 거의 영향을 미칠 수 없을 정도로 그 대상들에 대해 거리(감)을 두게 한다. 지금 명료하고 확실한 어떤 사람의 권리는 설령 그 권리를 지지하는 사실들이 아주 명증적이고 확실하게 입증되더라도, 앞으로 50년 뒤에는 모호하고 불확실하게 여겨질 것이다. 동일한 사실들이 그토록 긴 시간이 지난 뒤에도 동일한 영향력을 갖는 것은 아니다. 그리고 이것을 소유권과 정

508

법한 것은 창을 문에 꽂는 것과 마찬가지로 한 사자가 (문에) 접촉하거나 도착하는 것이 (그 도시의) 소유에 어울리지는 않고 (그 도시 대한) 관계를 형성할 뿐이라는 점이다. 뿐만 아니라 우리는 그 밖의 경우에도 이와 대등한 힘을 갖지는 않겠지만 이처럼 명백한 관계가 있다는 점을 고려할 수 있을 것이다. 이 관계들 가운데 어떤 것이 옳음과 소유권을 나타내는지, 그리고 이 관계들 가운데 어떤 것이 (권리와 소유권이라는) 결과를 낳기에 충분한지 따위에 대해서 나는 나보다 현명한 사람들의 판결에 맡겨 두겠다.

의에 관한 앞의 우리 학설을 옹호하는 논증으로 받아들일 수도 있다. 오랜 시간 동안의 소유는 대상에 대한 권리를 부여한다. 그러나 만물이 시간 속에서 산출된다고 하더라도 시간을 통해 산출된 것은 어떤 것도 실재하지 않는다는 점은 확실하다. 따라서 시간을 통해 산출된 소유권은 그 대상들에 실재하는 것이 아니라, 오직 시간만이 영향력을 갖는 것으로 밝혀진 소감의 산물이다.[4]

509

대상들이 우리가 이미 소유권을 가진 대상들과 밀접하게 연관되어 있고 동시에 우리가 소유권을 가지고 있는 대상들보다 사소할(inferior) 때, 우리는 증식을 통해 그 대상들의 소유권을 획득한다. 따라서 우리 정원의 과일, 우리 소의 새끼, 우리 노예의 노동 따위는 우리가 소유하기 이전이라도 우리의 소유권이 인정된다. 대상들이 상상력 안에서 함께 연관된 경우에, 그 대상들은 동일한 지반 위에 놓이기 쉽고 또 통상적으로 동일한 성질들을 가진 것으로 상정된다. 우리는 쉽게 한 대상에서 다른 대상으로 옮겨 가며, 특히 후자가 전자보다 열등한 경우라면 이 대상들에 대한 우리 판단에 차이를 전혀 두지 않는다.[5]

---

4) 현재의 소유는 분명히 한 인간과 대상 간의 관계이다. 그렇지만 현재의 소유는 오랫동안 부단하게 지속되어야 비로소 최초 소유 관계와 충분한 균형을 이룬다. 이런 경우에 (한 인간과 대상 간의) 관계는 시간의 폭 때문에 현재 소유의 측면에서 증대되고, 시간적 거리 때문에 최초 소유의 측면에서 감소된다. 관계에서의 변화는 소유권에도 상응하는 변화를 산출한다.

5) 소유권의 이런 원천은 오직 상상력을 통해서만 설명될 수 있다. 그리고 어떤 사람은 그 원인들이 이 경우에는 혼합되어 있지 않다는 것을 확언할 수 있을 것이다. 우리는 이 원인들을 더욱 상세히 설명하고, 일상생활이나 경험을 통한 사례로 예증할 것이다.

위에서 살펴보았듯이 정신은 관계들, 특히 유사한 관계들을 결합하려는 자연적 성향을 가지고 있으며, 그와 같은 합일에서 일종의 적합성과 제일성을 발견한다. 이런 성향에서 다음과 같은 자연법이 도출된다. 즉 **사회를 처음으로 구성할 때, 소유권은 언제나 현**

510 상속권(the right of succession)은 부모나 가까운 혈연의 막연한 추

재 소유를 따르며, 이어서 소유권은 최초의 소유 또는 오랜 소유에서 발생한다. 그런데 우리가 쉽게 살펴볼 수 있겠지만, 그 관계는 최초의 단계(one degree)(의 대상)에 국한되는 것만은 아니다. 우리는 사유가 너무 긴 진행 때문에 연결 고리를 상실할 때까지 우리 자신과 관련된 대상으로부터 그 대상과 관계된 모든 대상에 대한 관계를 획득한다. 그렇지만 이 관계는 사유가 (대상과 대상 사이를) 매번 진행할 때마다 약화될 수는 있겠지만, 즉각 소멸되지는 않고 두 대상 모두에게 관계된 매개적 대상을 통해 두 대상을 연관 지우는 경우가 흔하다. 그리고 이 원리는 증식의 권리를 유발하는 힘이고, 우리가 직접 소유한 대상뿐만 아니라 그 대상과 밀접하게 연관된 대상 따위에 대한 소유권까지 획득하게 되는 원인이다.

탁자에 라인 백포도주(Rhenish)와 부르고뉴 포도주(Burgundy) 그리고 포르투갈 포도주(Port) 등 포도주 세 병이 놓인 방에 독일 사람과 프랑스 사람 그리고 스페인 사람 등
510 세 사람이 들어온다고 가정해 보자. 또 그들은 그 포도주 분배 때문에 싸웠는데, 판결을 위해 선임된 사람은 자신의 공평함을 보여 주기 위해 자연히 각자에게 자기 조국의 산물을 주려고 할 것이다. 이런 일이 발생하는 원리는 어떤 측면에서 자연법의 원천이며, 자연법은 점유 취득과 시효 그리고 증식 따위에 소유권을 귀속시킨다.

이 모든 경우에, 특히 증식의 경우에, 먼저 인격의 관념과 대상의 관념 사이의 **자연적** 합일이 있으며, 그 다음에 우리가 그 인격에 속하는 것으로 생각하는 권리 또는 소유권에 의해 새로운 도덕적 합일이 산출된다. 그런데 여기서 우리의 관심을 끌 만한 난점이 발생하는데, 이 난점은 지금까지 이 주제에 대해 사용되었던 독특한 추론 방식을 우리가 시험할 기회를 제공할 수도 있을 것이다. 내가 이미 살펴보았듯이, 상상력은 큰 것에서 작은 것으로 옮겨 가기보다는 작은 것에서 큰 것으로 옮겨 가는 것이 더 수월하며, 언제나 관념들 (사이)의 전이는 작은 것에서 큰 것으로 전이하는 것이 큰 것에서 작은 것으로 전이하는 것보다 더 수월하고 매끄럽다. 그런데 증식의 권리는 관련된 대상들을 함께 연관 지우는 관념들 (사이)의 전이 때문에 발생하므로, 관념들 (사이)의 전이가 더욱 수월하게 이행되는 데 비례해서 증식의 권리도 반드시 강화된다고 상상하는 것은 자연스럽다. 따라서 우리는 다음과 같이 생각할 수도 있을 것이다. 즉 우리가 지금까지 어떤 조그만 대상에 대해 소유권을 획득하고 있을 때, 우리는 쉽게 그 조그만 대상과 관련된 큰 대상을 (조그만 대상의) 증식으로 간주할 것이고, 조그만 대상의 소유권자(proprietor)에게 속하는 것으로 여길 것이다. 이 경우에 조그만 대상에서 큰 대상으로의 전이는 아주 쉬우며, 이 전이는 반드시 그 대상들을 가장 밀접한 방식으로 연

정적인 동의와 인류의 일반적 이익 따위에서 비롯되는 아주 자연스러

관 지우기 때문이다. 그러나 실제로 이런 사실은 언제나 사정이 다른 것으로 드러난다. 대브리튼(Great Britain) 제국은 자국뿐만 아니라 오크니 제도(Orkneys)와 헤브리디스 (Hebrides) 열도, 맨(Man) 섬 그리고 와이트(Wight) 섬 등에 대한 영유권도 가지고 있는 것으로 여겨진다. 그러나 비교적 작은 이 섬들을 지배하는 것(authority)이 대브리튼에 대한 권리를 포함하지 않는 것은 당연하다. 요컨대 작은 대상은 자연히 큰 대상의 증식에 의해 큰 대상에 포함된다(follow). 그러나 그 소유권과 관계만으로는 큰 대상이 그것과 관련된 작은 대상의 소유권자에게 속하는 것으로 결코 가정되지 않는다. 그럼에도 불구하고 건지의 경우에서 소유권자로부터 큰 대상으로 또 큰 대상에서 작은 대상으로 (향하는) 관념들 (사이의) 전이보다는, 후자의 경우에서 소유권자로부터 그가 소유권을 갖는 작은 대상으로 또 작은 대상에서 큰 대상으로 (향하는) 관념들 (사이)의 전이는 더욱 매끄럽다. 따라서 이런 현상은 다음과 같은 가설에 대한 반론으로 생각될 수도 있을 것이다. 즉 증식을 근거로 소유권을 승인하는 것(ascribing of property to accession)은 관념들 (사이)의 관계와 상상력의 매끄러운 전이 따위의 [결과]일 뿐이다.

상상력은 그 대상을 끊임없이 다른 시각으로 보는데, 상상력의 이런 기민성(agility)과 불안정성을 우리가 생각해 본다면, 이런 반박은 쉽게 해결될 것이다. 우리가 한 사람에게 두 대상의 소유권을 귀속한다면, 우리는 늘 그 사람으로부터 한 대상으로 옮겨 가지 않으며 또 그 대상으로부터 그것과 관련된 다른 대상으로 옮겨 가지도 않는다. (오히려) 그 대상들은 이 경우에 그 사람의 소유(property)로 간주되므로, 우리는 그 대상들을 함께 묶어서 동일한 시각으로 보는 경향이 있다. 따라서 큰 대상과 작은 대상이 함께 관련되어 있다고 가정했을 때, 한 사람이 큰 대상과 강력한 관계를 가진다면, 함께 고려되는 두 대상들에 대해서도 역시 강력한 관계를 가질 것이다. 그는 가장 중요한 부분과 강력한 관계를 가지고 있기 때문이다. 반면에 그 사람이 작은 대상과 관계를 가질 뿐이라면, 함께 고려되는 두 대상 모두에 대해 강력한 관계를 가질 수 없을 것이다. 그 사람은 아주 사소한 부분과 관계할 뿐이고, 이 사소한 부분은 우리가 (두 대상) 전체를 고려할 때 우리에게 큰 영향을 미치기 어렵기 때문이다. 그리고 이것은 작은 대상이 큰 대상의 증식으로 되지 큰 대상이 작은 대상의 증식으로 되지 않는 까닭이다.

철학자와 법학자(civilians)들의 일반적 의견은 다음과 같다. 즉 바다는 특정 국가의 소유로 될 수 없다. 바다를 소유하는 것이 불가능하거나, (국가가) 바다에 대해 소유권의 토대일 수 있을 정도로 뚜렷한 관계를 형성하는 것이 불가능하기 때문이다. 이런 이유가 소멸되는 경우에는 즉각 소유권이 발생한다. 따라서 바다의 자유를 가장 열렬하

511

운 권리인데, 인류의 일반적 이익은 인간이 부지런하고 검소하도록 만

게 옹호하는 사람들이 널리 인정하는 바는 증식으로서의 내포(內浦)와 만(灣)이 주변 대륙의 소유권자들에게 자연히 속한다는 점이다. 내포와 만은 **태평양**이 그러하듯이 육지와 결합되거나 합일될 수 없다는 것이 옳다. 그러나 내포와 만은 공상 안에서 (육지와) 합일되며 동시에 (육지보다) 작기 때문에 당연히 (육지의) 증식으로 간주된다.

대부분의 국가 법률에 따르면, 그리고 우리 사유의 자연적 성향에 따르면, 강의 소유권은 하안의 소유권자에게 귀속되며, 라인 강이나 **다뉴브 강**처럼 큰 강은 상상력이 증식을 통해 인근 들판의 소유권에 따르도록 하기에 너무 크기 때문에 예외이다. 그렇지만 이런 강조차 강이 흐르는 육지의 영유권을 가진 국가의 소유로 간주된다. 국가의 관념은 그 강들에 상응하는 크기를 가지므로, 공상 안에서 그 강에 대해 (소유의) 관계를 유지한다.

법학자들이 말하듯이, 이른바 **모래톱**을 통해, 즉 부지불식간에 (강 연안의 육지가) 증식된다면 강 연안의 육지에 대해 증식된 것은 해당 육지의 것이다. 증식은 상상력의 결부 작용을 강력하게 돕는 여건이다. 적잖은 토지가 강기슭에서 한꺼번에 떨어져 나와 다른 강기슭에 붙었을 때, 그 토지가 (다른 강기슭의) 육지와 합일될 때까지, 그리고 나무나 식물이 그 토지와 육지에 뿌리를 퍼뜨릴 때까지는 그 토지가 떠내려간 곳의 육지에 속하지(his property) 않는다.

이런 증식과 다소 유사하지만 기본적으로 상당한 차이를 보이며 우리의 관심을 살 만한 다른 경우도 있다. 서로 다른 사람들의 소유권이 **분리**(separation)의 여지가 없는 방식으로 결부되는 것이 이런 종류이다. 이 합일된 다수(의 소유권의 핵심)은 누구에게 속하는지, 이것이 문제이다.

이런 결부의 본성이 **구분**(division)의 여지는 있지만 분리의 여지는 없는 경우에, (합일된 다수의 소유권의 핵심을 누가 가져야 할지) 판결하는 것은 쉽고도 자연스럽다. 그 소유권을 전체적으로는 각 부분들의 소유권자들이 공유해야 하는 것으로 상정되며, 다음에 이 부분들의 비율에 따라 구분되어야 한다. 그러나 나는 여기서 **로마법**이 **혼동**(confusion)과 **혼합**(commixtion)을 구별함에 있어서 뛰어나게 정교하다는 점을 주목하지 않을 수 없다. 혼동은 서로 다른 리큐어(liquors)와 같은 두 물체가 합일된 것이며, 이 경우에 각 요소들은 구별되지 않는다. 혼합은 두 물체가 곡식 두 부셸(bushels)처럼 섞인 것이고, 이 경우에 각 요소들은 명백하고 가시적인 방식으로 분리된 채로 있다. 후자의 경우에 상상력은 전자의 경우만큼 온전한 합일을 발견하지 않지만, 각 물체의 소유권에 관한 별개의 관념을 추적하여 보존할 수 있다. 이것은 다음과 같은 사실의

들기 위해 인간의 소유는 자신이 가장 아끼는 사람에게 이어져야 한다

근거이다. 즉 국내법이 혼동의 경우에는 공동체 전체를 확정했고 혼합의 경우에는 소유권자 각각이 비례적 구분에 따라 개개인의 권리를 보존하는 것으로 상정하더라도, 필연성은 소유권자들이 마침내 (혼합의 경우에도 혼동의 경우와) 똑같이 구분하도록 할 수도 있을 것이다.

만일 갑이라는 사람(라틴어로 Titius는 그냥 '아무개'로 번역할 수 있음. 성염 주)의 곡식을 당신의 곡식에 혼합(commixtio)하였다고 한다면, 그리고 여러분의 (두 사람의 자유로운) 의사에 따라서 그렇게 하였다면, 그 곡식은 (여러분의) 공동 소유(commune)이다. 왜냐하면 각자의 물체, 곧 각자의 사유(proprium)였던 각자의 곡식을 여러분의 동의에 의해 혼합하였기 때문이다. 그런데 우발적으로 그것이 혼합되었거나, 갑이 당신의 (자유로운) 의사 없이 그것을 혼합하였다면, 그것이 (여러분의) 공동 소유라고 보이지는 않는다. 그 이유는 각자의 물체가 그 본체로 존속하고 있는 까닭이다. 이 두 가지 경우에 그 곡식이 공동 소유라고 하더라도, 갑의 가축이 당신의 가축과 섞였다고 해서 마치 가축이 공동소유라고 하는 것보다 더 나을 것이 없다. 그런데 (위의 경우에) 여러분 가운데 어느 하나가 (혼합된) 곡식 전부가 자기 것이라고 주장할라치면, 곡식이 어떻게 해서 각 사람의 것이 되는지 소송이 행해진다. 그러면 어느 곡식이 누구의 것이 되는지 판단하도록 재판관의 평결(arbitrtum)에 (맡기게 된다). 퀸틸리아누스(Quintilianus), (교양)(Institutiones), 제2권 1부 28절. (옮긴이 주 – 이 단락은 라틴어 인용문이고 성염 교수의 번역을 전재했다.)

어떤 사람이 다른 사람의 땅에 집을 지을 때처럼 두 사람의 소유권이 구분이나 분리의 여지가 전혀 없는 방식으로 합일되어 있는 경우에, 그 전체는 두 소유권자들 중 한 사람에게 속해야 한다. 그리고 내가 여기서 주장하는 바는 가장 중요한 부분의 소유권자에게 전체가 속해야 하는 것으로 생각하는 것이 자연스럽다는 점이다. 복합적인 대상이 두 사람에 대해 하나의 관계를 가질 수도 있고 우리가 그 두 사람을 동시에 고려할 수 있다고 하더라도, 주로 가장 중요한 부분이 우리의 관심을 끌며 완전한 합일 때문에 가장 중요한 부분이 그보다 덜 중요한 부분을 흡수하기 때문이다. 이런 까닭으로 전체는 가장 중요한 부분의 소유권자에 대한 관계를 유지하며 그의 소유로 간주된다. 무엇을 가장 중요한 부분이라고 하면 우리가 만족할지, 그리고 상상력의 관심을 가장 끄는 것이 무엇인지 등이 유일한 난점이다.

이 성질은 서로 연관이 거의 없는 상이한 여러 여건에 달려 있다. 복합 대상의 한 부분은 (다른 한 부분보다) 더 불변적이고 지속적이거나 또는 가치가 크거나 또는 더 명백하고 현저하거나 또는 그 범위가 더 넓거나 또는 그 존재가 더욱 독특하고 독립적이

511 는 것을 요구한다. 이 원인들은 (혈연) 관계의 영향력 또는 관념들의 연
합을 통해 지지되는데, 우리는 부모가 사망한 뒤에는 (혈연) 관계의 영
향력 또는 관념들의 연합 때문에 자연적으로 그 아들에게로 생각을 돌
려, 그 아버지의 소유에 대한 권리가 아들에게 귀속되는 것으로 생각하
512 게 된다. 이 자산은 어떤 사람에게 소유될 수밖에 없지만, 그 자산이 누
구의 것인지가 문제이다. 여기서 (죽은) 사람의 아이들이 자연히 정신
513 에 나타난다는 점은 명백하다. 그리고 아이들은 사망한 부모를 통해 그

---

513 기 때문에, 다른 한 부분보다 더 중요하게 될 수도 있다. 상상할 수 있을 상이한 모든 정
도에 따라 또 상이한 모든 방식으로 이런 여건들이 결합되거나 대립될 수 있으므로, 우
리가 어떤 만족스러운 판정도 내릴 수 없을 정도로 (결합과 대립이라는) 두 측면에 대
한 근거가 대등하게 균형을 이루는 많은 경우가 초래될 것이라는 점을 우리는 쉽게 생
각할 것이다. 그렇다면 여기서 국내법(municipal laws) 고유의 과제란 결정되지 않은
채로 방치된 인간 본성의 원리를 확정하는 것이다.

국내법에 따르면, 지상권(superficies)은 토지에 속하고, 저작 활동은 저작물(paper)
에 속하며 캔버스는 그림에 속한다. 이런 판정들이 늘 일치하는 것은 아니며, 그 판정
들이 도출된 원리들이 상충된다는 데 대한 증거이다.

그러나 이런 종류의 물음 가운데 가장 특이한 물음이 여러 세대에 걸쳐 **프로클루스**
(Proculus)와 **사비누스**(Savinus)의 문하생들을 구분하였다. 어떤 사람이 다른 사람의
금속으로 잔을 만들거나 다른 사람의 나무로 배를 만든다고 가정하고, 또 금속이나 나
무의 소유권자가 자신의 재산권(good)을 요구한다고 가정하면, 그 소유권자가 그 잔이
나 배에 대한 권리를 획득하는지 여부가 문제이다. 사비누스는 (이 물음에) 긍정적이
며, 실체 또는 물질은 모든 성질들의 토대라고 주장한다. 실체나 물질은 썩지 않고 불
멸적이므로 인과적이고 의존적인 형태(form)보다 우위이다. 반면에 프로클루스는 형
태가 가장 명시적이고 주목할 만한 부분이며 이 형태로부터 물체는 이런저런 종류로
명명된다고 한다. 덧붙여서 그는 실체나 물질은 대부분 아주 유동적이고 불확실한 물
체이며 물체나 물질의 모든 변화 속에서 그것을 추적하는 것은 궁극적으로 불가능하다
고 할 수 있을 법하다. 나의 경우에 나는 그와 같은 논쟁을 확실하게 판결할 수 있는 원
리를 모른다. 따라서 나에게 아주 슬프게 여겨지는 **트레보니아누스**(Trebonian)의 판
결을 언급하는 것으로 만족하겠는데, 그의 판결은 다음과 같다. 즉 그 컵은 원래 형태

소유물들과 연관되어 있으므로, 우리는 소유권이라는 관계를 통해 그들을 더욱 밀접하게 연관 지우는 경향이 있다. 여기에 대한 유사 사례는 많다.[6]

제4절 동의에 따른 소유권 양도에 관하여

514

소유의 안정성은 인간 사회에 아무리 유용하고 심지어 필수적이라고 하더라도, 아주 큰 폐단이 따른다. 인류의 소유물(properties)을 분배할 때, (그 소유물이 어떤 사람에게) 적합(fitness)하거나 알맞다(suitableness)는 등의 관계는 결코 고려되지 않아야 하지만, 우리는 더

로 되돌아갈 수 있기 때문에 금속의 소유권자에게 귀속되지만, 배는 상반된 이유 때문에 그 형태의 창조자(author)에게 귀속된다. 그러나 이 추리는 아무리 슬기롭게 여겨진다고 하더라도 공상에 의존하고 있는 것은 분명하며, 이와 같은 환원 가능성을 통해 공상은, 실체가 보다 안정되고 불변적인 경우에, 나무의 소유권자와 배 사이에서보다는 금속 소유권자와 잔 사이에서 더욱 밀접한 연관 관계를 발견한다.

6)   정부의 권위에 대한 다양한 권리를 검토하면서, 우리는 상속권이 대개 상상력에 좌우된다는 것을 확신할 수 있는 많은 근거들을 접하게 될 것이다. 나는 잠시 이 주제에 속하는 사례 한 가지를 살펴보는 것으로 만족하고 말겠다. 어떤 사람이 아이 없이 죽었고, 그의 유산을 두고 혈족들 사이에서 말다툼이 발생했다고 가정하자. 명백하다시피, 그 사람의 재산(rich) 중 일부는 자신의 아버지로부터 물려받은 것이고 일부는 어머니에게서 물려받은 것이라면, 그와 같은 말다툼을 해결하는 가장 자연스러운 방식은 그의 소유물을 나누어 그가 상속받았던 (부계와 모계) 혈족들에게 배당하는 것이다. 그런데 그 사람이 자신의 재산에 대한 유일하게 온전한(full and entire) 소유권자라면 다음과 같은 문제가 있다. 상상력이 아니면 우리는 무엇을 통해 이와 같은 분배의 공정성과 그 자연적 근거를 발견할 수 있을까? 가족들에 대한 그의 애정은 그의 소유물에 좌우되지 않는다. 따라서 그와 같은 분배에 대한 그의 동의는 결코 정확히 추정될 수 없다. 그리고 어느 측면에서도 공공의 이익은 전혀 고려되지 않고 있는 것 같다.

일반적으로 적용되면서도 의심과 회의의 여지가 훨씬 적은 규칙에 따라 처신해야 한다. 사회가 최초로 수립되었을 때 현재의 소유가 바로 이런 종류(의 규칙)이며, 그 후에는 **점유 취득, 시효, 증식** 그리고 상속 따위가 이런 종류(의 규칙)이다. 이런 규칙들은 아주 우연적이므로 인간의 필요 및 욕구 모두에 상반되는 경우가 허다할 수밖에 없고, 사람과 소유물이 아주 어울리지 않는 경우도 흔할 수밖에 없다. 이것은 큰 폐단이며, 해결 방안이 필요하다. 어떤 해결 방안을 직접 적용하고 모든 사람이 저마다 자신에게 적합하다고 판단하는 것을 폭력을 통해 장악하도록 허용하면, 이것은 사회를 파괴할 것이다. 따라서 정의의 규칙은 경직된 안정성과 가변적이고 불확실한 조정(adjustment) 사이의 어떤 중도 원리(medium)를 추구한다. 그렇지만 소유권자가 다른 사람에게 소유물과 소유권을 양도하는 데 동의하는 경우를 제외하면 소유물과 소유권은 언제나 안정적이어야 한다는 것이 가장 명백한 중도 원리이다. 이 규칙은 전쟁과 알력을 유발하는 따위의 나쁜 결과를 결코 초래하지 않는다. 이 양도는 당사자인 소유권자의 동의와 함께 이루어지기 때문이다. 그리고 사람들에게 소유권을 조정함에 있어서 이 규칙은 여러 가지 좋은 목적에 기여할 수도 있다. 대지의 서로 다른 지역들은 서로 다른 물자를 산출한다. 그뿐만 아니라 사람들은 각자 태어날 때부터 각 직업에 맞(는 능력을 타고나)고, 특정 직업에만 몰두하면 그 직업에서 더욱 완전하게 된다. 이것은 모두 상호 교환과 거래를 요구한다. 따라서 동의 없는 소유권의 안정성과 마찬가지로 동의에 의한 소유권 변경도 모두 자연법에 기초를 두고 있다.

515   그런 한에 있어서 (소유권의 변경은) 명백한 유용성과 이익에 의해 결정된다. 그렇지만 더욱 일상적 근거(trivial reasons)들에 따르면 (소유권의) 이전(delivery) 또는 (소유) 대상의 가시적인 양도는 대체로 국

내법(civil law)에 의해 규정되고, 또한 대부분의 저술가들에 따르면 소유권 변경의 필수적 여건인 자연법에 의해 규정된다. 어떤 사물에 대한 소유권이 도덕성이나 정신의 (도덕적) 소감과는 전혀 무관하게 실재하는 것으로 간주된다면, 이런 소유권은 (우리가) 전혀 감지할 수 없는 성질이고, 또 생각조차 할 수 없는 성질이다. 우리는 결코 소유권의 변경이나 안정성에 관해 뚜렷한 관념을 형성할 수 없다. 우리 관념의 이러한 불완전성은 소유권의 안정성이라는 측면에서 거의 감지할 수 없게 느껴진다. 이 관념은 거의 우리의 관심을 끌지 않고, 정신도 그 관념을 꼼꼼히 검토하지 않고 지나쳐 버리기 때문이다. 그렇지만 어떤 사람에게서 다른 사람에게로 소유권을 변경하는 것은 더욱 주목할 만한 사건이므로, 우리 관념의 결함은 이 경우에 더욱 뚜렷하게 되며, 우리는 이 결함 때문에 어쩔 수 없이 (우리 관념의 결함에 대한) 해결 방안을 찾느라고 모든 측면을 둘러보게 된다. 그런데 어떤 관념에 생기를 불어넣는 데에는 현재의 인상 및 현재의 인상과 그 관념 사이의 관계보다 나은 것이 없다. 따라서 우리는 자연히 이 영역에서 (즉 소유권 변경의 문제에서) 가상의 묘안(a false light)을 모색한다. 상상력이 소유권 변경을 표상하는 것을 도우려면, 우리는 감지할 수 있는 대상을 택해서 우리가 소유권을 부여하려는 사람에게 실제로 그 대상에 대한 소유를 양도한다. 그 행동들의 가상적 유사성* 및 이 감지할 수 있는 이전의 현존 등은 정신을 기만하여 공상에 잠기도록 함으로써 정신이 소유권의 신비적 이전을 표상하도록 한다. 그리고 문제를 이렇게 해명하는 것이 정당하다는 점은 실제로 이전을 수행할 수 없는 경우에 인간은 이런

---

* 옮긴이 주   그 대상을 가시적으로 양도하는 행동과, 소유권을 양도하는 행동 사이의 유사성을 가리킨다.

공상을 만족시키기 위해 상징적 이전을 고안했다는 점을 통해 드러난다. 따라서 곳간 열쇠를 주는 것은 그 안의 곡식을 이전하는 것으로 이해된다. 돌과 흙을 주는 것은 소유지의 이전을 표상 한다. 이것은 국내법과 자연법 등에서 일종의 미신적 관행(superstitious practice)이며, 종교에서 **로마 가톨릭교**의 미신과 흡사하다. **로마 가톨릭교**는 그리스도교의 이해할 수 없는 신비를 표상하며, 이 신비와 유사한 것으로 상정되는 양초와 제의(祭衣) 및 근엄한 듯한 표정 등을 통해 그 신비를 정신에 더욱 현실적(present)으로 만든다. 이와 같이 법률가와 도덕론자는 지금까지 바로 이런 이유에서 유사한 (상징을) 발명하는 데에 몰두했고, 발명된 것을 통해 (즉 상징을 통해) 동의에 따른 소유권 양도에 관해 스스로 만족하기 위해 노력했다.

516

제5절 약속의 책임에 관하여

약속 수행을 명령하는 도덕 규칙이 자연적이지 않다는 사실은 지금 내가 증명하려는 다음 두 명제에서 아주 분명해질 것이다. 인간의 묵계가 약속을 확립하기 전에는 그 약속을 이해할 수 없다. 그리고 그 약속을 이해할 수 있다고 하더라도 (묵계가 없다면) 그 약속은 어떤 도덕적 책임도 수반하지는 않을 것이다.

내가 말하는 바는 **첫째**, 약속은 자연적으로 이해할 수 있는 것이 아니며 인간의 묵계에 선행하지도 않는다는 점과, 그리고 사람들이 직관적으로 서로의 생각을 지각할 수 있다고 하더라도 사회와 친숙하지 않는 사람은 다른 사람과의 계약에 참가조차 할 수 없다는 점 등이다. 만일 약속이 자연적이고 이해될 수 있다면, 내가 약속한다는 말에 수반되는 정신 작용도 있어야 한다. 그리고 책임은 이 정신 작용에 좌우될 수밖에 없다. 그러면 영혼의 모든 직능을 개괄해 보고, 그중 어떤 직능이 약속에 영향을 미치는지 살펴보자.

　약속을 통해 표명되는 정신 작용은 어떤 것을 수행하겠다는 **결심**이 아니다. 정신 작용만으로는 어떤 책임도 부과하지 않기 때문이다. 그 정신 작용은 (어떤 것을) 수행하겠다는 **욕구**(desire)도 아니다. 우리는 그와 같은 욕구 없이도, 심지어 공공연하고 명백한 혐오로도, (어떤 것을) 맹세할 수도 있기 때문이다 그리고 (약속을 통해 드러나는) 정신 작용은 우리가 수행하기로 약속한 행동에 대한 **의욕**(willing)도 아니다. 약속은 늘 미래를 고려하며, 의지는 현재 행동에만 영향을 미치기 때문이다. 따라서 결과적으로 약속에 개입하여 약속에 대한 책임을 산출하는 정신 작용은 특정 (행동의) 수행을 결심하고 욕구하며 의욕하는 것이 아니므로, 필연적으로 이와 같은 정신 작용은 약속에서 발생하는 **책임**에 대한 **의욕**임에 틀림없다. 이것은* 결코 철학의 결론에 그치는 것이 아니라, 우리가 생각하고 자신을 표현하는 일상적 방식에도 안성맞춤이다. 우리는 우리가 우리 자신의 동의에 따라 맹세하고 책임은 우리의 순수한 의지와 쾌락에서 발생한다고 말할 때, 이런 사실을 깨닫는다. 그렇다면 문제는 오직 다음과 같은 것이다. 정신의 이런 작용을 상정하는 데에는 명백한 불합리가 없는가? 또 선입견과 언어 오용 등으로 자신의 관념이 혼동된 사람이 아니면 어느 누구도 그와 같은 불합리에 결코 빠지지 않을 것인가?

517

＊　옮긴이 주　"결과적으로 약속에 개입하여 약속에 대한 책임을 산출하는 정신 작용은 특정 (행동의) 수행을 결심하고 욕구하며 의욕하는 것이 아니므로, 필연적으로 이와 같은 정신 작용은 약속에서 발생하는 **책임**에 대한 **의욕**임에 틀림없다"를 가리킨다.

모든 도덕성은 우리 소감에 좌우된다. 그리고 정신의 작용이나 성질이 **일정한 방식**으로 우리에게 쾌락을 줄 때, 우리는 그 작용이나 성질을 유덕하다고 말한다. 그리고 그 성질이나 작용을 방치하거나 수행하지 않아서 우리에게 **그와 같은 방식**으로 불쾌를 줄 때, 우리는 우리가 그것을 수행할 책임이 있다고 말한다. 책임의 변화는 소감의 변화를 상정한다. 그리고 새로운 책임의 발생(creation)은 새로운 소감의 발생을 상정한다. 그렇지만 확실하듯이 우리가 하늘의 운동을 변화시킬 수 없듯이 우리 자신의 소감도 변화시킬 수 없음은 당연하다. 또 의지의 작용이 없다면 어떤 행동이 반대의 인상들을 산출했거나 상이한 성질들을 지녔을 경우에, 의지의 오직 한 가지 작용을 통해, 즉 약속을 통해 우리가 그 행동을 호의적이거나 언짢게 만들 수 없고, 도덕적이거나 부도덕하게 만들 수도 없다. 따라서 새로운 책임을 의욕하는(will) 것, 즉 고통이나 쾌락 등 새로운 소감을 의욕하는 것이 불합리할 것이다. 또 인간이 자연히 그 엄청난 불합리에 빠질 가능성도 전혀 없다. 따라서 약속은 **자연적으로는** 전혀 이해될 수 없는 어떤 것이고, 약속에 속하는 정신의 어떤 작용도 결코 없다.[7]

518   **둘째**, 그러나 약속에 속하는 어떤 정신 작용이 있다고 하더라도, 약

---

7)   도덕성이 소감을 통해서가 아니라 이성을 통해 발견될 수 있다면, 약속은 도덕성에 어떤 변화도 일으킬 수 없음은 더욱 명백할 것이다. 도덕성은 관계에 있는 것으로 상정된다. 따라서 도덕적 책임(morality)을 새롭게 부과하는 것은 모두 (관념들의 관계가 아닌) 대상들의 새로운 관계에서 발생하는 것이 틀림없다. 결과적으로 의지는 도덕에 대해 어떤 변화도 **직접적으로** 산출할 수 없지만, 오직 그 대상에 변화를 산출함으로써 도덕에 변화를 산출할 수는 있다. 그러나 약속의 도덕적 책임은 우주의 어떤 부분도 전혀 변하지 않는 의지의 순수한 결과이므로, 약속은 전혀 자연적 책임을 갖지 않는다.

  의지의 이런 작용은 사실상 새로운 대상이므로 새로운 관계와 새로운 의무를 산출한다고 말하면, 나는 다음과 같이 대답하겠다. 즉 이것은 웬만한 정확성과 엄밀성(을 갖

속은 어떤 책임도 **자연적으로** 산출할 수 없을 것이다. 이것은 앞의 추론에서 명백하게 드러난다. 약속은 새로운 책임을 산출한다. 새로운 책임은 새로운 소감이 발생하는 것을 상정한다. 의지는 새로운 소감을 창출할 수 없다. 따라서 설령 정신이 그 책임을 의욕하는 불합리에 빠질 수 있다고 상정하더라도, 어떤 책임도 약속에서 결코 자연적으로 발생할 수 없다.

정의 일반이 인위적 덕이라는 점을 증명하는 추론을 통해 바로 이 진리는 더욱 명백하게 증명될 수 있을 것이다. 어떤 행동을 산출할 역량이 있는 기동적 정념이나 동기(actuating passion or motive)가 인간 본성이 뿌리내리고 있지 않다면, 그 행동은 우리에게 결코 의무로 요구될 수 없을 것이다. 이 동기는 결코 의무감일 수 없다. 의무감은 선행하는 책임을 상정한다. 그리고 자연적 정념 이 어떤 행동을 요구하지 않는다면, 자연적 책임도 결코 그 행동을 요구할 수 없다. 정신과 기질 등의 결함이나 불완전함을 증명하지 않더라도, 결과적으로 부덕과 전혀 무관하게, 그 행동이 없을 수 있을 것이기 때문이다. (즉 그 행동을 수행하지 않는 것이 정신과 기질 등의 결함이나 불완전함을 증명하는 것

춘 사고)를 통해 밝혀질 수 있을 법한 순수한 궤변이다. 새로운 책임을 의욕하는 것은 대상들의 새로운 관계를 의욕하는 것이다. 따라서 대상들의 이 새로운 관계가 의욕 자체를 통해 형성된다면, 우리는 실제로 그 의욕을 의욕할 것이다. 이것은 분명히 불합리하고 불가능하다. 의지는 여기서 자신이 향할 수 있을 대상을 전혀 갖지 못한 채 **무한히** 자기 자신에게도 되돌아간다. 새로운 책임은 새로운 관계에 달려 있다. 새로운 관계는 새로운 의욕에 달려 있다. 새로운 의욕은 대상에 대한 새로운 책임을 가지며, 결과적으로 새로운 관계를 가지고, 마침내 새로운 의욕을 갖는다. 이 의욕은 끝도 없이 다시금 새로운 책임과 관계와 의욕을 고려한다. 따라서 우리는 결코 새로운 책임을 의욕할 수 없고, 결과적으로 의지는 결코 약속에 수반되거나 도덕성에 대한 새로운 책임을 산출할 수도 없다.

은 아니며, 결과적으로 그 행동을 수행하지 않는 것은 부덕과도 무관하다.) 이제 명백하듯이 우리는 의무감 이외에 약속을 수행하도록 우리를 이끌 도덕적 동기가 전혀 없다. 우리가 약속은 도덕적 책임을 갖지 않는다고 생각한다면, 우리는 약속을 지킬 어떤 의향도 결코 느낄 수 없다. 이것이 자연적 덕의 경우는 아니다. 곤궁한 사람을 구휼할 책임은 결코 없지만, 우리의 인류애(humanity)는 우리를 이 책임(obligation)으로 이끈다. 우리가 이 의무(duty)를 이행하지 않는다면, 인류애라는 자연적 소감을 갖추지 못했다는 증거라는 점에서 이 이행하지 않았음의 부도덕성이 발생한다. 아버지는 자신의 아이들을 돌보는 것이 자신의 의무임을 알고 있다. 그런데 아버지는 그 의무에 대한 자연적 의향(inclination)도 가지고 있다. 그리고 어떤 인간 존재도 이런 의향을 가지고 있지 않다면, 어느 누구도 그런 책임이 없을 것이다. 그러나 약속에 대한 책임의 감각 이외에 약속을 지켜야 한다는 의향은 자연적으로 존재하지 않는다. 따라서 (약속을 지킴에 있어서) 성실(fidelity)은 자연적 덕이 아니며, 인간의 묵계가 앞서지 않는다면 약속은 어떤 힘도 없다.

여기에 동의하지 않는 사람은 다음 두 명제에 대해 철저한 증거를 제시해야 한다. 즉 약속에 수반되는 정신 고유의 작용이 있다. 그리고 (약속을) 수행하려는 의향은 의무감과는 별도로 정신의 이런 작용 결과로 발생한다. 나는 이 두 명제 중 어느 것도 증명할 수 없다고 추정한다. 그러므로 감히 나는 약속이 인간의 발명품이며, 사회의 필요와 이익에 기초를 두고 있다고 결론 내린다.

우리는 앞서 언급한 사회의 법을 유발하는 인간 본성의 성질들을 지금까지 살펴보았는데, 이 필요와 이익을 밝히기 위해 바로 이 성질들을 숙고해야 한다. 인간은 자연적으로 자기중심적이거나 한정된 관용만

타고났을 뿐이므로, 오직 낯선 사람의 이익을 위해 어떤 행동을 수행함으로써만 기대할 수 있는 반대급부를 염두에 두지 않고는, 낯선 사람의 이익을 위해 행동할 마음이 쉽게 내키지 않는다. 그런데 서로를 위한 행동 수행이 동시에 끝날 수 없는 경우가 흔히 있으므로, 필연적으로 한쪽은 불확실한 상태로 머물며 (자신의) 친절에 대한 보답으로 다른 쪽의 감사를 기대하는 것으로 만족한다. 그렇지만 인간 사이의 엄청난 부패 때문에 대체로 이 (기대)는 그 보장이 미덥지 못할 뿐이다. 그리고 은혜를 베푸는 사람은 여기서 자기 이익을 고려하여 호의를 제공한다고 상정되므로, 이것은 한편으로는 (도덕적) 책임과 분리되는 것이며 동시에 배은망덕의 참된 모태인 자기중심성의 실례를 확정한다. 그러므로 우리가 우리의 정념과 의향의 자연적 흐름을 따르게 되면, 우리가 사심 없는 관점에서(disinterested views) 다른 사람의 이득을 위해 우리가 수행할 행동은 거의 없을 것이다. 자연적으로 우리의 친절과 애정이 아주 제한되어 있기 때문이다. 그리고 우리는 (자신의) 이익을 고려하여 다른 사람을 위한 행동을 수행하는 경우가 드물다. 우리는 다른 사람의 감사를 신뢰할 수 없기 때문이다. 그러면 여기서 부조(good offices)의 상호 교류는 인류 사이에서 거의 상실되고, 사람들은 저마다 자신의 복지와 생존을 위해 자신의 기술과 근면에 집착한다. 소유의 안정성에 관해 자연법을 고안한 것은 이미 인간이 서로에 대해 배려(tolerable)하도록 했다. 소유권과 소유를 동의에 의해 **양도**하는 것에 관한 법은 사람들이 서로 이득이 되도록 하는 출발점이었다. 그렇지만 우리가 아무리 이 법*을 엄격하게 준수하더라도, 인간이 자연적으로 (상호 이익에) 적합하게 될 정도로 서로 도울 수 있도록(serviceable) 하기에

520

---

* '법'은 초판에서 '자연법'으로 되어 있다 – 자구에 대한 주석.

는 이 법이 충분하지 않다. 소유가 안정되어 있다 하더라도, 사람이 특정 종류의 재화를 자신이 필요한 양보다 많이 소유하고 동시에 다른 재화의 결핍으로 고통을 겪는다면, 그동안 이 사람은 소유(한 재화)에서 사소한 이득을 겨우 거두는 경우도 종종 있을 것이다. 이런 폐단에 대한 적절한 해결 방안인 소유권의 **양도**가 그 폐단을 온전히 구제할 수 없다. 소유권의 양도는 오직 **현존하는** 개별적 대상을 두고 발생할 수 있는 것이며, **현존하지 않는** 일반적 대상을 두고 발생하지 않는다. 우리는 20리그(leagues)나 떨어진 특정 주택의 소유권을 양도할 수 없다. (이 경우에는) 동의가 (양도에) 필수적 여건인 이전을 수반할 수 없기 때문이다. 그저 (의사) 표현과 동의만을 통해 곡식 10부셸(bushel)이나 포도주 5학즈헤드(hogshead)를 양도할 수도 없다. 이 (단위)는 일반 명사일 뿐이고 특정 곡물 더미나 포도주 통과 직접적 관계를 갖지 않기 때문이다. 게다가 인간의 거래는 생필품의 교환에 국한되는 것이 아니라, 우리가 우리의 상호 이익과 이득을 위해 교환할 수 있을 법한 품(service)과 행동에까지 확장될 수도 있다. 오늘 당신의 곡식이 익고, 내 곡식은 내일 익을 것이다. 오늘 내가 당신을 위해 일하고, 당신은 내일 나를 도와야 하는 것은 두 사람 모두에게 유리하다. (그런데) 나는 당신에 대한 호의(kindness)가 없으며, 당신은 나에 대한 호의가 거의 없다는 것을 알고 있다. 따라서 나는 결코 당신의 이익을 위해 수고하지 않을 것이고, 보답을 기대하며 나의 이익을 위해 내가 당신과 함께 노동한다고 하더라도 나는 실망하게 되며 실없이 당신의 감사를 기대

521 했다는 것을 안다. 그렇다면 이 경우에 나는 당신을 혼자 일하도록 버려두며, 당신 또한 나와 같을 것이다. 계절이 바뀌고, 우리는 둘 다 서로에 대한 신임과 보장이 부족한 까닭으로 수확기를 놓친다.

이 모든 것은 인간 본성의 자연적이고 내재적인 원리와 정념 등의

결과이다. 그리고 이 정념과 원리들은 불변적이므로, 이 정념과 원리들에게 의존하는 우리의 행동 양식 역시 반드시 불변적이라고 생각할 수도 있을 것이며, 도덕론자나 정치가가 공공의 이익을 고려하여 우리에게 참견하거나 우리의 일상적 행동 방식을 바꾸려고 시도하는 것은 헛일일 것이다. 그리고 실로 도덕론자나 정치가 등의 계획의 성공 여부가 인간의 자기중심성과 배은망덕함을 그들이 성공적으로 바로잡을 수 있는지에 달려 있다면, 홀로 인간 정신을 새롭게 다듬어 그 성격을 근본적인 항목에서 (즉 자기중심성과 배은망덕함을) 바꿀 수 있는 전능한 힘의 도움을 받지 않는 한, 그들은 결코 그와 같은 계획을 이룰 수 없을 것이다. 그들이 자부할 수 있는 것은 기껏해야 이 자연적 정념에 새로운 방향을 제시하고, 우리 욕망이 무모하고 충동적인 활동보다는 우회적이고 인위적인 방식에서 더 잘 충족된다는 것을 가르쳐 주는 것 등이다. 따라서 나는 다른 사람에게 실제로 어떤 호의도 없지만 그를 위해 품 들이는 것을 배운다. 나는 (나의 품에) 상응하는 다른 사람(의 품값음을) 기대하면서, 그리고 나 또는 다른 사람과의 이런 (상호) 부조를 유지하기 위해 그가 나의 품을 갚는다는 것을 예견하기 때문이다. 따라서 내가 그에게 품들인 뒤에 그는 나의 행동에서 발생한 이점을 소유하며, 자신이 (품값음을) 거부했을 때의 결과를 예견함으로써 자신의 몫을 수행할 마음이 내키게 된다.

그러나 비록 인간 사이에서 자기 이익 위주의 이런 거래(commerce)는 발생해서 사회의 주류를 이루기 시작하더라도 우정과 부조라는 더욱 관대하고 고귀한 교제(intercourse)를 고스란히 소멸시키지 않는다. 나는 내가 사랑하며 각별히 친숙한 사람에게 (나의) 이득을 전혀 예상하지 않더라도 품들일 수도 있을 것이다. 그리고 그 사람들은 과거의 내 품에 대한 빚을 갚는다는 생각 없이도 (내가 과거에 그들에게 품들인 것과) 같은 방식으로 나에게 품갚음할 수도 있을 것이다. 따라서 거래의 상이한 이 두 종류, 즉 타산적인 거래와 비타산적인 거래를 구별하기 위해서, 타산적인 거래를 위해 고안된 **일정한 언어 형식**(certain form of words)이 있는데 이 언어 형식을 통해 우리는 어떤 행동 수행을 맹세한다. 이 언어 형식이 약속이란 것을 만들어 내며, 이 약속은 인류의 타산적 거래에 대한 재가이다. 어떤 사람이 그가 무엇을 **약속했다고** 말할 때, 실제로 그는 그것을 수행하겠다는 **결심을** 표현한다. 이와 아울러 그는 이 **언어** 형식을 사용함으로써 약속을 지키지 못했을 경우에 다시는 신뢰받지 못하게 되는 형벌을 받는다. 결심은 약속이 표현하는 정신의 자연적 작용이다. 그러나 이 경우에 단지 결심만 있다면, 약속은 이전의 우리 동기만 밝힐 뿐이며 새로운 동기나 책임을 창출하지는 않을 것이다. 약속은 인간의 묵계이며, 제정된 **상징**(symbols)이나 **기호**(signs)를 통해 우리가 특정 사건에서 우리 행동 양식의 안전성을 서로에게 제공할 수도 있는데, 이런 상징이나 기호가 있다면 인간사가 서로에게 훨씬 이익 되도록 처리될 수 있다는 것을 경험을 통해 우리가 깨닫게 될 때, 이 묵계는 새로운 동기를 산출한다. 이 기호가 제정된 다음부터 이 기호를 사용하는 사람은 누구나 자신의 이익 때문에 자신의 책무(engagements)를 반드시 직접 실행해야 하며, 그가 만일 자신이 약속한 바의 수행을 거부한다면 그는 더 이상 신뢰받기를 기대해서는 안 된다.

인간 본성이 아무리 야만적이고 미개하다고 하더라도, **제도**(institution)와 **약속 준수** 등에서 (얻는) 이익을 인류가 깨닫도록 하는 데 필수적인 지식은 결코 인간 본성의 역량보다 우월하게 평가될 수 없다. 우리는 세계를 아주 조금만 **경험**(pratitice)하더라도 **제도**와 **약속 준수** 등의 중요성과 장점을 지각할 수 있다. 사회에 대한 가장 짧은 경험도 모든 유한한 인간(mortal)에게 이 중요성과 장점을 일깨워 줄 것이다. 그리고 각 개인이 자신의 동료에게서 (각자의) 이익에 대한 동일한 감각을 지각할 때, 개인은 계약에서 자기 동료들도 자신들의 역할을 모자람 없이 수행할 것이라는 점을 확신하게 됨으로써 자신의 역할을 즉각 수행한다. 그 동료들은 모두 힘을 합쳐 공동의 이익에 적합한 행동 체계에 참가하고, 자신의 말에 충실할 것에 호응한다. 이와 같이 힘을 합하고 묵계를 구성하는 데 필요한 것은 오직 각자가 책무를 충심껏 이행하는 데에서 이익에 대한 감각을 느끼며, 이 감각을 그 사회의 다른 구성원들에게 표현하는 것 등이다. 이런 사실은 이익이 그 성원들에게 영향을 주게 되는 직접적 원인이다. 그리고 이익은 약속 수행에 대한 제1책임*이다.

523

  나중에 도덕의 소감이 이익과 공조하며, 인류에 대한 새로운 책임으로 된다. 약속을 수행함에 있어서의 이 도덕성의 소감은 다른 사람의 소유권을 탐내지 않는 경우의 원리와 동일한 원리에서 발생한다. **공공의 이익**과 **교육** 그리고 **정치가들의 책략** 등은 이 두 경우에 동일한 결과를 갖는다. 약속에 도덕적 책임이 따르는 것으로 상정함에 있어서 우리가 겪는 난점들을 우리는 극복하든가 회피한다. 예를 들자면, 결심의 표명이 의무적이라고 상정되는 것은 일상적이지 않다. 그리고 우리는 일정한 언어 형식을 사용하는 것이 어떻게 실질적 차이를 유발할 수 있어야 하는지 쉽게 생각할 수 없다. 그러므로 우리는 여기서 정신의 새로운 작용을 **가상적으로 그려 보는데**, 우리는 이 작용을 책임을 **의욕함**(willing)이라고 한다. 그리고 우리는 바로 이 작용에 도덕성이 의존하

---

* 옮긴이 주 이 문구는 직역된 것이지만 의미가 모호하다. 립스는 '약속 수행에 대한 제1책임'을 '약속 수행에 대한 책임의 제1근거'로 번역하고 있다. 립스, 270면.

는 것으로 상정한다. 그렇지만 우리가 이미 증명했듯이, 그와 같은 정
신 작용은 없으며, 결과적으로 약속은 자연적 책임을 전혀 부과하지 않
는다.

　이런 사실을 확인하기 위해, 약속에 개입하여 약속에 대한 책임을
유발하는 것으로 상정되는 의지에 관해 우리가 좀 더 살펴볼 수 있을
것이다. 명백하다시피 의지 홀로 그 책임을 유발하는 것으로 상정되는
것은 결코 아니며, (의지가) 사람에게 구속력을 부과하기 위해 반드시
언어나 기호로 표현되어야 한다. 이 표현은 의지를 지지하는 것으로 일
단 제시되면 곧 약속의 주요 부분으로 된다. 그리고 사람은 자신이 은
밀하게 자신의 의도에 다른 방향을 나타내고 책임에 대한 의지 작용과
결심을 억누르더라도, 자신의 말에 거의 얽매이지 않을 수 없다. 그러
나 (언어) 표현은 대부분의 경우에 약속 전체를 이루더라도 늘 그렇지
는 않다. 그리고 어떤 표현을 의미도 모르고 지킬 의도도 없이 사용하
는 사람이 그 표현에 얽매인다는 것은 확실하지 않을 것이다. 뿐만 아
니라, 그가 그 표현의 의미를 알더라도 자신이 지킬 진지한 의도가 없
다는 것을 명백히 보여 주는 기호와 함께 그저 장난삼아 그 표현을 사
용하면, 그는 (약속) 수행의 책임을 지지 않을 것이다. 그렇지만 (그 표
현과) 상반되는 기호가 없다면, 그 말은 필연적으로 의지의 완전한 표
현이다. 오성의 순발력을 통해 우리가 어떤 기호로부터 어떤 사람이 우
리를 속일 의도를 가진 것으로 추측하는 경우에, 그 사람은 우리가 그
의 약속을 받아들이더라도 그의 표현이나 구두 약속을 지키지 않는다
고 상상하는 경우까지 이 결론*을 확장해서는 안 된다. 우리는 이 결론
을 그 기호들이 기만의 기호와 전혀 다른 종류인 경우로 한정해야 한

524

---

* 옮긴이 주　'그 말은 필연적으로 의지의 완전한 표현이다'라는 앞의 주장을 가리킨다.

다. 약속의 책임이 사회의 편의를 위한 인간의 발명품일 뿐이라면 이 모순들은 모두 쉽게 해명되지만, 그러나 그 책임이 정신이나 신체 따위의 작용에서 발생한 **실제적**이고 **자연적**인 어떤 것이라면 결코 설명될 수 없다.

　새로운 약속은 약속하는 사람에게 새로운 도덕적 책임을 부과하므로, 또 이 새로운 책임은 약속하는 사람의 의지에서 발생하므로, 이것은 우리가 상상할 수 있는 한 가장 신비적이고 이해할 수 없는 작용 가운데 하나일 것이며, **실체 전환**(transubstantion)이나 **서품 성사**(holy orders)[8]에 비견될 수 있는 것인데, 이 경우에 어떤 의도와 아울러 일정한 언어 형식은 외부 대상의 본성을 고스란히 변화시키는 것이며, 심지어 인간 존재의 본성까지 변화시키는 것이다. 나는 이런 점을 더 살펴볼 것이다. 이 신비들이 이런 점에서는 (약속과) 흡사하다고 하더라도 그 밖의 측면에서는 큰 차이가 있는데, 이 차이는 이 신비들과 약속의 기원이 다르다는 데에 대한 강력한 증거로 간주될 수 있을 것이다. 약속의 책임은 사회의 이익을 위해 고안된 것이다. 따라서 그 책임은 (사회의) 이익이 요구하는 만큼 다양한 형식으로 변형되며, 그 대상을 (즉 사회 이익을) 간과한다기보다는 오히려 (사회 이익을 고수하기 위해) 직접적인 모순에 빠지기도 한다. 그러나 그 밖의 황당한 교의들은 직업 종교인들의 발명품일 뿐이고 공공의 이익을 전혀 고려하지 않기 때문에, 전파되는 과정에 새로운 장애 때문에 교란되는 일이 거의 없다. 그리고 이 교의들은 처음에는 황당하지만 그 다음부터는 이성과 상

525

---

8)　내가 말하는 서품 성사는 **지워질 수 없는 성격**(indelible character)을 산출하는 것으로 상정되는 것까지 의미하며, 그 밖의 측면에서 서품 성사는 합법적인 자격 부여일 뿐이다.

식의 흐름을 더욱 직접적으로 따른다는 점을 우리는 반드시 인정해야 한다. 언어의 외부적 형식은 소리에 지나지 않기 때문에 말이 효력을 갖도록 할 의도를 요구한다. 그리고 이 의도가 공표되었건 은폐되었건 간에, 또 진실된 것이든 기만적인 것이든 간에 일단 필수적 여건으로 간주되면, 이 의도가 없으면 반드시 그 실행(effect)도 없다. 신학자들은 이런 점을 분명하게 지각하고 있다. 따라서 지금까지 공통적인 신학자들의 결론은 직업 종교인의 의도가 성사(sacrament)를 만들고, 그는 은밀하게 자신의 의도를 철회할 때 개인적으로는 큰 죄를 짓지만 세례 성사나 영성체 또는 서품 성사를 무효로 만든다는 것이다. 이 교의의 가공스런 귀결이 그 교의의 발생을 막을 수 없었지만, 약속의 측면에서 볼 때 이와 유사한 교의의 폐단 때문에 지금까지 교의가 안정되지 못했다. 언제나 인간은 미래보다 현재의 삶에 더 관심을 갖는다. 그리고 인간은 미래의 것으로 여겨지는 가장 큰 악보다는 현재의 것으로 여겨지는 가장 작은 악을 더 중요하게 생각하는 경향이 있다.

우리는 약속의 기원에 관한 바로 이런 결론을 힘에서 도출할 수도 있는데, 이 힘은 모든 계약을 무효로 만들고 우리가 그 계약에 대한 책임을 면하도록 하는 것으로 상정된다. 이 원리는 약속이 자연적 책임을 전혀 갖지 않으며, 사회의 편의와 이득을 위한 인위적 발명품일 뿐이라는 것에 대한 증거이다. 우리가 이 사실을 직시하면, 우리에게 말을 하도록 부추겨 책임지도록 할 수도 있는 희망과 두려움 등의 동기와 힘은 본질적으로 차이가 없다. 치명적인 상처를 입고 자신을 치료하는 의사에게 충분한 금액을 (지불하기로) 약속한 사람은 틀림없이 반드시 (그 약속을) 수행해야 한다. 그런데 도덕성에 관한 우리 소감들이 전적으로 공공의 이익과 편의에 기초를 둔 것이 아니라면, 어떤 사람이 강도에게 일정액을 지불하기로 약속했다고 할 때, 이 경우는 의사에게 치료비 지

불을 약속한 경우와 다를 바 없기 때문에 도덕성에 관한 우리 소감에서
도 아주 큰 차이가 나타나지 않는다.

526   ## 제6절 정의와 불의에 대한 몇 가지 추고

우리는 지금까지 소유의 안정성에 관한 법, 동의에 따른 소유의 양도
에 관한 법, 약속 수행에 관한 법 등 기초적인 자연법 세 가지를 훑어보
았다. 인간 사회의 평화와 안전은 전적으로 이 세 가지 자연법을 철저
히 준수하는 데 달려 있다. 이 세 가지 자연법이 무시되는 경우에는 결
코 사람들 간의 화합(good correspondence)을 정착시킬 수 없다. 사회
는 인간의 안녕을 위해 절대적으로 필요하다. 그리고 이 자연법들은 사
회를 지탱하는 데 필요하다. 이 자연법들이 인간에게 가할 수 있는 제
재가 무엇이든 이 자연법들은 인간 정념의 실질적 소산이며, 정념을 만
족시키는 더욱 기술적이고 세련된 유일한 방식이다. 우리 정념만큼이
나 늘 깨어 있고 강렬한 것도 없다. 그리고 이 규칙들을 준수한다는 데
대한 묵계만큼 명백한 것도 없다. 따라서 자연은 지금까지 인간의 행동
양식에 이 일을 전적으로 맡겼다. 그리고 우리의 기분(frame)과 생리
적 구조 따위에 관한 다른 원리들은 우리를 하나의 행동 체계로 인도하
기에 충분하지만, 하나의 행동 체계(set)에 우리가 따르도록 결정하는
고유의 근원적 원리를 자연이 정신에 부여하지 않았다. 그리고 우리가
이 진리를 더욱 충분히 확신하기 위해, 우리는 여기서 잠시 멈추고 앞
의 추론들을 되새겨 봄으로써, 이 자연법들은 필연적이라고 하더라도
전적으로 인위적이며 인간의 묵계라는 점과 그리고 정의는 인위적 덕
이지 자연적 덕이 아니라는 점 등을 증명하기 위해 새로운 논변을 몇

가지 도출해도 좋을 것이다.

1. 내가 사용할 첫째 논변은 정의에 대한 통속적 정의에서 발생한다. 정의는 대체로 **모든 사람을 각각 정당하게 대우하는 불변적이고 영속적인 의지**라고 정의된다. 이 정의에서 가정된 것은 정의와 무관하게 정의에 앞서는 옳음과 소유권 따위의 것이 있다는 것과, 인간이 그와 같은 덕의 실천을 꿈조차 꾸지 못했더라도 그와 같은 것은 존속한다는 것 등이다. 나는 이미 엉성하게나마 이 의견의 오류를 살펴보았으며, 여기서 계속해서 이 주제에 대한 나의 소감을 좀 더 분명하게 밝힐 것이다.

이른바 **소유권**이라는 이 성질은 **페리파토스학파** 철학의 가상적 성질 중 많은 것과 비슷하며, 이 성질을 우리의 도덕적 소감들과 별도로 고찰할 때 좀 더 철저히 고찰하면 이 성질이 사라진다는 것 등을 주목함으로써 나는 논의를 시작하겠다. 명백하다시피 소유권은 그 대상의 감지할 수 있는 성질 가운데 어떤 것에 있지 않다. 대상들의 감지할 수 있는 성질은 불변적으로 동일하게 지속될 수도 있겠지만, 소유권은 변하기 때문이다. 따라서 소유권은 틀림없이 그 대상의 어떤 관계에 있다. 그렇지만 소유권은 그 밖의 외부 무생명체와 관계를 갖지 않는다. 이 대상들은 불변적으로 동일한 관계를 지속할 수도 있지만, 소유권은 변하기 때문이다. 따라서 소유권이라는 성질은 합리적이고 지성적인 존재에 대한 대상들의 관계에 있다. 그렇지만 소유권의 본질을 형성하는 것은 외부적인 유형(有形)의 관계(external corporeal relation)가 아니다. 외부적인 유형의 관계는 무생명체들 사이에서도 동일할 수 있을 것이고, 야수들에 대해서도 동일할 수 있기 때문이다. 비록 무생명체나 야수들의 경우에는 외부적인 유형적 관계가 어떤 소유권도 형성할 수 없지만 말이다. 따라서 소유권은 어떤 내부적인 (무형의) 관계에 있다.

즉 소유권은 대상의 외부적 관계가 (인간의) 정신과 행동에 미치는 모종의 영향력에 있다. 우리가 **점유 취득** 또는 최초의 소유라고 일컫는 외부적 관계는 대상에 대한 소유권으로 상상되는 것이 아니라, 오직 그 대상에 대한 소유권의 원인으로 상상될 뿐이다. 이제 명백하다시피, 외부 대상에는 이 외부적 관계가 원인인 것이 전혀 없고, 외부적 관계는 정신에 영향을 미칠 뿐이다. 외부 대상을 우리가 탐내지 않고 최초의 소유자에게 되돌려 주는 데에서 외부적 관계는 의무감을 우리에게 제공하기 때문이다. 이런 행동은 곧 우리가 **정의**라고 일컫는 것이다. 그리고 결과적으로 소유권의 본성은 바로 이 (정의라는) 덕에 의존하는 것이지, 이 덕이 소유권에 의존하는 것은 아니다.

따라서 정의는 자연적 덕이고 불의는 자연적 부덕이라고 주장하려 드는 사람이 있다면, 그 사람은 **소유권**과 **옳음** 그리고 **책임** 따위의 개념으로부터 추상된 어떤 행동 양식과 일련의 행동은 대상들에 대한 외부적 관계 안에서 자연적으로 도덕적 아름다움과 흉을 가지며 또 근원적 쾌락과 거북함의 원인이라고 주장해야 한다. 따라서 어떤 사람의 재화를 그 사람에게 되돌려 주는 것은 유덕한 것으로 간주되지만, 그것은 자연이 다른 사람의 **소유권과 관련된*** 행동 양식에 쾌락이라는 소감을 동반시켰기 때문이 아니다. 오히려 그것은 다른 사람이 최초로 소유했거나 오래도록 소유한 외부 대상, 또는 최초로 소유했거나 오래도록 소유한 사람의 동의를 통해 다른 사람이 취득한 **외부 대상과 관련된**** 행동 양식에 자연이 쾌락이라는 소감을 동반시켰기 때문이다. 자연이 우리에게 그와 같은 소감을 부여하지 않았다면, 소유권 따위의 것은 자연

528

---

* 옮긴이 주 고딕체는 옮긴이의 표기이다.

** 옮긴이 주 고딕체는 옮긴이의 표기이다.

적으로 존재하지 않으며, 인간의 묵계에 앞서지도 않는다. 이제 이 주
제에 대한 무미건조하고 날카로운 고찰을 통해 그와 같은 행동 양식에
자연이 쾌락 또는 찬동의 소감을 동반시키지 않았다는 것이 충분히 명
백해졌다고 하더라도, 나는 될 수 있는 대로 의심의 여지를 거의 남기
고 싶지 않아서 나의 의견을 확인하기 위한 몇 가지 논변을 추가할 것
이다.

첫째, 자연이 이런 종류의 쾌락을 우리에게 주었다면, 이 쾌락은 그
밖의 모든 경우에도 명백하며 식별될 수 있을 것이다. 또 그 같은 상황
에서 그 같은 행동을 생각하는 것이 일종의 쾌락과 찬동의 소감을 제공
한다는 것을 우리는 전혀 어려움 없이 지각할 수 있을 것이다. 우리는
정의(의 개념을) 정의하면서 소유권의 개념에 호소해서는 안 되며, 동
시에 소유권에 대해 정의하면서 정의의 개념을 사용해서도 안 된다. 이
추론의 기만적 방법은 이 주제에 몇 가지 모호함과 난점이 담겨 있다는
데 대한 명백한 증거인데, 우리는 이 모호함과 난점을 헤어날 수 없고
그와 같은 (순환 논증의) 책략을 통해 모면하려는 것이다.

둘째, 소유권과 옳음 및 책임을 결정하는 이 규칙들은 그 기원이 자
연적이라는 특징은 전혀 없지만 책략과 제도적 장치라는 특징이 많
다. 이 규칙들은 자연에서 유래되었다고 하기에는 너무 많고, 인간의 법
률에 의해 변화될 수 있다. 그리고 이 규칙들은 모두 공공복리와 사회*
유지 등을 향한 직접적이고도 명백한 경향을 갖는다. (공공복리와 사회
유지라는) 바로 이 여건은 두 가지 측면에서 주목할 만하다. **첫째**, 공공
복리가 이 법률들의 자연적 경향인 것처럼 이 법률들을 정립하는 원인

529

---

* 초판에서는 '시민 사회'로 표기되어 있고, 수고에서는 '사회'로 표기되어 있다 –
자구에 대한 주석.

도 공공복리에 대한 고려였다고 하더라도, 그럼에도 불구하고 이 법률들은 의도적으로 어떤 목적을 위해 입안되고 그 목적을 향하기 때문에 인위적일 것이다. **둘째,** 인간이 본래부터 공공복리를 강하게 고려한다면, 인간은 결코 이 규칙을 통해 자제하지 않을 것이다. 따라서 정의의 법칙은 더욱 우회적이고 인위적인 방식으로 자연의 원리에서 발생한다. 자기애는 이 법칙들의 실질적 기원이다. 그리고 한 사람의 자기애는 다른 사람의 자기애와 자연히 상반되므로, 타산적인 여러 정념들(several interested passion)은 행동 양식과 생활 태도 따위에 관한 어떤 체계에서 협력하는 방식에 따라 반드시 조정되어야 한다. 따라서 각 개인의 이익을 포괄하는 이 체계가 공공복리에 유리한 것은 당연하다. 비록 발명자가 이 체계를 (공공복리라는) 목적으로 의도한 것이 아니라고 하더라도 말이다.

2. 두 번째로, 모든 종류의 덕과 부덕이 부지불식간에 뒤섞여 선악의 경계를 결정할 수 없는 것은 아니지만 결정하기 어려울 정도로 점차적으로 엇비슷해지는 경우를 우리가 살펴볼 수 있을 것이다. 그리고 이런 사실을 주목함으로써 우리는 앞의 원리를 옹호하는 논증을 도출할 수 있을 것이다. 모든 종류의 덕과 부덕에 관련된 경우라면 어떤 경우든, 옳음과 책임 그리고 소유권 따위는 그와 같이 감지할 수 없는 점차적 단계를 허용하지 않는다. 인간은 충분하고 완전한 소유권을 갖든가 전혀 소유권을 갖지 못하며, 어떤 행동을 반드시 수행해야 하거나 전혀 책임이 없는 상태로 있다. 국내법이 완전한 **영유권**(領有權, dominion)과 불완전한 영유권을 언급할 수 있다고 하더라도, 이성에 기초를 두지도 않았고 결코 자연적인 정의와 공정 따위에 대한 우리 개념에 포함될 수도 없는 허구에서 영유권이 발생했다는 것을 관찰하는 것은 쉽다. 단

하루 동안 말을 한 필 임대한 사람은 그 소유자가 그 밖의 시간 동안 말을 사용하는 것과 마찬가지로 임대 시간 동안 그 말을 사용할 충분한 권리를 갖는다. 명백하다시피, 사용상 시간과 정도의 제약이 있을 수 있다고 하더라도 그 권리 자체는 점차적인 단계가 있을 수 없고 그 권리가 미치는 범위 안에서는 절대적이고 온전하다. 따라서 우리가 관찰할 수 있듯이, 권리 이외의 성질이나 관계 따위에서는 두드러진 감지할 수 없을 정도의 점차적인 단계 없이, 이 권리는 한순간에 발생하고 소멸하며, 사람은 점유 취득이나 소유자의 동의를 통해 대상에 대한 소유권을 온전히 획득하며, 자신의 동의를 통해 그 소유권을 상실한다. 따라서 이것은 소유권과 권리 그리고 책임 따위에 관한 경우이므로, 나는 이것이 정의와 불의 따위에 관해서도 어떻게 일치하는지 묻는다. 당신은 이 물음에 어떤 방식으로 대답하든 간에 해결할 수 없는 어려움에 빠진다. 만약 당신이 정의와 불의는 정도(의 차이)를 허용하며 감지할 수 없도록 뒤섞인다고 대답하면, 당신은 책임과 소유권은 점차적인 단계가 없다고 한 앞의 입장을 분명히 부정한다. 책임과 소유권은 전적으로 정의와 불의에 달려 있고, 그것들의 변이는 모두 정의와 불의를 따른다. 정의가 온전한 경우라면 소유권도 온전하다. 정의가 불완전하다면 소유권 역시 반드시 불완전하다. 이와 반대로 소유권이 그런 (정도의) 변이를 전혀 허용하지 않는다면, 그 (정도의) 변이 역시 정의와 반드시 상반된다. 따라서 당신이 만약 바로 이 명제에 동의하고 정의와 불의에는 정도(의 차이)가 있을 수 없다고 주장한다면, 실제로 당신은 정의와 불의가 **자연적으로** 유덕하거나 부덕한 것이 아니라고 주장한다. 부덕과 덕, 도덕적 선과 도덕적 악, 그리고 기실은 모든 **자연적** 성질들이 감지할 수 없이 뒤섞여, 많은 경우에 구별될 수도 없기 때문이다.

그리고 비록 철학과 법률 따위의 일반 공리와 추상적 추론이 **소유권**

530

과 옳음 그리고 책임은 그 정도를 허용하지 않는다는 입장을 확립하지
만, 그러나 일상적인 나태한 사유 방식에서 우리는 이런 의견을 받아들
이기에 큰 어려움을 발견하며 심지어 이와 상반된 원리를 은밀하게 신
봉하기도 하는데, 이런 점을 여기서 잠시 주목하는 것도 아마 값질 것
이다. 사물은 반드시 이 사람이나 저 사람의 소유이다. 행동은 반드시
수행되든가 수행되지 않는다. 여기서 우리는 필연적으로 양자택일해야
하며, 또 (둘 사이의) 완전한 절충점을 찾기가 불가능한 경우도 흔하다.
이 필연성과 불가능성 때문에 우리는 이 사실을 되새겨보면 모든 소유
권과 책임이 온전하다는 것을 인정할 수밖에 없다. 반면에 소유권과 책
임의 기원을 고찰하여, 소유권과 책임이 공공의 유용성에 의존하며 경
우에 따라서는 상상력의 성향에 의존하지만 어느 측면에서도 좀처럼
온전하지 않다는 것을 우리가 알게 되면, 우리는 이 도덕적 관계들에는
감지할 수 없는 정도의 차이(insensible gradation)가 있다고 자연스럽
게 상상하는 경향이 있다. 따라서 분쟁 당사자들(parties)의 동의를 통
해 사안의 온전한 결정권(entire masters of subject)을 중재인들에게
일임하는 중재의 경우에, 대체로 중재인들은 분쟁 당사자들이 절충점
을 찾아 그들 사이의 분쟁 대상(difference)을 나누도록 설득할 정도로
양 측에 대한 공정과 정의를 발견한다. 민사 재판관(civil judges)은 이
런 자유를 갖는 것이 아니라 어느 한편에게 유리한 확정적인 판결을 내
릴 수밖에 없는데, 이 재판관은 때로는 어떻게 결정해야 할지 당혹스러
워하며 세상에서 가장 하찮은 동기들을 근거로 판결할 수밖에 없다. 일
상생활에서는 그토록 자연스럽게 여겨지는 반쪽의 권리와 책임은 이
재판관의 법정에서는 완전히 불합리한 것이며, 이런 이유 때문에 재판
관은 어떤 방식으로든 그 사안을 종결하기 위해 반쪽의 논변을 전체적
인 논변으로 생각할 수밖에 없는 경우가 자주 있다.

531

3. 내가 사용할 같은 종류의 세 번째 논변은 다음과 같이 설명될 수 있을 것이다. 우리가 인간 행동의 일상적 과정을 숙고해 보면 알 수 있듯이, 정신은 일반적이고 보편적인 규칙을 통해 자제되는 것이 아니라, 대부분의 경우에 자신의 당면한 동기와 성향에 따라 결정되듯이 작용한다. 각 행동은 특정한 개별적 사건이므로, 그 행동은 반드시 우리 내면의 특정한 원리들과 직접적인 상황으로부터 그 밖의 모든 것(with respect to the rest of the universe)을 향해 발생한다. 어떤 경우에 우리가 우리의 동기를 유발시켜 우리 행동 양식을 위한 **일반 규칙**과 같은 것을 형성한 실제 여건 너머로 그 동기를 확대하면 쉽게 알 수 있듯이, 이 규칙은 완전히 불변적인 것이 아니라 많은 예외를 허용한다. 그러므로 이것은 인간 행동의 일상적 과정이기 때문에, 우리는 보편적이고 완전히 불변적인 정의의 법칙이 결코 자연으로부터 도출될 수 없고 어떤 자연적 동기나 성향의 직접적 소산도 아니라고 결론 내릴 수 있을 것이다. 우리가 어떤 행동을 실행하거나 삼가도록 강요하는 자연적 동기나 정념이 없다면, 어떤 행동도 도덕적으로 선하거나 악할 수 없다. 그리고 명백하다시피 도덕성에도 그 정념에 자연적인 모든 변이가 반드시 허용되어야 한다. 토지 때문에 다투는 두 사람이 있는데, 한 사람은 부자이고 어리석으며 독신이고, 다른 사람은 가난하고 총명하며 가족이 많다. 그리고 부유한 사람은 나와 앙숙이고 가난한 사람은 나의 친구이다. 나는 이 사안을 두고 공공의 이익을 고려하여 행동하든 사적인 이익을 고려하여 행동하든 간에, 그리고 우정 때문에 행동하든 적개심 때문에 행동하든 간에, 나는 친구에게 그 토지가 돌아가도록 최선을 다할 마음이 내킬 수밖에 없다. 내가 만일 자연적 동기를 그 밖의 동기와 조합하거나 절충(convention)하지 않고 오직 자연적 동기에 따라 행동하면, 이 두 사람의 권리와 소유권에 대한 어떤 고려도 나를 규제할 수 없

532

을 것이다. 모든 소유권은 도덕성에 좌우되므로, 또 모든 도덕성은 우리 정념과 행동 등의 일상적 과정에 의존하므로, 그리고 우리 정념과 행동의 방향은 또 특정 동기에 의해 결정될 뿐이므로, 그와 같이 편파적인 행동 양식은 가장 엄격한 도덕성에 알맞을 수밖에 없고 소유권 침해는 있을 수조차 없음은 명백하다. 인간이 다른 모든 경우에도 그렇듯이 사회의 법률에 따라 행동할 자유를 갖는다면, 대부분의 경우에 특정 판결에 따라 행동할 것이고, (당면한) 문제의 일반적 본성과 아울러 당사자(persons)의 성격과 여건을 고려할 것이다. 그렇지만 쉽게 관찰하듯이 이것은 곧 인간 사회의 무한한 혼란을 조래할 것이며, 인간의 탐욕과 편파성은 일반적이고 불변적인 원리의 제재를 받지 않는다면 세상에 무질서를 초래할 것이다. 따라서 이런 폐단을 감안하여 인간은 일반적이고 불변적 원리를 확립했고, 악의나 호의에 따라서 그리고 사적 이익이나 공공의 이익 따위의 특정 관점에 따라서 변하지 않는 일반 규칙에 따라 자제하기로 호응했다. 그런데 이 규칙은 일정한 목적을 위해 인위적으로 발명되며, 인간 본성의 일상적 원리들과 상반되는데, 이 인간 본성의 일상적 원리들은 여건에 순응하고 또 공인된 불변적 실행 방식도 전혀 없다.

533

나는 내가 이 문제에서 쉽게 잘못을 범할 수 있는 경위를 결코 지각하지 못한다. 내가 분명히 알고 있듯이, 어떤 사람이 다른 사람과 공유하는 자기 행동 양식의 보편적이고 불변적인 일반 규칙을 자신에게 부과할 때 그는 어떤 대상들을 다른 사람의 소유로 생각하며, 그는 그 소유를 신성불가침하다고 가정한다. 가장 명백한 명제는 정의와 불의를 먼저 상정하지 않고는 소유권을 전혀 알 수 없다는 것과, 우리가 정의로운 행동을 하고 불의의 행동을 삼가도록 하는 동기가 없다면 ― 이 동기는 도덕성과 무관하다 ― (정의와 불의라는) 도덕적 성질도 알 수 없다는 것 등이다. 따라서 이 동기들을 그 행동들이 의욕하는 바라고 한다면, 그 행동들은 반드시 여건에 순응하고, 끊임없이 격변하는 인간사에 있을 수 있는 모든 변이를 반드시 허용한다. 결과적으로 이것들은 자연법과 같은 완강한 불변적 규칙에 대해 아주 부적절한 근거이다. 그리고 인간이 자연적이고 가변적인 자신들의 원리를 따른 결과로 발생하는 무질서를 지각했을 때, 이 자연법들이 인간의 묵계에서 유래될 수 있을 뿐임은 명백하다.

그런데 대체로 우리는 정의와 불의 사이의 구별은 상이한 두 토대를 갖는다는 점을 숙고해야 한다. 사람들이 일정한 규칙에 따라 자제하지 않고는 사회에서 살 수 없다는 점을 주목하는 경우에 그 토대는 **자기 이익**(self-interest)*이고, 사람들이 일단 자기 이익은 '모든 인류에게 공통적이라는 점'**을 주목하여 사회의 평화를 지향하는 것과 같은 행동을 보고 쾌락을 받아들이고 이와 상반되는 행동을 보고 거북함을 받아들이는 경우에 그 토대는 **도덕성**이다. 인간의 자발적인 묵계와 책략이 첫 번째 이익을 발생시킨다. 따라서 그런 한에 있어서 정의의 법칙도 **인위적**인 것으로 간주된다. 그 다음부터 이 이익이 일단 확정되어 인정되면 이 규칙을 준수하는 데에서 **자연적으로** 그리고 저절로 도덕성의 감각이 나타난다. 비록 도덕성의 감각은 새로운 **책략**을 통해 증대되며,

534 다른 사람들의 소유권과 관련해서 자신의 행동을 철저히 규제하는 경우의 명예감과 의무감을 우리에게 주입하는 데에는 정치가들의 공교육

---

*   초판에서는 '이익'으로 표기되어 있지만, 흄의 수고에서는 '자기 이익'으로 되어 있다 – 자구에 대한 주석.

** 옮긴이 주   ' '의 구절은 흄의 수고에서 추가된 것이다 – 자구에 대한 주석. ' '는 옮긴이의 표기이다.

(public instruction)과 부모의 사교육이 기여한다는 것도 확실하지만
말이다.

제7절 정부의 기원에 관하여

사람은 대개 이익의 지배를 받으며, 사람이 자신의 관심을 자신 너
머로 확장하더라도 크게 멀리 확장할 수 없고, 일상생활에서 오직 자신
들의 친구와 친지만 생각한다는 것이 대체적임은 더할 나위 없이 확실
하다. 오직 정의의 규칙만이 인간이 사회를 유지할 수 있도록 하며 대
체로 **자연** 상태로 묘사되는 비참한 야만적 처지로 인간이 전락하는 것
을 막을 수 있는데, 이 정의의 규칙을 보편적이고 불변적으로 준수하는
것과 같은 효과적인 방식으로 사람들이 자신들의 이익을 고려할 수 없
다는 것 역시 더할 나위 없이 확실하다. 그리고 모든 인간이 사회를 유
지하고 정의의 규칙을 준수하는 가운데 얻는 이익은 중대하므로, 아주
원시적인 미개한 종족조차 이 이익을 분명히 안다. 사회를 경험한 사람
이라면 바로 이 이익의 문제에서는 거의 실수하지 않는다. 따라서 인
간은 자신의 이익에 아주 충심으로 집착하게 되며, 인간의 이익은 (인
간이) 정의(의 규칙)을 준수하는 것과 깊은 관계가 있고 또 이 이익은
확실하며 보증된다. 그러므로 우리는 다음과 같은 의문을 가질 수도 있
을 것이다. 왜 인간 사회에는 언제나 무질서가 발생할 수 있으며, (이익
에 대한 집착이라는) 강한 정념을 압도할 정도로 **강력하거나** (이익은
정의의 규칙을 준수하는 것과 깊은 관계가 있다는) 분명한 지식을 흐리
게 할 정도로 **격렬한** 인간 본성의 원리는 무엇인가?
이런 정념을 다루면서 우리가 관찰했듯이, 인간은 상상력의 지배를

강하게 받으며, 인간의 감정은 대상의 실재적인 내재적 가치보다는 인간에게 드러나는 형색(light)에 비례한다. 강하고 생생한 관념으로 인간을 자극하는 것이 공통적으로 그보다 흐릿한 형색으로 있는 것을 압도하며, (정의 규칙 준수의) 장점을 보상할 수 있는 것은 틀림없이 가치의 중대한 우월성이다. 공간적으로나 시간적으로 우리와 인접한 것은 모두 강하고 생생한 관념으로 우리를 자극하므로, 의지와 정념에 대해 (그 강함과 생생함에) 비례하는 영향력을 가지며, 그보다 더 거리가 멀고 흐릿한 형색의 대상보다 강한 힘으로 우리에게 작용하는 것이 일상적이다. 거리가 멀고 흐릿한 형색의 대상이 강하고 생생한 관념으로 우리를 자극하는 대상보다 더 가치 있다는 것을 우리가 충분히 확신하더라도, 우리는 이 판단에 따라 행동할 수 없고 무엇이든 늘 가깝고 인접한 것의 편을 드는 우리 정념의 유혹(solicitations)에 굴복한다.

이것은 인간이 자신이 알고 있는 이익과 상충되게 자주 행동하는 이유이다. 그리고 바로 이런 이유 때문에 인간은 정의(의 규칙) 준수에 크게 좌우되는 사회의 질서를 유지하기보다는 눈앞의 사소한 이득을 선택한다. 공정성을 위반한 (사람들은 그) 모든 결과가 (자신과) 아주 거리가 먼 것처럼 여기며, (자신이 그 규칙을) 위반함으로써 얻을 수 있을 법한 눈앞의 이득에 비견될 수 없다고 여긴다. 그렇지만 그 결과는 거리가 멀다고 해서 실재하지 않는 것은 결코 아니다. 모든 인간은 어느 정도 이와 같은 약점이 있으므로, 필연적으로 사회에서 공정성을 위반하는 일이 매우 잦을 수밖에 없고 이런 일 때문에 인간 간의 거래(commerce)는 매우 위험하고 불확실하게 된다. 당신도 마찬가지로 먼 것보다 가까운 것을 선호하는 내가 가진 성향을 가지고 있다. 그러므로 당신도 나와 마찬가지로 자연히 불의의 행동을 범하게 된다. 당신의 사례 때문에 나도 (당신의 행동을) 흉내 내어 그렇게 행동하게 되며, 다른 사람들의 방탕함 가운데서 나만 스스로 엄격하게 절제하면 나는 나의 성실함 때문에 얼간이라는 것을 당신의 사례가 보여 주므로 나는 당신의 사례에서 공정성 위반을 옹호하는 새로운 빌미를 갖는다.

그러므로 인간 본성의 이런 성질은 사회에 위험할 뿐만 아니라, 얼핏 보기에는 어떤 해결 방안도 없는 것 같다. 이 해결 방안은 오직 인간의 동의에서 나올 수 있다. 그리고 인간 스스로 인접한 것보다 먼 것을 536 선택할 수 있는 역량이 없다면, 자신들에게 (자신들과 거리가) 먼 것을 선택하도록 강요하며 자신들의 자연적 원리와 성향에 현저하게 모순되는 것에는 인간이 설고 동의하지 않을 것이다. 이런 수단을 선택한 사람은 모두 그런 목적을 선택한다. 그리고 우리가 (우리와) 거리가 먼 것을 선택한다면, 우리는 그런 방식으로 행동하도록 강요한 필연성을 따를 수도 없다.

그렇지만 여기서 주목할 수 있듯이, 인간 본성의 이런 허약성은 그 자체에 대한 치료제로 되며, 우리가 (우리와 거리가) 먼 것을 무시하는 것에 대비하는 것은 그처럼 무시하는 것에 대한 우리의 자연적 성향에서 유래될 뿐이다. 우리가 거리 먼 대상들을 생각하면, 그 대상들의 조그만 구별들은 모두 사라지고, 우리는 그 대상의 상황이나 여건을 고려하지 않고 그 대상 자체에서 바람직한 것만 언제나 선호하게 된다. 이런 일은 이른바 부적절한 의미의 **이성**을 유발하는데, 이 이성은 그 대상과 가까워짐에서 드러나는 성향들과 자주 상충되는 원리이다. 내가 지금부터 20개월 동안 수행할 행동을 되새겨 보면, (지금) 더 선한 것이 앞으로 나와 거리가 멀든 가깝든 간에 나는 늘 그것을 선택하기로 결심할 것이다. (그 대상에 발생할) 미래의 어떤 차이도 지금 나의 의도와 결심에 결코 영향을 줄 수 없다. 최종 결정에 대한 나의 거리 때문에 (그 대상에 발생할) 미세한 차이는 사라지며, 나는 선악에 대한 일반적이고 식별할 수 있는 성질들 외에 어떤 것에도 영향을 받지 않는다. 그러나 내가 (그 대상에) 좀 더 가까워지면 처음에 내가 간과했던 여건들이 드러나기 시작하며, 나의 행동 양식과 감정에 영향을 미친다. 현재의 선에 대한 새로운 성향이 솟아나서 마침내는 최초의 목적과 결심을 변함없이 고수하기 어렵게 된다. 나는 이 자연적 허약함을 대단히 유감스러워할 수도 있고, 가능한 모든 수단을 통해 이 허약함에서 벗어나기 위해 노력할 수도 있을 것이다. 나는 한가롭게 연구하며 반성하는 데 의지할 수도 있고, 친구의 조언을 구할 수도 있으며, 잦은 명상과 거듭 결심하는 데 의존할 수도 있을 것이다. 그리고 이 모든 것들이 아무 효과 없537 다는 것을 경험한 다음, 나는 나 스스로 절제하여 이 허약함을 방어할 수 있을 법한 그 밖의 방책을 유쾌하게 받아들일 수도 있을 것이다.

그러므로 유일한 어려움은 이 방책을 발견하는 일인데, 이 방책을 통해 인간은 자신의 자연적 허약함을 치료하여, 가까운 것을 먼 것보다 선호하는 자신의 격렬한 성향에도 불구하고 정의와 공정의 법칙을 준수하는 필연성 아래 존립한다. 이 불법적 성향을 바로잡지 않고는 그와 같은 해결 방안도 결코 효과가 없음은 명백하다. 우리 본성에 본질적인 (material) 것을 변화시키고 바로잡기는 불가능하다. 따라서 우리가 기껏 할 수 있는 것은 우리 주변의 여건과 상황을 변화시키고, 정의의 법칙을 준수하는 것이 우리와 가장 가까운 이익이 되도록 하며, 정의의 법칙을 위배하는 것이 우리와 가장 거리가 먼 이익이 되도록 하는 것 등이다. 그러나 모든 인간의 경우에 이것도 실현 불가능하므로, 정의의 실천에서 직접 이익을 얻는 소수의 인간에게만 있을 수 있는 일이다. 이 소수의 사람들은 이른바 행정관(civil magistrates)들 및 왕과 그의 각료, 통치자나 지배자 등인데, 이 사람들은 대부분의 국사에 대해 중립적(indifferent)이므로 불의의 행동에서 전혀 이익을 얻지 못하든가 이익과 거리가 멀다. 그리고 이런 사람들은 사회에서 현재 자신들의 조건과 직분에 만족하므로 사회를 유지하는 데 필수적인 정의가 실행될 때마다 이익을 얻는다. 그렇다면 시민 정부와 (이 정부의 통치에 대한) 충성* 등의 기원은 여기에 있다. 인간은 발등에 불이나 11는 영혼의 옹색함을 자신에게서나 다른 사람에게서 근본적으로 치료할 수 없다. 인간은 자신의 본성을 변화시킬 수 없다. 인간이 기껏 할 수 있는 것이라고는 자신들의 상황을 변화시켜 정의(의 규칙)을 준수하는 것이 당사자들의 직접적 이익이 되도록 하고, 정의의 규칙을 위반하는 것이 위반자들의 이익과 거리가 멀노록 하는 것 등이다. 그러면 이 사람들은 자신들의 행동 방식에서 이 규칙을 지키고자 하는 마음이 생길 뿐만 아니라, 다른 사람들도 이와 같은 규칙을 따르도록 하며 사회 전반에 공정의 명령을 집행할 마음이 생긴다. 그리고 필요하다면, 그들은 정의를 실행하는 데에 다른 사람들이 더욱더 직접적으로 관여하도록 할 수도 있으며, 자신들이 통치하는 것을 돕는 수많은 문무 공무원을 임용할 수도 있다.

그렇지만 정의의 실행은 (통치하는 것의) 주요 장점이기는 하지만, 538 통치의 유일한 장점만은 아니다. 격렬한 정념은 인간이 다른 사람들에 대해 공정하게 행동함으로써 얻는 이익을 뚜렷이 볼 수 없도록 만들기 때문에, 공정 자체를 볼 수 없도록 만들고 인간에게 자기편에 대한 중대한 편파성을 낳는다. 이런 폐단은 위에서 언급한 것과 동일한 방식으로 교정된다. 정의의 법칙을 실행하는 사람들은 그 법칙에 관한 모든 논쟁도 해결할 것이다. 정의의 법칙을 실행하는 사람들은 사회의 거의 대부분에 대해 중립적(indifferent)이므로, 모든 사람이 각자 자신의 입

---

* 수고의 '충성'이 초판에서는 '사회'로 표기되어 있다 - 자구에 대한 주석.

장에서 그 논쟁을 해결하는 것보다 훨씬 공정하게 해결할 것이다.

　정의의 **실행**과 **판결** 등 이 두 가지 장점을 통해 인간은 자기 자신의 허약함과 정념에 대해서와 마찬가지로 다른 사람의 허약함과 정념에 대한 보호 장치를 획득하며, 통치자의 보호 아래에서 사회의 쾌적함과 상호 조력을 편안히 향유하기 시작한다. 그러나 정부는 복지적(benefi-cial) 영향력을 더욱 확대하며, 인간이 상호 이익을 위해 만든 이 묵계 안에서 인간을 보호하는 데 만족하지 않고, 때로는 인간이 그와 같은 묵계를 만들도록 강요하며, 인간이 공동의 목표나 목적을 위해 공조함으로써 그들 자신의 이득을 추구하도록 강요한다. 인간 본성의 성질 가운데 우리 행동 양식에 가장 치명적인 실수를 일으키는 원인이 되는 것은 우리가 거리가 멀고 막연한 것보다 당면한 것을 무엇이든 선택하도록 유인하는 성질이며, 우리가 대상을 그 내재적 가치보다는 (우리와) 대상의 관계(situation)에 따라 욕구하도록 만드는 성질이다. 두 이웃은 자신들의 공동 소유인 목초지의 물을 빼내는 데 호응(agreement)할 수 있을 것이다. 두 사람이 서로의 마음을 아는 것은 쉽고, 각자 자기 몫(의 일)을 하지 못했을 때의 직접적인 결과는 그 계획 전체를 포기하는 것임을 틀림없이 지각하기 때문이다. 그러나 사람 1,000명이 그와 같은 행동에 호응하기는 아주 어렵고 사실상 불가능하다. 사람 1,000명이 아주 복잡한 계획에 협동하기는 어렵고 그 일을 실행하기는 더욱 어렵기 때문이다. 반면에 각자는 자신이 수고하지 않고 비용도 부담하지 않기 위한 구실을 찾고, 그 부담을 몽땅 다른 사람에게 지우려 들 것이다. 정치적 사회는 이 두 폐단을 모두 쉽게 치료한다. 행정관들은 그 신민 대부분의 이익에서 (자신의) 직접적 이익을 발견한다. 행정관들은 이 이익을 증진하기 위한 계획을 구상하면서 자신들 이외에 누구의 조언도 구할 필요 없다. 그 계획을 실행하면서 한 부분의 실패는 직접적

539

연관은 없다고 하더라도 전체의 실패와 연관되므로, 그들은 이 부분의 실패도 방지한다. 그 실패가 직접적이든 거리가 멀든 간에 그들이 실패에서 이익을 찾을 수 없기 때문이다. 따라서 그들은 다리를 세우고, 항구를 개방하며, 성벽을 돋우고 운하를 건설하며, 함대를 갖추고 군대를 훈련시킨다. 모든 인간적인 약점에 얽매인 사람들로 구성되었지만, 상상할 수 있는 가장 세련되고 가장 정교한 발명품 가운데 하나인 정부의 배려를 통해 온 천하가 하나의 공동체(a composition)로 되는데, 이 공동체는 인간적인 모든 약점을 어느 정도 극복한 것이다.

제8절 충성의 기원에 관하여

정부가 아주 유익한 발명품이고 어떤 여건에서는 인류에게 절대적으로 필요하다고 하더라도, 모든 여건에서 정부가 필요한 것은 아니며, 인간이 정부와 같은 발명품에 의존하지 않고 사회를 잠시도 유지할 수 없는 것은 아니다. 언제나 인간이 거리가 멀고 막연한 이익보다는 눈앞의 이익을 선택하는 성향이 크다는 것은 사실이다. 인간은 자신이 즉각 향유할 수 있을 법한 이득의 유혹을, 멀리 보면 악이라는 것을 염려하더라도, 뿌리치는 것이 쉽지 않다. 그러나 사회가 발달하지 못했을 때 늘 그런 것처럼 소유물과 삶의 쾌락이 드물고 가치가 거의 없는 경우에는 이 허약함이 거의 드러나지 않는다. 인디언은 다른 사람에게서 그의 오두막을 빼앗거나 그의 활을 훔칠 생각을 거의 하지 않는다. 모두 같은 것을 이미 가지고 있기 때문이다. 그리고 사냥이나 고기잡이에서 어떤 사람이 다른 사람보다 더 운이 좋을 수도 있는데, 이런 일은 우연적이고 일시적일 뿐이며, 사회를 혼란시키는 경향도 거의 없다. 내 생각은 인간이

궁극적으로 무정부 사회(society without government)를 만들 역량이
없다고 주장하는 철학자들과 거리가 먼데, 나의 주장은 동일한 사회의
사람들 간의 투쟁이 아니라 서로 다른 사회의 사람들 간의 투쟁에서 정
부의 최초 흔적이 발생한다는 것이다. 부의 수준이 낮은 경우는 동일한
사회의 사람들 간의 투쟁이 되기에 필수적이라기보다는 서로 다른 사
회의 사람들 간의 투쟁이 되기에 충분하다. 인간은 공식적인 전쟁과 폭
력에서 그들이 직면한 저항 이외에는 아무것도 두려울 게 없는데, 인간
은 이 저항을 공유하기 때문에 덜 두려워하는 것 같다. 또 그런 저항은
낯선 사람에게서 유래하는 것이기 때문에, 사람은 (평화적으로) 교류
하는 것이 자신에게 이득이 되는 사람에게 각자 (적대적으로) 노출되
고 자신의 사회 없이는 자신이 생존할 수 없을 때보다는 공식적인 전쟁
과 폭력의 결과를 그다지 파괴적이지 않다고 여긴다. 그런데 외국과의
전쟁은 무정부 사회에 필연적으로 내전을 일으킨다. 사람들에게 적지
않은 재화를 던져주었을 때, 사람들은 곧 투쟁을 시작하며, 게다가 각
자는 자신에게 만족스러운 것을 얻기 위해 애쓰지만 그 결과를 전혀 고
려하지 않는다. 외국과의 전쟁에서는 재산과 생명과 신체가 모두 아주
위태롭고, 사람들은 저마다 위태로운 자리를 피하며 가장 좋은 무기를
움켜쥐고 타격을 가장 적게 입기 위한 빌미를 찾는다. 따라서 사람들이
냉정하기만 하면 충분히 지킬 수 있는 사회 규칙*도 사람들이 동요에
처하면 더 이상 효력을 가질 수 없다.

　　우리는 **아메리카** 부족들에게서 이런 사실을 확인할 수 있는데, 족장
이 권위의 배경(shadow of authority)을 향유하는 전시를 제외하면 사
람들은 확립된 정부 없이도 화기애애하게 살아가지만 자기 동료들 중

540

＊ 수고의 '사회 규칙' 은 초판에서 '법률' 로 표기되어 있다 – 자구에 대한 주석.

누구에게도 순종하지 않는다. 사람들이 전장에서 복귀하고 이웃 부족과의 평화가 정착된 다음에는 족장도 그 권위의 배경을 상실한다. 그렇지만 전리품이나 거래 또는 우연적인 발명 때문에 사람들이 평화와 정의를 유지하면서 얻는 이익을 매번 망각하도록 만들 정도로 그들의 부와 소유물이 많아지면, 이 권위는 그 사람들에게 정부의 장점을 일깨워주고 정부에 의존해야 하는 것을 가르쳐 준다. 따라서 우리는 무엇보다도 정부가 처음에는 군주제로서 어떤 (정치 제도의) 혼합이나 변형(된 정치 제도가) 없는 데 대해서, 그리고 공화제는 오직 군주제의 오용과 선세석 권력 능에서 발생하는 데 대해서 그럴듯한 이유를 제시할 수 있

541 을 것이다. 촌락 공동체(camps)가 도시 국가(cities)의 참된 모태이다. 그리고 모든 긴급 사태의 돌발성 때문에 일인의 권위 없이는 전쟁을 치를 수 없으므로, 이와 같은 종류의 권위는 군대를 계승하는 시민 정부에서 자연히 발생한다. 그리고 한 가족에게서 발생하여 가족 구성원들이 단 한 사람의 통치에 익숙해진 것이라고 하는 가부장의 권위(authority of a father)나 족장 정부 등으로부터 (군주제를) 일상적으로 추리하는 것보다는 (전쟁과 같은 긴급 사태의 돌발성에서 군주제의 발생을) 추리하는 것이 더 자연스럽다고 생각한다. 무정부 사회 상태는 인간의 가장 자연적인 상태 가운데 하나이며, 많은 가족들이 결부되어 처음 발생한 이후로 오래도록 존속되었을 것이다. 오직 부와 소유물의 증가로 인간은 무정부 사회 상태를 단념할 수밖에 없었을 것이다. 그리고 모든 사회는 처음 형성될 때 야만적이고 미개하므로, 평화와 화합을 향유하는 사람들을 혼란에 빠트릴 정도로 부와 소유물이 증가하려면 숱한 시간이 지나야 한다.

그렇지만 인간이 정부 없는 조그만 자연적(uncultivated) 사회를 고수할 수도 있겠지만, 소유의 안정성과 동의에 의한 소유의 이전 그리고

약속의 수행 등과 같은 세 가지 기초적 (자연)법을 준수하지 않거나 정
의가 없는 사회는 어떤 종류의 사회라도 고수할 수 없다. 따라서 정의
와 세 가지 기초적 (자연)법을 준수하는 것은 정부보다 앞서며, 시민
행정관(civil magistrates)에 대한 충성의 의무를 고려하기에 앞서 (정
부에 대해) 책임을 부과하는 것으로 상정된다. 오히려 나는 더 나아가
서 다음과 같이 주장하겠다. 즉 우리는 **정부가 처음 수립되었을 때 정부
의 책임이 자연법들*에서, 특히 약속 수행의 법에서 나오는 것으로 상
정하는 것은 자연스럽다.** 인간이 평화를 유지하고 정의를 실행하기 위
해 정부의 필요성을 일단 지각했다면, 인간은 자연히 함께 모여 행정관
을 선출하고 그 행정관의 권한을 결정하며, 행정관에게 복종을 약속할
것이다. 우리는 약속을 이미 사용 중인 약정(bond)이나 보장(security)
이며 도덕적 책임이 따르는 것이라고 상정하므로, 약속을 정부의 근원
적 재가(sanction)로 간주하며, 또 복종에 대한 최초 책임의 원천으로
542 간주한다. 이 추론은 아주 자연스럽게 여겨지므로, 정치학에 대한 현대
체계의 기초로 되었으며, 어떤 의미에서는 자기 사상의 자유와 자기 철
학의 심오함을 당연히 자랑하는 우리들 사이에서는 정당의 신조이다.
그런 사람들에 따르면, 모든 인간은 자유롭고 평등하게 태어났으며, 정
부와 상위 계급(superiority)은 동의를 통해 확정된다. 인간은 정부를 수
립할 때 자연법으로는 알 수 없는 새로운 책임을 동의를 통해 정부와 상
위 계급에게 부과한다. 그러므로 인간은 자신들의 행정관에게 복종할 수
밖에 없는데, 그 이유는 단지 인간이 행정관에 대한 복종을 약속했다는
것뿐이다. 그리고 인간이 명시적으로든 묵시적으로든 간에 충성을 다짐하
는 말을 하지 않았다면, 행정관에 대한 충성이 결코 도덕적 의무의 일부

---

* 옮긴이 주 기초적인 세 가지 자연법을 가리킨다.

로 될 수는 없었을 것이다. 그렇지만 이런 결론이 모든 시대와 상황 속에서 정부를 파악하는 데까지 미치면, 전적으로 잘못이다. 그리고 내가 주장하는 바는 다음과 같다. 즉 충성의 의무는 처음에 약속에 대한 책임과 융합되어 일정 기간 동안 약속에 대한 책임 때문에 유지되지만, 이 충성의 의무는 곧* 뿌리내리고 모든 계약과 독립적인 고유의 책임과 권위를 갖는다. 이것은 중요한 원리인데, 우리는 더 논의를 더 진행하기 전에 이 원리를 조심해서 주의 깊게 살펴보아야 한다.

정의를 자연적 덕이며 인간의 묵계보다 앞선다고 주장하는 철학자들이 모든 시민석 충성을 약속에 대한 책임으로 몰아붙이고, 단지 우리 자신의 동의 때문에 우리가 행정 관료들에게 복종할 수밖에 없다고 주장하는 것은 당연하다. 모든 정부는 인간의 발명품이며, 우리는 정부의 대체적 기원을 역사를 통해 알 수 있다. 따라서 우리의 정치적 책임 (즉 충성과 복종의 의무)가 도덕성의 자연적 책임을 갖는다고 주장하려면, 정치적 책임의 기원을 알기 위해 우리는 좀 더 (역사를 거슬러) 올라가야 한다. 그러므로 이 철학자들은 곧 사회가 인류만큼이나 오랜 역사를 가지며(antient), 자연의 세 가지 기본법도 사회만큼이나 오랜 역사를 갖는다는 사실에 주목한다. 따라서 이 철학자들은 세 가지 기본적 자연법의 오랜 역사와 모호한 기원을 이용하여 먼저 이 세 가지 자연법이 인간의 인위적이고 자발적인 발명품이라는 점을 부정한 다음, 인위적임이 더욱 분명한 그 밖의 의무들에다 이들 기본적 자연법을 접목하고자 한다. 그렇지만 우리는 바로 이런 점에서 일단 잘못을 깨닫고 시민적 정의와 마찬가지로 자연적 정의도 그 기원이 인간의 묵계라는 점을

543

---

* 초판에서는 '충성에 대한 의무는 곧' 이지만, 초판을 수정한 수고에서는 '정부의 장점이 알려지고 인정되자마자 즉각' 으로 되어 있다– 자구에 대한 주석.

발견하면, 곧 다음과 같은 사실을 지각하게 된다. 즉 이 (세 가지) 자연 법들 자체가 이익과 인간의 묵계에 기초를 두고 있는 한, 그 자연법들 에서 정치적 의무에 대해 이익과 인간의 묵계보다 강한 기초를 찾는 것 과 자연적 정의를 시민적 정의로 몰아붙이는 것 등이 아주 부질없다. 우리는 이 주제를 모든 측면에서 살펴보면 곧 이 두 종류의 의무가 정 확히 동일한 지반을 가지며, 그 의무의 **최초 발명**과 **도덕적 책임**에서도 동일한 기원을 갖는다는 점을 발견할 것이다. 이 두 종류의 의무는 유 사한 폐단들을 치유하기 위해 발명되었으며, 이 폐단을 치료하는 것과 같은 방식으로 도덕적 재가를 얻는다. 우리는 이 두 논점을 가능한 한 분명히 증명하기 위해 노력할 것이다.

　지금까지 우리가 이미 밝혔듯이, 인간은 서로의 생존을 위해 사회의 필요성을 깨달았을 때, 그리고 자신들의 자연적 욕망을 어느 정도 절제 하지 않고는 함께 화합할 수 없다는 것을 알았을 때 세 가지 기초적 자 연법을 **발명했다**. 따라서 인간을 서로 다른 사람에게 아주 옹색하도록 만드는 자기애는 새롭고 편리한 방향을 택함으로써 정의의 규칙을 산 출하며, 정의의 규칙을 준수하는 제1동기이다. 그런데 인간이 정의의 규칙은 사회를 유지하기에 충분하지만 인간 스스로 거대하고 세련된 사회에서 이 규칙을 준수할 수 없다는 것을 깨달았을 때, 인간은 자신 들의 목적 달성을 위한 새로운 발명품으로서 정부를 수립하고, 정의를 더욱 엄격히 실행함으로써 원래의 이득(the old)을 보존하거나 새로운 이득을 얻는다. 그러므로 인간의 **시민적** 의무가 **자연적** 의무와 결부되 는 한, 주로 시민적 의무는 자연적 의무를 위해 발명된 것이고, 정부의 주요 목표(object)는 인간이 자연법들을 준수하도록 제한하는 것이다. 그렇지만 이런 관점에서 약속 수행에 관한 자연법은 그 밖의 자연법들 과 함께 성립될 뿐이다. 그리고 약속 수행이라는 자연법을 정확히 준수하는 것은 정부 제도의 결과로 간주되며, 정부에 대한 복종이 약속에 대한 책임의 결과로 간주되지 않는다. 우리 시민적 의무의 목표 544 (object)는 우리의 자연적 의무를 강제하는 것이라고 하더라도, 시민적 의무와 자연적 의무 등의 수행과 마찬가지로 그 의무를 발명하게 된 제 1동기[9]는 자기 이익(self-interest)일 뿐이다. 그리고 정부에 대한 복종에는 약속을 수행하는 데에서 얻는 이익과는 별도의 이익이 있으므로, 우리는 약속 수행의 책임과는 별도의 책임을 인정할 수밖에 없다. 시민 행정관(civil magistrates)에게 복종하는 것은 사회의 질서와 화합을 유시하는 네 필수석이다. 약속을 수행하는 것은 공동 생활사에서 서로에 대한 신뢰와 확신을 낳는 데 필수적이다. (정부의 목적과 시민적 의무의) 목적은 그 수단과 마찬가지로 완전히 다르다. 그리고 (정부의 목적이 시민적 의무의 목적 가운데) 하나에 결코 종속되지 않는다.

이런 사실을 더욱 명확히 하기 위하여 다음과 같은 점을 살펴보자. 종종 인간은, 약속과는 무관하게, 수행하는 것이 자신에게 이익이 될 법한 것을 약속을 통해 수행할 것을 맹세할 수도 있다. 예를 들면, 인간이 자신들은 이미 보장받았던 것에 (다른 사람의) 이익에 대한 (자신들의) 새로운 책임을 추가함으로써 다른 사람에게 더욱 충분한 보장을 제공하는 경우이다. 약속 수행의 도덕적 책임은 제쳐 두고라도, 약속을 수행함으로써 얻는 이익은 일반적이고, 공인되며, 삶에서 극히 중요하다. (약속을 수행함으로써 얻는 이익에 비해) 그 밖의 이익은 더욱 개별적이고 의심스러울 수도 있고, 우리는 사람들이 이 이익과 상반되게 행동하는 가운데 자신의 정취와 정념을 만족시키거나 않을까라는 의구심을 더욱 강하게 품는 경향이 있다. 따라서 약속은 여기서 자연적으로

---

9) 시간적으로 제1동기이지, 존엄성과 힘에 있어서 제1동기는 아니다.

역할을 하게 되고, 더욱 충분한 만족과 보장을 위해 약속이 필요한 경우가 많다. 그러나 (약속 수행에서 얻는 이익) 이외의 이익을 일반적이라고 가정한다면, 또 그 이익을 약속 수행에서 얻는 이익과 마찬가지로 공인된 것으로 가정한다면, 이런 이익도 (약속 수행에서 얻는 이익과) 동일한 지반 위에 있는 것으로 간주될 것이고, 사람들은 이런 이익도 약속 수행에서 얻는 이익과 똑같이 확신하기 시작할 것이다. 그런데 이것은 정확히 시민적 의무나 행정관에 대한 복종 따위의 경우이다. 시민적 의무나 행정관에 대한 복종이 없다면 정부는 결코 유지될 수 없고, 한쪽에는 엄청난 소유물이 있고 다른 쪽에는 실질적이든 가상적이든 간에 엄청난 욕망(wants)이 있는 거대 사회에서 평화와 질서는 결코 지속될 수 없다. 따라서 우리의 시민적 의무는 곧 우리의 약속과 분리되어 별도의 힘과 영향력을 획득할 수밖에 없다. (시민적 의무와 약속의 책임.) 어느 경우든 그 이익은 실제로 동일한 종류이며, 공인된 것이고 동서고금을 지배했다. 그렇다면 시민적 의무의 근거가 약속의 책임에 있다고 추리할 만한 빌미는 전혀 없고, 게다가 시민적 의무와 약속의 책임은 각자 고유의 기초가 있다. 우리는 아마 충성의 책임과 마찬가지로 다른 사람의 소유물을 탐하지 않아야 하는 책임을 약속의 책임으로 돌릴 수도 있을 것이다. 이익은 약속의 책임에서와 마찬가지로 다른 사람의 소유물을 탐하지 않는 책임에서도 구별된다. 복종이 시민 사회나 정부에 필수적인 만큼 소유권에 대한 존중은 자연적 사회에서 필수적이다. 시민 사회가 인간의 복지와 행복에 필수적인 만큼 자연적 사회도 인류의 존재에 필수적이다. 요컨대 약속 수행이 이득이라면, 정부에 대한 복종도 이득이다. 약속 수행의 이익이 일반적이라면, 정부에 대한 복종의 이익도 일반적이다. 약속 수행의 이익이 명백하고 공인된 것이라면, 정부에 대한 복종의 이익도 그와 마찬가지이다. 이 두 규칙의 기초는 이익에 대해서 유사한 책임들(like obligations of interest)에 있다. 따라서 이 규칙들은 각각 서로 무관한 고유의 권위를 갖는다.

　그러나 약속과 충성에서 이익들에 대한 **자연적 책임**(*natural* obligations of interest)들만이 구별되는 것이 아니라. 명예와 양심에 대한 **도덕적 책임**들도 구별된다. 이익에 대한 자연적 책임들의 가치나 허물은 명예와 양심에 대한 도덕적 책임의 가치나 허물에 전혀 의존하지 않는다. 그리고 실제로 우리가 자연적 책임과 도덕적 책임 사이에 있는 밀접한 연관을 생각하면, 이와 같은 결론을 완전히 피할 수 없다는 것을 발견힐 것이나. 우리는 언제나 행정관(magistracy)에 대한 복종에서 이익을 보장받는다. 그리고 사회의 평화와 질서를 유지함으로써 얻는 막연한 이익(remote interest)을 간과하고 우리가 모반하도록 부추길 수 있는 것은 오직 눈앞의 큰 이익뿐이다. 그렇지만 눈앞의 이익 때문에 우리가 자신의 행동에 대해 생각하지 못할지라도, 다른 사람의 행동에 대해 생각지 못하는 것은 아니다. 그리고 눈앞의 이익 때문에 다른 사람들의 행동들이 공공의 이익, 특히 우리 자신의 이익*에 아주 불리한 진면목을 드러내지 못하는 것은 아니다. 이런 사실 때문에 우리는 선동적이고 불충한 행동에 대해 자연히 거북함을 느끼고, 그리고 우리는 그런 행동에다 부덕과 도덕적 흉 따위의 관념을 붙인다. 바로 이 원리 때문에 우리는 모든 종류의 사적인 불의, 특히 약속 위반에 대해 거부한다. 우리는 인간 교류의 자유와 범위는 전적으로 약속과 관련된 성실성에 의존한다고 생각하기 때문에 모든 배반과 배신을 비난한다. 소

546

---

*　흄은 초판의 '공공의 이익, 특히 우리 자신의 이익'을 초판을 개정한 수고에서 '우리 자신의 이익, 또는 적어도 우리가 공감을 통해 관여하는 공공의 이익'으로 대체했다 – 자구에 대한 주석.

유의 안정성, 동의에 의한 소유 이전 그리고 약속 수행 따위에서, 우리
는 정부에 대해 복종하지 않고는 정의가 실행될 수 없다는 점을 지각하
기 때문에 행정관에 대한 모든 불충을 비난한다. 여기에는 서로 전혀
다른 두 가지 이익이 있기 때문에 두 가지 도덕적 책임이 발생할 수밖
에 없는데, 이 도덕적 책임들 역시 각각 별개이며 서로 무관하다. 세상
에는 약속과 같은 것이 전혀 없다고 하더라도, 거대한 문명사회에는 정
부가 필요할 것이다. 그리고 약속이 고유의 책임을 갖는다고 하더라도
정부가 별도로 약속을 재가하지 않는다면, 이와 같은 사회에서 약속의
효력은 거의 없을 것이다. 이것은 공적인 의무와 사적인 의무의 범위를
분리하여, 공적인 의무가 사적인 의무에 종속되는 것보다 더 사적인 의
무가 공적인 의무에 종속된다는 것을 보여 준다. 충성에 도덕성을 한층
더하고 모든 모반에 더욱 큰 죄와 불명예의 낙인을 찍는 데에는 **교육과
정치적 책략**이 공조한다. 정치가가 자신의 이익이 특히 관심사인 경우
에는 이런 사상을 주입하느라고 열성을 다하는 것은 당연하다.

　나는 이 논변들이 전적으로 결정적이라고 생각하지만 혹시 다른 사
람들이 그렇게 생각하지 않을까 싶어서, 권위에 호소하고 또 인류의 보
편적 동의를 통해 정부에 대한 복종의 책임이 신민들(subjects)의 약속
에서 유래되지 않는다는 점을 증명할 것이다. 어느 누구도 놀랄 필요
없겠지만, 나는 비록 오랫동안 순수 이성을 기초로 나의 학문 체계를
정립하려고 노력했고 어떤 항목에서도 심지어 철학자나 역사가의 판단
을 인용한 적이 거의 없다고 하더라도, 나는 이제 대중의 권위에 호소
하며 구경꾼들의 소감을 철학적 추론에 대비시켜야 하겠다. 도덕적 선
악을 구별하는 기초는 쾌락과 고통에 있으며, 이 쾌락과 고통은 소감과
성격을 조망한 결과이다. 쾌락과 고통을 느끼는 사람은 그 고통과 쾌락
을 모를 수 없으므로, 성격에는 만인이 그 성격에서 판정한 만큼의 부

제2부 정의와 불의   141

덕과 덕이 있으며, 바로 이런 점 때문에 우리가 결코 실수할 수 없다.[10] 그리고 부덕과 덕의 기원에 관한 우리 판단이 부덕과 덕의 정도에 관한 판단만큼 확실한 것은 아니더라도, 이 경우의 문제는 책임의 철학적 기원에 관한 것이 아니라 명백한 사실에 관한 것이므로 우리가 (이 문제에서) 어떻게 실수를 저지를 수 있는지 쉽게 알 수 없다. 자신이 다른 사람에게 일정 금액의 부담을 지고 있다는 점을 인정하는 사람은 그 부담이 자신의 채무 증서인지 자기 아버지의 채무 증서인지, 또 그 돈이 단지 다른 사람의 호의인지 아니면 자신이 빌린 돈인지, 그리고 자신이 어떤 조건에 저해 있으며 어떤 목적에 매달려 있는 것인지 등을 확실하게 아는 것이 틀림없다. 마찬가지로 정부에 복종하는 도덕적 책임이 있다는 것은 모든 사람이 그렇게 생각하기 때문에 확실하므로, 이 책임도 약속에서 발생하는 것이 아니라는 점도 틀림없이 확실하다. 어떤 철학 체계에 지나치게 집착함으로써 자신의 판단이 흐려지지 않은 사람은 어느 누구도 이 책임의 기원이 약속이라고 생각해 본 적이 결코 없다. 행정관이나 신민들 가운데 어느 누구도 시민 의무에 대한 이런 관념을 형성해 본 적이 없다.

우리가 알듯이, 행정관들은 자신들의 권위 및 (자신들에 대한) 신민들의 복종 책임 따위를 약속이나 근원적 계약에서 도출하기는커녕, 자신들의 인민, 특히 교양을 갖추지 못한 사람들에게 될 수 있는 대로 자신들의 권위 및 신민들의 복종 책임 따위의 기원이 약속이나 근원적 계

---

10)   단지 소감을 통해 결정되는 성질에 관해서는 이 명제가 엄밀하게 고수되어야 한다. 우리는 어떤 의미에서 도덕과 수사법 또는 아름다움 등에서 **옳은** 취향 또는 **그른** 취향이라고 말할 수 있는지 다음에 살펴볼 것이다. 그동안 인류의 **일반적** 소감에는 이와 같은 물음을 거의 하찮도록 만들 정도의 제일성이 있다는 점을 살펴보아도 좋을 것이다.

약에 있다는 점을 은폐한다. 이것이 (즉 약속이나 근원적 계약이) 만일 정부 재가(의 기원)이라고 하면, 우리의 통치자는 최대한의 핑계거리가 될 수 있는 그와 같은 기원을 묵시적으로 받아들이지 않는다. 묵시적이고 눈에 띄지 않게 주어진 것은 결코 명시적이고 개방적으로 수행된 것만큼 인류에게 영향을 미칠 수 없기 때문이다. 무언의 약속은 의지가 언어라는 기호보다 더 범위가 넓은 다른 기호로 표현되는 경우이

548 다. 그렇지만 여기서의 의지는 무언의 약속 안에 틀림없이 존립하고, (그 약속이) 제아무리 묵시적이라고 하더라도 주의를 기울이는 사람의 눈길을 벗어날 수 없다. 그러나 당신이 거의 대부분의 국민에게 그들이 자신들 통치자의 권위에 동의한 적이 있는지 또는 자신들 통치자에게 복종하기로 약속한 적이 있는지 묻는다면 그들은 당신을 아주 이상한 사람이라고 생각하기 쉽고, (그들은) 국사란 동의에 의존하는 것이 아니고 자신들이 그와 같은 복종을 타고났다고 대답할 것이 확실하다. 이런 의견의 귀추에서 우리가 흔히 볼 수 있듯이, 비록 사람들이 결코 그와 같은 복종의 약속을 거의 할 수 없었던 아득한 시대이겠지만, 그런 시대의 사람들은 아무리 어리석은 사람이라도 자발적으로 선출하지 않았을, 그리고 당시에는 어떤 힘과 권위도 없는 사람을 자신들의 자연적 통치자(natural rulers)라고 상상한다. 이것은 오직 그들이 과거부터 지배당한 혈통이고 세습된 신분을 갖기 때문이다. 그렇다면 그 시대 사람들은 정부에 결코 동의하지 않았기 때문에, 또 그와 같이 (통치자를) 자유롭게 선출하려는 시도를 월권(arrogance)과 경건하지 못한 것으로 간주하지 않았을 것이기 때문에, 그 정부는 그 사람들에 대한 권위가 없는 것인가? 경험을 통해 우리가 알듯이, 정부가 이른바 모반과 반역이라는 것 때문에 그 사람들을 아주 마음대로 처벌하는데, 이 (이론) 체계에 따르면 그와 같은 정부는 공동의 불의에 빠진다. 만일 당신이

그 사람들은 (해당) 정부의 영토에 거주하기 때문에 사실상 수립된 정부에 동의했다고 말하면, 나는 다음과 같이 대꾸하겠다. 즉 이런 일은 그 사람들이 국사가 자신들의 선택에 달려 있다고 생각하는 경우에만 있을 수 있고, 이런 철학자들을 제외하면 그렇게 상상했던 사람은 거의 없거나 전무하다. 모반자가 분별 있는 나이가 된 다음에 처음으로 한 행동이 국가의 주권자와 전쟁이라는 것과, 모반자가 유년기 동안 자신의 동의에 의해 (국가의 주권자에 대한 복종의) 의무를 질 수 없었고 성년(man)이 되어서도 자신이 한 첫 행동을 통해 자신에게 복종의 책임을 부과할 의노가 전혀 없었음을 분명히 보여 주었다는 것 등이 결코 그를 위한 변명거리가 되지 않는다. 이와 반대로 우리가 알듯이, 국내법은 우리의 동의 없이 저절로 당사자가 형사 처벌을 받는 나이, 즉 이

549 성을 충분히 사용하게 된 시점의 나이에도 이 범죄를 처벌한다. 반면에 국내법은 이 범죄에 대해 어쨌든 최소한 묵시적인 동의를 추측할 수 있는 겨를을 당연히 허용해야 한다. 우리는 여기에다 절대 정부 아래 살아가는 사람은 정부에 대한 충성의 의무가 없다는 사실을 덧붙이고 싶은데, 절대적 정부의 본성상, 그런 정부는 동의에 의존하지 않기 때문이다. 그러나 절대 정부도 여느 정부와 마찬가지로 **자연적이고 통상적**인 정부이므로 반드시 모종의 책임을 유발시킨다는 것은 확실하다. 그리고 경험으로 미루어 보건대 절대 정부의 지배를 받는 사람은 언제나 정부가 모종의 책임을 유발시킨다고 생각하는 것이 분명하다. 이런 사실은 우리가 대체로 (정부에 대한) 우리의 충성이 동의와 약속에서 유래된 것으로 보지 않는다는 데 대한 명백한 증거이다. 그리고 (여기에 대한) 또 다른 증거가 있는데, 우리가 어떤 속셈(account) 때문에 명시적으로 약속한 경우에 우리는 늘 두 가지 책임, (즉 정부가 유발한 책임과 약속 수행에 대한 책임)을 정확히 구별하며, 정부가 유발한 책임은

동일한 약속을 반복할 때보다는 우리가 책임 때문에 행한 약속에 더욱 힘을 더한다고 믿는다. 사람이 아무 약속도 하지 않은 경우에 그는 정부에 대한 복종의 의무를 저버렸기 때문에(upon account of rebellion) 사적인 문제에서 (약속을 지켜야 한다는 사회적인) 자신의 신의를 저버렸다고 생각하지는 않으며, 명예와 충성 등의 두 의무를 완전히 별개로 본다. 이 철학자들은 이 두 의무를 합일하는 것이 아주 정교한 (제도를) 발명하는 것이라고 생각하는데, 이것은 그와 같은 합일이 참된 (제도) 발명이 아니라는 데 대한 설득력 있는 증거이다. 어떤 인간도 자신이 모르는 약속을 할 수 없고, 또 그런 약속의 재가와 책임에 구속되지도 않기 때문이다.

제9절 충성의 척도에 관하여

정부에 대한 충성의 기원을 약속이나 근원적 계약에 호소했던 정치학자들은 전적으로 옳고 합리적인 원리를 확정할 의도를 가졌다. 그렇지만 이 정치학자들이 그 원리를 확정하기 위해 진력했던 추론은 현혹적이고 궤변적이다. 그들이 증명하고자 한 바는 정부에 대한 복종에도 예외가 있다는 점과, 통치자가 혹독한 폭정을 행할 때 신민들은 충성의 모든 굴레를 벗어나고도 남음이 있다는 점 등이다. 그 정치학자들의 말에 따르면, 사람은 자신의 자유롭고 자발적인 동의에 따라 사회의 (구성원이) 되며 정부에 복종하기 때문에 사람은 반드시 가시적인 이득을 거두어야 하는데, 사람은 사회에서 이 이득을 거두려고 하며 이 이득 때문에 자신의 천부적 자유를 느긋하게 양도한다. 그러므로 행정관이 (사람에게) 약속한 반대급부, 즉 보호와 안전 등이 있다. 행정관은 자신이 (사람들에게) 제공한 이런 이득에 대한 희망을 통해서 사람들이 자신에게 복종할 것을 언제나 설득할 수 있다. 그러나 사람들은 보호와 안전 대신 폭정과 억압에 직면하면, (모든 조건부 계약[conditional contracts]에서 발생하는 것처럼) 자신들의 약속을 파기하고 정부제도 이전의 자유 상태로 복귀한다. 결코 사람이 자기 자신의 처지에 대한 개선을 전혀 고려하지 않고 오직 다른 사람에게만 이득이 되는 약속에 참여할 정도로 어리석지 않을 것이다. 우리의 복종에서 어떤 소득을 꾀할 의도가 있는 사람은 누구든지 명시적으로든 묵시적으로든 자신의 권위에서 우리가 이득을 얻도록 하겠다고 약속해야 한다. 그런 사람은 자신의 역할을 수행하지 않고 우리가 늘 지속적으로 복종하리라고 기대해서는 안 된다.

거듭 주장하건데, 이 결론은 그 원리가 틀렸다고 할지라도 정당하다. 내 딴에는 바로 이 결론을 보다 더 합리적인 원리 위에 정립할 수 있다. 나는 우리의 정치적 의무를 확정함에 있어서 다음과 같은 우회로를 택하지 않겠다. 즉, 인간은 정부 (제도)의 장점을 지각하고 있으며, 이런 장점의 측면을 고려하여 인간은 정부를 수립하며, 이 제도는 복종의 약속을 요구하고, 이 복종의 약속은 어느 정도 도덕적 책임을 부과하지만 그 책임은 조건적 책임이기 때문에 계약 상대가 자신이 약속한 역할을 수행하지 않을 때에는 언제든지 구속력이 중단된다는 따위의 우회로를 택하지 않겠다. 내가 지각하기로는 약속 자체가 전적으로 인간의 묵계에서 발생하며, 어떤 이익을 고려하여 발명된 것이다. 그러므로 나는 정부와 직접적으로 결부된 이익에 대해 탐구하는데, 이 이익은 곧 정부 제도의 근원적 동기이자 우리가 정부에 복종하는 원천일 것이다. 나는 이 이익이 안전과 보호에 있는 것을 발견한다. 우리는 이런 이익을 정치적 사회에서 향유할 수 있으며, 우리가 완전히 자유롭고 독립

551 적일 때에는 결코 이런 이익을 획득할 수 없다. 그러므로 이익은 정부에 대한 즉각적인 재가이므로, 이익이 정부에 대한 재가보다 더 오래 계속될 수도 없다. 그리고 행정관이 자신의 권위를 유지할 수 없을 정도로 압제를 계속하면, 우리는 더 이상 그에게 복종할 의무가 없다. 원인이 중단되고, 그 결과 또한 반드시 중단된다.

우리가 충성해야 한다는 **자연적 책임**에 관한 한, 이 결론은 즉각적이고 직접적이다. **도덕적 책임**의 경우에 우리가 주목할 수 있듯이, **원인이 중단되면 결과 또한 반드시 중단된다**는 공리는 거짓일 것이다. 우리가 지금까지 자주 주목했던 인간 본성의 원리가 있기 때문인데, 이 원리는 인간이 **일반 규칙**에 강력하게 집착하며, 흔히 우리는 처음에 우리가 공리를 정립하게 되었던 근거들 너머로 그 공리를 확장한다는 것 등이다. 사례들이 많은 여건에서 유사한 경우에, 우리는 그 사례들이 가장 실질적인 여건에서 차이가 있고 또 그 사례들의 유사성도 실질적이라기보다는 피상적이라는 점을 고려하지 않고, 그 사례들이 같은 기초를 갖는 것으로 보는 경향이 있다. 그러므로 우리는 다음과 같이 생각할 수도 있을 것이다. 즉, 충성의 경우에 충성의 원인인 이익에 대한 자연적 책임이 중단되더라도 우리의 도덕적 책임은 중단되지 않을 것이다. 그리고 인간은 자신과 공공의 이익에 반하는 폭압적 정부에 대해 **양심**(con-science) 때문에 복종할 수밖에 없을 수도 있을 것이다. 그리고 일반 규칙들은 대체로 자신들의 기초가 되는 원리들 너머로 확장된다는 것이 인정되는 한, 또 일반 규칙의 예외들이 일반 규칙의 성질을 갖지 않고 아주 많은 공통의 사례에 기초를 두지 않으면 우리가 일반 규칙에 예외를 두는 경우가 드물다는 사실이 인정되는 한, 나는 이 논증의 위력에 굴복한다. 그런데 나는 이런 사실이 전적으로 지금의 경우라고 주장한다. 인간이 다른 사람의 권위에 복종한다면, 그것은 자신의 무법적 정념들과 자신의 눈앞의 이익 때문에 사회의 모든 법을 위반하기에 이르는 인간의 약점과 불의에 대해 안전을 확보하기 위해서이다. 그렇지만 이 불완전함은 인간 본성에 내재하므로 우리가 알고 있듯이, 어떤 상태와 처지에 있는 인간에게도 이 불완전함은 반드시 수반되며, 우리가 통치자로 선택한 사람도 자신의 우월한 능력과 권위에 따라 즉각 다른 인간보다 그 본성이 우월하게 되지는 않는다. 통치자가 정의를 실행하고 질서를 유지하는 데에서 더욱 직접적인 이익을 획득할 때, 우리가 통치자에게서 예측하는 것은 통치자의 본성이 변하는 데 달려 있는 것이 아니라 그들의 상황 변화에 달려 있다. 그렇지만 이런 점을 제쳐 두더라도 이 이익이 통치자의 신민들* 사이에 정의를 실현하는 데에서 더욱 직접적일 뿐이며, 또 이외에도 인간 본성의 불규칙성에서 우리가 흔히 예측할 수 있듯이 통치자들은 이 직접적 이익조차 무시하고 자신들의 (무법적) 정념 때문에 지나치게 잔혹한 행동과 공명심에 탐닉한다. 인간 본성에 대한 우리의 일반적 지식과, 인류의 과거 역사에 대한 우리의 고찰 및 현시대에 대한 우리의 경험 등을 통해 우리는 반드시 예외를 허용하게 되고, 우리는 어떤 죄나 불의를 저지르지 않더라도 지엄한 권력의 더욱 폭력적 결과에 저항할 수도 있을 것이라는 결론에 이를 수밖에 없다.

따라서 아마 우리가 주목할 수 있듯이, 이것이 인류의 일반 관습과 원리이며, 또 (지엄한 권력의 폭력적 결과에 대한) 구제책을 발견할 수 있는 국민은 어떤 국민도 폭군의 잔혹한 만행으로 고통을 겪지 않을 것이고, (폭군에게) 저항했다는 것 때문에 결코 비난받을 수 없다. 디오니

552

---

* 초판의 '신민들' (subjects)이 초판을 개정한 수고에서는 '통치자 자신들과 신민들 사이의 논란이 아닌 주제'로 대체되었다 – 자구에 대한 주석.

시우스나 네로 또는 필립 2세에 맞서 무장한 국민은 그들 역사를 읽는 독자들의 호감을 산다. 우리가 영원히 이 폭군들을 비난할 수 있는 까닭은 (그들의 행동이 우리의) 상식에 극단적으로 어긋난다는 것뿐이다. 그러므로 확실하듯이, 우리의 도덕 개념은 수동적 복종의 개념처럼 불합리한 개념을 담고 있을 수 없지만, 전제 정치와 압제에 대한 더욱 악명 높은 사례에서 저항을 허용하고 있다. 인류의 일반적 의견은 모든 경우에 어떤 권위를 갖지만, 도덕의 경우에 이 의견은 전적으로 불가오류적이다. 우리는 그 의견의 기초가 되는 원리들을 뚜렷이 설명할 수 없기 때문에 그 의견은 역시 불가오류적이다. 다음과 같은 추론 과정을 따라갈 수 있는 사람은 거의 없다. 즉, '정부는 인간이 사회의 이익을 위해 발명한 것일 뿐이다. 통치자의 전제 정치 때문에 이 이익이 없어 **553** 지면 (통치자에 대해 신민이) 복종할 자연적 책임도 없어진다. 도덕적 책임은 자연적 책임에 기초를 두고 있으므로, 자연적 책임이 중단되는 경우에 도덕적 책임도 반드시 중단된다. 특히 우리에게 자연적 책임이 중단될 수 있는 아주 많은 경우를 예견하도록 하는 것과, 또 그와 같은 사건이 발생했을 때 우리의 행동 양식을 규제할 수 있는 일반 규칙을 마련하도록 하는 원인이 되는 것 등이 사안(subject)인 경우에 도덕적 책임은 중단될 수밖에 없다. 그런데 이 추론 과정이 일상인들에게 지나치게 난해하지만, 모든 사람이 다음과 같은 것을 암암리에 생각하며 느낄 수 있음은 확실하다. 즉 사람들은 오직 공공의 이익 때문에 정부에 복종해야 할 책임이 있으며, 이 제도를 쉽게 전복하고 지배자를 폭군과 공공의 적으로 변화시킬 만큼 인간 본성이 취약하거나 정념에 휩싸이지는 않는다. 이익의 감각이 (정부에 대한) 복종의 근원적 동기가 아니라면, 나는 다음과 같은 점을 묻지 않을 수 없다. 즉, 인간 본성에서 이익 이외의 어떤 원리가 인간의 자연적 야망을 경감하고 인간을 (정부에 대해) 복종시킬 역량이 있는가? 모방과 습관은 충분치 못하다. 여기서 다음과 같은 물음으로 돌아가기 때문이다. 우리가 모방하는 복종의 사례와, 습관을 산출하는 일련의 행동 등을 처음으로 산출하는 동기는 무엇인가? 이익 이외의 어떤 원리도 없다는 것은 명백하다. 그리고 이익이 처음으로 정부에 대한 복종을 산출한다면, 많은 사례에서 이익이 현저한 정도로 중단될 때마다 복종의 책임도 반드시 중단된다.

제10절　충성의 대상에 관하여

경우에 따라 지고의 권력에 저항하는 것이 건전한 정치학과 윤리학(morality) 모두에서 정당화될 수 있다고 하더라도, 일상적 인간사에서 이보다 파괴적이고 범죄적인 것도 없다는 것은 확실하다. 그리고 혁명에 언제나 따르는 격동은 차치하더라도, 그와 같은 행동은 정부를 직접적으로 전복시키고 인류 사이에 보편적 무질서(anarchy)와 혼동을 초래하는 경향이 있다는 것도 확실하다. 수많은 문명사회는 정부 없이 존속할 수 없고, 따라서 철저한 복종이 없다면 정부도 전혀 쓸모없다. 언제나 우리는 권위에서 거두는 이득을 손실과 비교해서 검토해야 한다. 그리고 그렇게 함으로써 우리는 저항 이론을 실천에 옮길 때 더욱 신중하게 될 것이다. 공동의 규칙은 복종을 요구하며, 그리고 오직 혹독한 전제 정치와 압제의 경우에만 예외가 있을 수 있다.

맹목적인 복종은 대체로 행정 관료(magistracy)에게서 기인하므로, 이제 다음 물음을 살펴보아야 한다. 맹목적인 복종이 누구에게서 기인하며, 우리는 누구를 우리의 적법한 행정관으로 볼 것인가? 이 물음에 답하기 위해 우리가 지금까지 정부와 정치 사회의 기원에 관해 확정한 것을

554

되돌아보자. 만인이 각자 자신의 당면한 이익이나 쾌락에 따라 제멋대로 하며 사회의 법률을 침해하거나 준수하는 경우에, 인간은 사회의 안정된 질서 유지가 불가능하다는 것을 일단 경험하면, 자연적으로 정부를 발명하게 되고, 될 수 있는 대로 자신들의 능력에서 사회의 법률을 위반하는 것을 제거한다. 따라서 정부는 인간의 자발적 묵계에서 발생한다. 그리고 정부를 수립하는 이 묵계가 통치자하게 될 인물들까지 결정할 것이고, 바로 이런 점에서 의심과 애매성을 모두 제거할 것이라는 점 등은 분명하다. 그리고 인간의 자발적인 동의는 그 밖의 모든 계약과 약속에서보다 다음과 같은 점에서 반드시 더욱 큰 효력을 갖는다. 즉, 행정관의 권위는 처음에 신민들의 약속을 토대로 존립하며 신민들은 이 약속 때문에 스스로 복종의 의무를 지기 때문이다. 그런데 신민들에게 복종의 의무를 과하는 바로 이 약속 때문에 신민들은 특정 인물에게 속박되고, 그 인물을 자신들이 충성할 대상으로 만든다.

그러나 정부가 상당 시간 동안 이런 토대 위에 수립되어 있을 때, 그리고 우리가 (정부에 대한) 복종에서 얻는 별도의 이익이 도덕성에 대한 별도의 소감을 산출할 때, 사태는 완전히 변하며 약속이 더 이상 특정한 행정관을 결정하지도 않는다. 약속이 더 이상 정부의 토대로 간주되지 않기 때문이다. 자연적으로 우리는 자신이 복종하도록 태어난 것으로 상정하며, 우리 입장에서 우리가 복종의 의무가 있는 것으로 생각하듯이 행정관들은 명령할 권리를 가진 것으로 상상한다. 권리와 책임따위의 개념은 오직 정부로부터 거두는 이득에서 유래되며, 이 이득 때문에 우리는 자신이 (정부에 대해) 저항하는 데 대해 반감을 느끼며 다른 사람이 (정부에 대해) 저항하는 경우도 불쾌하게 여긴다. 그러나 여기서 주목할 만한 것은 사태가 약속에 기초를 두고 있을 때에는 정부의 근원적 재가가 우리가 복종할 사람을 결정했지만, 이 새로운 사태에서 정부의 근원적 재가는 이익인데, 이 재가는 우리가 복종할 사람을 결정할 수 없다. 약속은 아주 확실하게 (우리가 복종할) 사람을 확정한다. 그러나 명백하듯이, 바로 이런 점에서 인간이 공공의 이익이든 사적 이익이든 특정 이익을 고려하여 자신의 행동 방식을 조절하려 들면, 인간은 무한한 혼돈에 빠지고 모든 정부를 거의 무력하게 만들 것이다. 사적 이익은 사람마다 차이가 있고, 공공의 이익은 본질적으로 언제나 하나이고 동일하지만, 공공의 이익에 대한 특정 인물들의 상이한 의견들 때문에 공공의 이익은 그 의견들이 상이한 만큼 불일치의 원천으로 된다. 따라서 우리가 관료에게 복종하는 원인인 바로 이 이익 때문에 우리는 행정관을 선출할 때 이익 자체를 단념하며, 정부와 (행정관인) 특정 인물, 어느 편에서든 가장 완전한 것을 갈망할 수도 없이 일정 형식의 정부와 특정 인물에게 얽매인다. 여기서 이것은 곧 소유의 안정성에 관한 자연법과 같은 경우이다. 소유가 안정되어야 한다는 것은 사회에 아주 유익하고 심지어 절대적으로 필요하다. 그리고 이런 사실 때문에 우리는 그와 같은 규칙을 수립하게 된다. 그렇지만 우리가 알듯이, 우리가 특정 소유물을 특정 인물에게 배당함에 있어서 (소유의 안정성에서 얻는 것과) 동일한 이득을 추구하려고 하면, 우리의 목적은 좌절되고 이 규칙을 통해 방지하려는 혼동은 영속될 수밖에 없다. 그러므로 반드시 우리는 소유의 안정성에 관한 자연법을 변경함에 있어서 일반 556 규칙을 따르며, 일반적 이익을 따라 자제한다. 이 일반적 이익을 통해 (소유의 안정성에 관한) 자연법이 결정되는데, 이 이익이 하찮게 여겨진다는 점 때문에 우리가 결코 이 (소유의 안정성에 관한) 자연법에 대한 애착심이 떨어지는 것을 두려워할 필요 없다. 정신의 충동은 아주 강한 이익에서 유래되며, 그리고 보다 작은 그 밖의 이익들은 (정신의) 운동에 무엇을 더하거나 빼지 않고 그 방향을 지시하는 데에만 기여할 뿐이다. 이것은 정부에 있어서도 마찬가지이다. 사회에서 가장 유익한 발명품은 정부이다. 그리고 (가장 강한) 이익은 우리가 정부와 같은 발명품을 열정적으로 주저 없이 받아들이도록 하기에 충분하다. 비록 그 다음부터는 (가장 강한 이익과) 대등하게 중요하지 못한 (이익에 대한) 여러 가지 고려를 통해 우리는 정부에 대한 헌신을 조절하고 그 방향을 지시하지 않을 수 없고, 또 (행정관) 선출에 따른 특정 이득을 고려하지 않고 우리의 행정관을 선출할 수밖에 없지만 말이다.

내가 살펴볼 이 원리들 중 **첫 번째** 것은 관료가 가진 권리의 초석인데, 이 원리는 거의 모든 기성 정부에* 권위를 부여한다. 내가 말하는 첫 번째 원리는 정부의 일정한 형태와 왕들의 계승 따위에서 **오랜 소유**(long possession)이다. 우리가 각 국가의 최초 기원으로 거슬러 올라가면 (왕위) 찬탈에 일차적 기초를 두지 않는 왕족과 국가 형태(common-wealth)는 거의 없다는 것은 확실하다. 그렇지만 그 명분은 처음과 마찬가지로 석연찮지만 말이다. 오직 시간만이 그들의 권리를 공고히 하며, 시간만이 인간의 정신에 점차적으로 작용함으로써 그 정신을 어떤 권위에 조화시켜 그 권위가 정당하고 합리적으로 여겨지도록 한다. 우리에게 가장 큰 영향력을 미치는 소감을 일으켜 우리의 상상력을 어떤 대상으로 향하게 하는 원인은 습관이다. 우리가 한 무리의 인간들에게 복종하도록 오랜 기간 익숙해졌을 때, 우리가 충성(loyalty)에 수반되는 도덕적 책임이라고 상정해야 하는 일반적 직감이나 경향은 쉽게 이런 방향을 취하며 한 무리의 사람들을 그 대상으로 선택한다. 일반적 직감을 제공하는 것은 이익이지만, (그 직감에) 특정한 방향을 제공하는 것은 습관이다.

---

* 초판에서는 '예외 없이'라는 문구가 포함되어 있다 – 자구에 대한 주석.

그리고 여기서 정신에 미치는 시간의 상이한 영향력에 따라 동일한 시간이 도덕에 관한 우리의 소감에 상이한 영향력을 미친다는 사실을 주목할 수 있다. 우리는 자연적으로 비교를 통해 만물을 판정한다. 그리고 왕국과 공화국의 운명을 고찰할 때 우리는 광범위한 시간을 받아들이기 때문에 이 경우에 조그만 지속 기간은 우리가 그 밖의 어떤 대상을 고찰할 때와 동일한 영향력을 우리의 소감에 미치지 못한다. 어떤 사람은 자신이 말 한 마리나 옷 한 벌에 대한 권리를 잠시 동안 획득한 것으로 생각한다. 그렇지만 새 정부를 수립하거나 새 정부에 대한 신민들의 의구심을 막는 데에는 한 세기도 충분하지 않을 것이다. 덧붙여서 전체가 권력 찬탈인 경우에 제후가 자신의 권리를 확정하기에 필요한 것보다 짧은 시간도 제후가 모반할 수 있는 부가적 힘의 명분을 충분히 그에게 제공할 것이다. 프랑스의 왕은 2대를 초과해서 절대 권력을 소유한 적이 없다. 그렇지만 프랑스인들에게 자신들의 자유에 관해 이야기하는 것보다 엉뚱하게 여겨질 것도 없을 것이다. 우리가 지금까지 증식(accession)에 관하여 이야기한 것을 숙고해 보면, 우리는 이런 현상에 관해 쉽게 해명할 수 있을 것이다.

오랜 소유 때문에 수립된 정부 형태가 전혀 없다면, 현재의 소유는 정부 형태의 자리를 대신하기에 충분하며, 우리는 현재의 소유를 모든 공적 권위의 두 번째 원천으로 간주할 수도 있을 것이다. 권위에 대한 권리는 권위에 대한 항상적 소유일 뿐이며, 이것은 사회의 법률과 인류의 이익에 의해 옹호된다. 그리고 앞서 언급한 원리들에 따르면, 이 항상적 소유를 현재의 소유와 결합하는 것은 가장 자연스럽다. 바로 이 원리들이 사적 개인들(private persons)의 소유권의 측면에서 발생하지 않는다면, 이와 같은 방식으로는 모든 (사적 개인들의 소유권) 반환이 차단되며 모든 폭력이 권위를 가지며 보호되리라는 것을 우리가 관찰했을 때, 그 원리들이 이익에 대한 강한 고려와 대립하기 때문이다. 그리고 공적인 권위의 측면에서 (이익에 대한 강한 고려라는) 이 동기들이 힘을 갖는 것으로 여겨지더라도, 이 동기들은 평화를 유지하고 모든 변화를 막는 데에 있는 다른(contrary) 이익과 대립된다. 이 동기들은 사적인 일들에서 쉽게 발생될 수도 있지만, 공적인 것이 관여된 경우에는 불가피하게 유혈의 참사와 혼돈을 수반한다.

558   현재 소유자의 권리를 기존 윤리학 체계를 통해 해명할 수 없다는 것을 인정하는 사람은 그 권리를 절대적으로 부정하며 이 권리가 도덕적 정당성을 인정받지 못한다고 주장하기로 결심할 것이다. 그리고 그런 사람이 아주 터무니없는 역설을 주장하며 인류의 상식과 판단력에 충격을 준다고 생각하는 것은 정당할 것이다. 신중함과 도덕에 가장 안성맞춤인 공리는 우리가 우연히 살고 있는 나라에서 발견한 기성 정부에 대해 그 기원과 최초의 수립 (방식) 등을 지나치게 주의 깊게 탐구하지 않고 조용히 복종하는 것이다. 아주 엄격하게 검증될 수 있는 정부는 거의 없다. 지금 세상에는 얼마나 많은 왕국이 있으며, 우리는 역사를 통해 이보다 얼마나 더 많은 왕국이 있다는 것을 알며, 그 왕국의 통치자는 자신의 권위에 대해 현재의 소유보다 나은 토대를 갖지 못했다. 로마와 그리스 제국에 논의를 국한하면, 로마인의 자유가 폐지된 다음부터 투르크족이 로마 제국을 마지막으로 멸망시킨 때까지 황제들의 오랜 계승 (방식)이 그 제국에 대한 청구권(title)을 다르게 주장할 수 없었음은 분명하지 않은가? 원로원의 (황제) 선출은 단지 형식일 뿐이며, 늘 군대의 선택을 따른다. 그리고 이 군대는 거의 언제나 서로 다른 속주(屬州)로 분할되었으며 오직 무력만이 (속주들 간의) 차이를 해소할 수 있었다. 따라서 황제는 무력을 통해 자신의 권리를 획득하고 지켰다. 그러므로 우리는 우리가 알고 있는 세계는 누대에 걸쳐 정부가

없었고 어느 누구도 충성의 의무가 없었다고 말해야 하든가, 또는 공공
업무에서 더 강한 자의 권리는 그 밖의 청구권과 대립되지 않을 때 적
법한 것으로 수용되고 도덕적으로 정당화된다는 것을 인정해야 한다고
말해야 한다.

우리는 **정복의 권리**를 주권자가 권리를 요구하는 세 **번째** 원천으로
간주할 수 있다. 이 권리는 현재 소유의 권리와 아주 흡사하다. 그러나
찬탈자에게 수반되는 증오와 혐오 대신에, 정복의 권리는 우리가 **정복
자**에게 속하는 것으로 생각하는 영광과 명예라는 개념의 후원을 받기
때문에 오히려 우월한 힘을 갖는다. 인간은 자연히 자신이 애정을 갖는
것들을 선호한다. 따라서 인간은 신민이 자신의 주권자에 대해 반역에
성공한 경우보다는 두 주권자들 사이에서 성공한 폭력에 정복의 권리
가 속하는 것으로 생각하는 경향이 더 강하다.[11] 군주제에 근거를 둔
최초의 주권자가 죽었을 때처럼, 오랜 소유나 현재의 소유 또는 정복
등이 전혀 발생하지 않았을 때, 그 대신 계승(succession)의 권리가 자
연히 우세하고, 사람들은 대체로 죽은 군주의 아들을 왕좌에 앉힐 마음
을 먹고, 그 아들이 아버지의 권위를 상속받는 것으로 상정한다. 막연
히 추정된 부왕(father)의 동의, 사가(私家) 상속의 모방, 가장 유능하
고 가장 많은 추종자를 거느린 인물을 선정하는 데에서 국가가 얻는 이
익 등은 사람들이 모두 죽은 군주의 아들을 그 밖의 어떤 인물보다 선

559

---

11)   여기서 주장하는 바가 현재의 소유나 정복이 오랜 소유와 실증적 법률과 상반되는
청구권을 부여하기에 충분하다는 것은 아니다. 여기서 주장하는 바는 현재의 소유나
정복이 약간의 힘을 가지며, 사정이 다르면 이 청구권들이 대등할 수도 있는 경우에 균
형을 줄 수 있고, 때로는 약한 청구권을 정당화하기에 충분할 수도 있다는 것이다. 이
청구권들이 어느 정도의 힘을 갖는지 결정하는 것은 어렵다. 내가 믿기로는 온건한 사
람은 모두 다음 사실을 인정할 것이다. 즉 이 청구권들은 제후들의 권리에 관한 모든
논쟁에서 큰 힘을 갖는다.

호하게 되는 까닭이다.[12]

이 근거들은 약간의 비중이 있다. 그러나 내가 알기로는 사실을 공평하게 숙고하는 사람은 상상력의 몇 가지 원리가 정의 및 이익 따위에 대한 고려와 공조한다고 여길 것이다. 왕이 죽은 다음에는 말할 것도 없지만, 심지어 왕이 살아 있는 동안이라고 하더라도 왕의 권위는 사유의 자연적 전이를 통해 어린 왕자와 연관되는 것으로 여겨진다. 따라서 새로운 관계를 통해, 또 어린 왕자에게 매우 당연히 속하는 것으로 여겨지는 것을 그가 실제로 소유하도록 함으로써 이 합일을 완성하는 것보다 자연스러운 것은 없다.

이런 사실을 확인하기 위해 이런 종류의 현상들 가운데서도 아주 특이한 다음과 같은 현상을 살펴볼 수 있을 것이다. 선립 군주국(elective monarchies)에서 (왕위) 계승의 권리는 법률과 정착된 관습(custom)에 따라 정해지지 않는다. 그렇지만 계승의 권리가 갖는 영향력은 아주 자연스러워서 상상력에서 그 권리를 전적으로 배제할 수 없고, 또 죽은 군주의 아들에 대해 신민들이 무관심하도록 할 수도 없다. 따라서 이런 종류의 정부 중 일부는 통상적으로 왕족 중에서 한 사람이 선정된다. 그리고 어떤 정부에서는 왕족이 모두 배제되기도 한다. 이처럼 상반된 현상들은 동일한 원리에서 유래된다. 왕족이 모두 배제되는 경우는 세련된 정치에서 기인한다. 세련된 정치를 통해 인민들은 왕족 중에서 주권자(sovereign)를 선정하려는 자신들의 성향을 감지하며, 자신들의 자유를 엄중히 경계한다. 즉, 인민들은 새로운 군주가 이런 성향의 힘

───────────────

12) 오해를 막기 위해 나는 다음을 언급하지 않을 수 없다. 즉 이 경우의 계승은 세습 군주제의 경우와 같은 것이 아니다. 세습 군주제의 경우에 관습이 계승의 권리를 정했다. 세습 군주제의 왕위 계승권은 위에서 설명한 오랜 소유의 원리에 의존한다.

을 빌어 자기 가족을 (세습적 왕족으로) 확립하고 미래에 자신들이 (왕을) 선출할 자유를 유린하지나 않을까 경계한다.

아르타크세르크세스(Artaxerxes)와 그 동생 **키루스**(Cyrus)의 역사를 통해 우리는 바로 이런 목적에 대해 몇 가지를 생각할 수 있을 것이다. **키루스**는 자신의 아버지가 왕좌에 오른(accession) 다음에 태어났기 때문에 자신의 형보다 왕좌에 대한 권리가 더 많다고 주장했다. 나는 감히 이 추리가 타당했다고 주장하지 않는다. 나는 이 추리에서 다음과 같은 것을 추정할 수 있을 뿐이다. 즉 우리가 이미 합일된 것으로 발견한 모든 내상을 새로운 관계를 통해 합일하는 자연스러운 성향을 갖게 되는 것은 앞서 언급한 상상력의 성질 때문인데, 상상력의 이런 성질이 없었더라면, 그는 그와 같은 핑계를 결코 사용할 수 없었다는 것이다. **아르타크세르크세스**는 장자이기 때문에 그의 아우보다 더 유리했고, 왕위 계승에서도 1순위였다. 그러나 **키루스**는 그 아버지가 왕족의 권위를 얻은 다음에 태어났기 때문에 왕족의 권위와 더욱 밀접한 관계가 있었다.

여기서 감히 다음과 같이 주장을 할 수 있을까? 즉 편의성에 대한 고려가 (왕위) 계승의 완전한 권리에 대한 원천이 될 수도 있고, 사람들은 자신들이 (왕을) 완전히 새로 선출하는 데 따르는 무정부 상태와 혼돈을 방지하고 죽은 주권자의 후계자를 확정할 수 있는 규칙의 장점을 흔쾌히 받아들인다. 나는 이런 주장에 다음과 같이 대꾸할 것이다. 즉 아마 이런 동기가 그 결과에 어느 정도 기여하겠지만 다른 원리가 없다면 이 동기가 발생할 수도 없다. 한 국가의 이익에 필요한 것은 왕권 계승이 어떤 한 가지 방식으로 확정되어야 하는 것이지만, 왕권 계승이 확정되는 방식이 무엇이든 그 국가의 이익에 대해서는 다를 바 없다. 따라서 혈연관계가 공공의 이익과 무관한 결과를 갖지 않는다고 하

561 더라도, 우리는 실정법이 없다면 그 관계를 결코 고려하지 않을 것이다. 그리고 상이한 국가들의 수많은 실정법들이 지금까지 단 한 번이라도 동일한 시각과 의도에서 결코 정확히 일치할 수 없었을 것이다.

이런 사실 때문에 우리는 입법 기관이 일정한 정부 형태와 왕자들의 (왕위) 계승을 확립하는 경우에, 권위의 **다섯 번째** 원천, 즉 **실정법**을 살펴보게 된다. 얼핏 보기에 이런 원천은 권위에 대한 앞의 청구권들 가운데 어떤 것으로 변형되어야 한다고 생각될 수도 있을 것이다. 실정법은 입법 능력에서 유래되는데, 이 입법 능력은 근원적 계약이나 오랜 소유 혹은 현재 소유 또는 정복이나 계승 가운데 어떤 것에 의해 설정되어야 한다. 따라서 실정법은 반드시 이 원리들 가운데 어떤 것에서 그 힘을 갖는다. 그렇지만 실정법이 이 원리들 가운데서 그 힘을 끌어낼 수 있을 뿐이라고 하더라도, 자연스럽게 상상할 수 있듯이 실정법은 자신이 유래된 원리의 모든 힘을 얻는 것이 아니라, (그 힘의) 전이 과정에서 힘을 상당히 상실하는데, 여기서는 이런 점을 주목할 만하다. 예컨대 정부는 수 세기에 걸쳐 일정한 법체계와 형태 및 (왕위) 계승 방법 위에 확립된다. 이 오랜 (왕위) 승계를 통해 확립된 입법 능력은 별안간 정부의 전 체계를 깡그리 바꾸고 그 자리에 새로운 체제를 끌어들인다. 내가 믿기로는 이 변경이 공공복리에 대한 명백한 성향을 갖지 않는 한, 그 변경에 따를 의무가 있다고 생각할 신민은 거의 없을 것이다. 오히려 신민들은 자신들이 여전히 자유롭게 구정부로 되돌아갈 것이라고 생각할 것이다. 따라서 **헌법**(fundamental laws) 개념은 주권자의 의지에 따라 변경될 수 없는 것으로 상정된다. 이런 성질을 갖는 살리카(Salic)법이 프랑스에 있는 것으로 알고 있다. 헌법이 미치는 범위는 정부가 결정하지 않으며, 정부가 결정해서도 안 된다. 입법 능력의 범위를 정할 수 없을 정도로, 또 그 입법 능력이 정부의 원리들을 얼마나 혁신할 수 있을지 결정할 수 없을 정도로, 가장 중요한 법률로부터 가장 사소한 법률에 이르는, 그리고 가장 오래된 법률에서 가장 근대적 인 법률에 이르는 감지할 수 없을 정도의 점차적 변화가 있다. 이것은 이성의 산물이 아니라 상상력과 정념의 산물이다.

562 여러 국가의 혁명과 정복, 영고성쇠, 그리고 각 국가들의 특정 정부 가 수립되는 방식, 그리고 한 인물에서 다른 인물로 이어지는 계승의 권리 등 세계 여러 국가의 역사를 고찰한 사람은 누구든지 곧 왕자들의 권리에 관한 논쟁을 아주 가볍게 처리할 줄 알게 된다. 또 그런 사람이 확신할 수 있듯이, 일반 규칙을 엄격히 고수하는 것과, 일부 사람들이 아주 높게 평가한 특정 인물과 가족에 대한 외곬 충성 등은 이성에서 유래된 덕이라기보다는 편향된 믿음(bigotry)과 미신적 관습(superstition)에서 유래된 덕이다. 바로 이런 점에서 역사 연구는 참된 철학의 추론들을 확인한다. 우리는 참된 철학을 통해 인간 본성의 근원적 성질 들을 알 수 있는데, 이 참된 철학의 가르침을 통해 우리는 정치적인 논 란이 대부분의 경우에 판결될 수 없고 전적으로 평화와 자유 등의 이익 (문제)에 속하는 것으로 간주한다. 공공복리가 변화를 요구한다는 것 이 명백하지 않는 경우에, **근원적 계약**과 **오랜 소유** 그리고 **현재의 소유** 및 **상속**과 **실정법** 따위의 청구권들이 함께 어울려 주권에 대한 가장 강 력한 청구권을 형성하며, 신성불가침의 권리로 간주되는 것은 당연하 다. 그런데 이 청구권들이 서로 다른 정도로 뒤섞여 반대되는 경우에, 우리는 종종 당혹스럽게 되며, 그리고 이 청구권들은 법학자와 철학자 등의 논변을 통해 해결된다기보다는 군대의 무력에 의해 해결된다. 예 를 들어, 티베리우스(Tiberius)는 죽었지만 게르마니쿠스(Germanicus) 와 드루수스(Drusus) 등은 모두 살아 있고, 티베리우스가 죽으면서 이 두 사람 중 자신의 후계자를 지명하지 않았다고 하자. 이 경우에 두 사

람 중 누가 티베리우스의 왕위를 계승해야 할지 이야기할 사람이 있는
가? 입양의 권리가 사가(私家)에서 (혈연의 권리와) 동일한 효력을 가
졌고, 또 (국가와 사가 등) 두 사례에서 입양의 권리가 이미 공식적으
로 발생한 경우에, 한 국가에게서도 입양의 권리가 혈연의 권리와 대등
하게 받아들여야 할까? 게르마니쿠스는 드루수스보다 먼저 태어났기 때
문에 게르마니쿠스는 장자로 간주되어야 하는가? 아니면 그는 드루수
스가 출생한 다음에 입양되었으므로 아우로 간주되어야 하는가? 장자
가 사가에서 상속의 이점을 전혀 갖지 못하는 경우에 국가에서 연장자
563 의 권리가 고려되어야 하는가? 당시의 **로마** 제국은 두 가지 사례 때문
에 세습제로 평가되어야 하는가? 또는 그처럼 이른 시기임에도 불구하
고 로마 제국의 통치권은 최근의 권력 찬탈에 기초를 두고 있는 보다
강력한 소유자나 현재의 소유자에게 속하는 것으로 간주되어야 하는
가? 어떤 원리를 따르든 간에 우리는 이 물음이나 이와 유사한 물음에
답할 수 있을 것 같지만, 나는 우리가 정쟁(政爭)에서 어떤 편도 들지
않는 공평한 질문자의 물음을 결코 만족시키지 못할 것 같아서, 또 오
직 건전한 이성과 철학으로 만족할 수밖에 없을 것 같아서 걱정이다.

그러나 여기서 **영국**의 독자는 우리 국가 조직(constitution)에 다행
스런 영향력을 미쳤고 그토록 위대한 결과를 수반한 유명한 **혁명**에 관
해 탐구하기 쉬울 것이다. 우리가 이미 언급했듯이, 극악한 폭정과 압
제의 경우에 지고의 권력에 맞서 무장 봉기하는 것이 정당하며, 정부는
인간이 상호의 이득과 안전을 위해 발명한 것일 뿐이므로 정부의 이런
경향이 일단 중단된다면 더 이상 자연적 책임이나 도덕적 책임을 (신민
에게) 부과하지 못한다. 그런데 일반 원리가 상식과 모든 세대의 관행
(practice)을 통해 정당성을 인정받더라도, 저항이 정당한 경우를 우리

가 알 수 있을 법한 **특정** 규칙, 또 이 주제에서 발생할 수 있을 법한 모든 논쟁을 판결할 수 있을 법한 특정 규칙을 법률이나 철학이 수립할 수 없는 것은 확실하다. 이런 일은 지고의 권력에 관련되어 발생할 수 있을 뿐만 아니라, 입법적 권위가 한 인물에게 맡겨지지 않은 일부 국가 조직에서조차도 행정관은 바로 이런 문제에서 법률이 침묵하도록 강요할 정도로 지위가 높고 강력할 수도 있을 것이다. 이 침묵은 (그 행정관에 대한) 법률의 **존중**과 **신중함** 등의 결과이기도 할 것이다. 모든 정부에서 발생하는 아주 다양한 여건 속에서 행정관의 (권력이) 아주 큰 경우에 그 권력의 실행[*]이 어떤 때에는 공공에게 유익할 수도 있지만 다른 경우에는 파괴적이고 압제적일 것임이 확실하기 때문이다. 그러나 입헌 군주제(limited monarchies)에서는 이러한 법률의 침묵에도 불구하고, 그 인민들이 저항의 권리를 보유하고 있음은 확실하다. 가장 전제적인 정부에서조차 인민들에게서 저항의 권리를 빼앗을 수 없기 때문이다. 자기 보존이라는 필요성과 공공복리라는 동기는 인민들에게 가장 전제적인 정부와 마찬가지로 입헌 군주제의 경우에도 바로 이 (저항의 권리라는) 자유를 부여한다. 그리고 전제 정부보다는 이처럼 혼합된 정부에서 저항이 정당한 경우가 더 자주 나타날 수밖에 없고, 또 인민이 무력을 통해 스스로를 방어할 특권(indulgence)이 더욱 클 수밖에 없다는 점을 우리가 좀 더 살펴보는 것이 좋겠다. 관료의 우두머리가 본질적으로 공중에게 아주 파괴적인 대책을 강구하는 경우뿐만 아니라, 그 우두머리가 국가 조직의 다른 부처를 침해하여 자신의 권력을 법의 한계 너머로 확장할 때조차 (인민들은) 정당하게 그에게 저항하

564

---

[*] 초판의 '실행'이 초판을 개정한 수고에서는 '개별적 실행'(particular exercise)으로 대체되었다 – 자구에 대한 주석.

고 그를 축출할 수 있다. 비록 이 저항과 불경(violence)이 법률의 일반적 대의에서는 불법적이고 반란적인 것으로 여겨질 수 있다고 하더라도 말이다. 게다가 공중의 이익에 가장 본질적인 것은 공중의 (정치적) 자유를 보존하는 것이다. 따라서 명백하듯이 혼합 정부가 수립된 것으로 일단 상정되면, 국가 조직의 각 부처와 성원은 반드시 자기 방어의 권리를 가지며, 기존의(antient) 자기 영역을 그 밖의 모든 권위가 침해하는 데에 맞서 유지할 권리를 갖는다. 물질이 저항 능력을 상실하면, 물질은 무의미하게 창조되었을 것이다. 저항 능력이 없다면 물질은 단 한 부분도 독립적 존재를 유지할 수 없을 것이고, 물질 전체는 단 하나의 점으로 응축될 수도 있을 것이기 때문이다. 그러므로 (정부의 권리를 견제할) 구제책 없이 어떤 정부에 권리를 상정하거나, 인민이 자기 역할을 모든 침해자로부터 방어하는 것이 정당하다는 것을 인정하지 않으면서도 지고의 권력을 인민들이 공유한다는 점을 인정하는 것 등은 그야말로 터무니없다. 그러므로 우리의 자유 정부를 존중하는 듯하지만 저항의 권리를 부정하는 사람은 상식에 따르는 모든 주장을 부인하며, 진지한 대답을 들을 가치도 없다.

이 일반 원리들이 최근의 **혁명**에 적용될 수 있음을 보여 주는 것이 지금 나의 목적은 아니다. 그리고 자유로운 국가에서 당연히 신성시되는 모든 권리와 특권이 (혁명) 당시에 극심한 위험에 직면해 있었음을 보여 주는 것도 지금 나의 목적이 아니다. 이 주제가 실제로 논란의 여지가 있다면, 나는 논란의 여지가 있는 이 주제들을 버려두고 (혁명이라는) 중요한 사건에서 자연적으로 발생하는 몇 가지 철학적 반성에 더욱 기꺼이 몰두하겠다.

첫째, 우리가 주목할 수 있듯이, 우리 국가 조직의 **상원**과 **하원**이 공공의 이익을 전혀 염두에 두지 않고 왕을 폐하거나 왕이 죽은 뒤에 법률과 정착된 관습에 따라 왕위를 당연히 계승해야 할 왕자를 추방한다면, 상원과 하원의 절차를 적법하다고 평가할 사람은 전혀 없을 것이고, 상원과 하원에 동조해야 한다고 생각할 사람도 전혀 없을 것이다. 그러나 왕이 부정한 음모와 포악하고 압제적인 권력을 도모함으로써 자신의 적법성(legal)을 상실한 것이 확실하다면, 그 왕을 폐위하는 것은 도덕적으로 정당하게 되고 정치 사회의 본성과 부합된다. 뿐만 아니라 더욱이 우리도 국가 조직의 나머지 성원들이 왕의 다음 상속자를 추방하고 자신들이 바라는 사람을 왕위 계승자로 선택하는 권리를 획득한 것으로 생각하는 경향이 있다. 이런 사실의 기조는 우리 사유와 상상력의 아주 특이한 성질이다. 왕이 폭정과 관련되어 스스로 권위를 상실한 경우 아니라면, 왕이 권위를 상실했을 때 자연히 그 상속자는 왕이 죽어서 양위될 경우와 동일한 상황에 처할 수밖에 없다. 그러나 이것이 합리적이라고 여겨지더라도 우리는 쉽게 이와 반대의 의견을 따른다. 우리 정부와 같은 경우에 확실하듯이 왕의 폐위는 모든 일상적 권위를 능가하는 행동이며, 공공복리를 위해 불법적으로 휘두르는 힘이며, 이 힘은 통상적 통치 과정에서는 국가 기관의 어떤 성원에게도 속할 수 없다. 공공복리가 그 행동을 정당화할 정도로 중대하고 명백하다면, (의회가) 이 자유(licence)를 훌륭히 사용하는 것 때문에 자연적으로 우리는 의회가 더 이상의 자유를 사용할 권리를 갖는다고 생각한다. 그리고 일단 법률의 기존 영역이 찬동(approbation)에 의해 침탈되면, 우리는 법률의 제약을 정확하게 지킬 정도로 엄격하기가 쉽지 않다. 자연적으로 정신은 자신이 시작한 일련의 행동과 함께 진행하며, 우리가 수행하는 종류의 최초 행동 다음에는 (즉 일련의 행동에서 처음으로 의무를 위배한 다음에는) 우리는 대체로 우리의 의무를 두고 주저하는 일이 결코 없다. 따라서 혁명의 경우에 왕(father)의 폐위를 정당

566 하다고 생각하는 사람은 어느 누구도 자신들이 (왕위 계승에) 왕의 어
린 아들만을 고려해야 한다고 생각하지 않았다. 비록 불행한 군주가 당
시에 무고하게 죽었고 그 아들은 우연히 해외에 나가 있었다고 하더라
도, 어린 아들이 성년이 되어 통치권을 회복할 수 있을 때까지 섭정이
단행되리라는 것은 의심의 여지가 없다. 상상력의 가장 사소한 속성도
사람의 판단력에 영향을 끼치므로, 그와 같은 속성을 이용하여 왕가
(line)의 안이나 밖에서 행정관들을 선정하되, 민중이 가장 자연스럽게
그 행정관들에게 권위와 권리가 있다고 생각할 것인지에 따르는 것이
법률과 의회의 지혜를 보여 주는 것이다.

둘째, 오렌지가의 왕자(prince)가 왕위에 오르는 것은 처음에 많은
논란을 유발할 수도 있고 그의 청구권에 대해서도 항의가 제기될 수도
있을 것이지만, 이제 그가 동일한 청구권에 따라 자신을 계승한 세 왕
자로부터 충분한 권위를 틀림없이 획득했음은 의심의 여지가 없다. 얼
핏 보기에 이런 사고방식보다 불합리한 것은 없을 것 같지만 이런 사고
방식이 가장 유용하다. 왕자들은 때때로 자신들의 선조로부터 권리를
획득하는 것과 마찬가지로 후계자로부터 권리를 획득하는 것으로 보인
다. 자신의 생애 동안 찬탈자로 간주되는 것이 정당할 법한 왕도 자손
들 때문에 적법한 왕자로 간주될 수 있을 것이다. 그는 다행스럽게도
자신의 가족을 왕위에 앉히고 정부의 기존 형태를 고스란히 바꾸었기
때문이다. **줄리어스 시저**는 로마의 제1대 황제로 간주된다. 반면에 **술라**
(Sylla)와 **마리우스**(Marius)의 청구권은 실제로 시저와 같지만 참주와
왕위 찬탈자로 간주된다. 시간과 관습은 모든 형태의 정부와 그리고 왕
자들의 모든 (왕위) 계승에 권위를 부여한다. 처음에는 오직 불의와 불
경에 기초를 두었던 그 권력은 조만간 합법적으로 되고 책임을 부과하
게(obligatory) 된다. 정신은 여기서 머무는 것이 아니다. 후손들에게

속한다고 여기는 것이 자연스러운 그 권리를 정신은 걸음을 되돌려 전임자와 선조들에게 전이시키는데, 전임자와 선조는 후손과 함께 관련되어 상상력 안에서 합일되기 때문이다. 프랑스의 현재 왕 때문에 위그 카페(Hugh Capet)는 크롬웰(Cromwell)보다 더 적법한 제후가 된다. 567 네덜란드인의 기존 자유가 필립(Philip) 2세에 대한 그들의 완강한 저항을 옹호하는 데에 하찮은 변명거리도 되지 못하는 것처럼.

제11절 국제법에 관하여

인류 대부분이 시민 정부를 수립하고 또 각양각색의 사회들이 서로 인접해서 형성된 경우에, 이웃한 국가들 사이에는 국가 상호 간의 지속적 교류(commerce)에 적합한 일단의 새로운 의무가 발생한다. 정치학자들의 말에 따르면, (국가 간의) 모든 교류에서 정치체(body politic)도 하나의 인격으로 간주되며, 상이한 국가가 사적 인격과 마찬가지로 서로 도울 필요가 있다는 한, 동시에 국가들의 자기중심성과 야망이 전쟁과 불화의 영원한 원천인 한, 실제로 이 주장은 정당하다. 그러나 바로 이 점에서 국가가 개인과 닮았다고 하더라도 다른 측면에서는 전혀 다르므로, 국가들은 서로 다른 공리에 따라 조절되고 이른바 국제법(the laws of nations)이라는 새로운 일단의 규칙을 유발하는 것은 당연하다. 대사라는 인물의 면책권(sacredness), 전쟁 선포, 독을 첨가한 무기 사용 금지와, 그리고 상이한 사회들 특유의 교류에 분명히 적합한 종류의 의무 등이 이 규칙들에 속한다고 할 수 있을 것이다.

그런데 이 규칙들은 자연법에 부가되더라도 자연법을 완전히 파괴하지 않는다. 그리고 소유의 안정성, 동의에 의한 소유의 양도 그리고 약속 수행 등 정의의 세 가지 기초 규칙을 신민들뿐만 아니라 제후들의 의무라고 해도 틀리지는 않을 것이다. 동일한 이익이 신민과 제후 모두에게 동일한 결과를 초래한다. 소유가 안정되지 못한 경우에는 끊임없는 전쟁이 있을 것은 틀림없다. 소유권이 동의에 의해 양도되지 않는 경우에는 전혀 교류가 있을 수 없다. 약속이 준수되지 않는 경우에는 동맹이나 제휴가 결코 있을 수 없다. 평화와 교류 및 상호 구원 등의 장점 때문에 우리는 개인들 사이에 발생한 것과 동일한 정의의 개념을 각양각색의 왕국까지 확장한다.

568

기꺼이 인정할 정치인은 드물겠지만 모든 시대의 관습(practice)을 통해 권위를 인정받은 다음 공리는 세계적으로 주류를 이룬다. 즉 제후들에게 적합한 도덕 체계가 있으며, 이 체계는 사적 인격을 다스려야 하는 도덕 체계보다 훨씬 자유롭다. 명백하다시피 우리는 이 체계를 공공의 의무와 책임보다 범위가 좁은 것으로 이해하지 않는다. 가장 신성한 조약은 제후들 사이에 전혀 힘을 갖지 않는 것이 틀림없다고 주장하는 사람보다 별난 사람도 없을 것이다. 실제로 제후들은 그 자신들 사이에서 조약을 체결하므로 그 조약을 실행함으로써 어떤 이득을 도모하기 때문이다. 그리고 그들은 그와 같은 미래의 이득을 예상함으로써 (조약상의) 자기 역할을 수행하게 되고, 그와 같은 예상을 통해 반드시 자연법이 확립된다. 그러므로 이 정치적 공리의 의미는 제후들의 도덕성은 사적 인격의 도덕성과 동일한 **범위**를 갖는다고 하더라도 동일한 **힘**을 갖는 것이 아니며, (사적 인격의 경우)보다 더 사소한 동기 때문에 합법적으로 침해될 수도 있다는 것이다. 이런 주장이 일부 철학자에게는 아무리 충격적으로 여겨질 수 있다고 하더라도 정의와 공정(equity)의 기원에 대해 우리가 지금까지 해명한 원리에 입각하여 이 주장을 옹호하는 것은 쉬울 것이다.

우리가 지금까지 경험을 통해 발견했듯이, 인간은 사회 없이 생존할 수 없고, 또 인간의 욕망이 방종하는 동안 사회를 유지할 수도 없다. 아주 절박한 이익은 인간의 행동을 즉각 제한하고, 이른바 **정의의 법칙**이라는 규칙들을 준수할 책임을 인간의 행동에 부과한다. 우리가 사회의 평화를 지향하는 행동에 찬동하고 사회 평화의 파괴를 지향하는 행동을 비난할 때, 이익에 대한 이 (자연적) 책임은 여기서 멈추는 것이 아니라, 정념과 소감 따위의 필연적 흐름을 통해 의무에 대한 도덕적 책임을 불러일으킨다. 이익에 대한 바로 이 자연적 책임은 (상호) 독립적인 왕국들 사이에서 발생하며, 이것은 동일한 **도덕성**을 유발한다. 따라서 임의로 자진해서 식언하거나 조약을 어긴 제후에게 가장 타락한 도
569 덕 중 어떤 것도 찬동하지 않을 것이다. 그러나 여기서 우리가 주목할 수 있을 법한데, 상이한 국가 간의 교류가 이득이 되고 심지어 경우에 따라 필수적이라고 하더라도, 국가 간의 교류는 개인 간의 교류만큼 필수적이지 않고 이득 되지도 않는다. 개인 간의 교류가 없다면 인간 본성의 영원한 존속도 불가능하기 때문이다. 그러므로 상이한 국가들 사이에서 정의에 대한 자연적 책임은 개인들 사이에서의 정의에 대한 **자연적** 책임만큼 강하지 않기 때문에, 국가들 사이의 정의에 대한 자연적 책임에서 발생한 도덕적 책임도 자연적 책임의 약함을 반드시 공유한다. 그리고 우리는 자신의 명예를 걸고 한 말을 어기는 사적인 신사보다는 다른 제후나 각료를 기만하는 제후나 각료에게 필연적으로 더 관대할 수밖에 없다.

이 두 종류의 도덕성은 어떤 비율로 서로 관계하는가라는 물음이 제기되어야 한다. 나는 이 물음에 다음과 같이 대답하고 싶다. 즉 우리는 이 물음에 결코 정확히 대답할 수 없다. 그리고 우리가 정해야 할 두 가지 도덕성 사이의 비율을 수로 나타낼 수도 없다. 우리가 다른 여러 경

우에서 관찰할 수 있듯이, 이 비율은 인간의 기술이나 연구가 전혀 없더라도 저절로 드러난다고 말해도 괜찮다. 우리 의무의 정도를 일깨워줌에 있어서, 지금껏 발명된 가장 정교한 철학보다 세상의 풍습이 앞선다. 그리고 모든 인간은 자연적 정의와 시민적 정의에 대한 도덕적 규칙의 기초를 은연중에 알고 있다는 것과, 우리가 평화와 질서를 유지하는 데에서 얻는 이익과 그리고 인간의 묵계에서 이 정의가 발생할 뿐임을 감지할 수 있다는 것 등에 대한 신뢰할 만한 증거로 이런 사실이 활용될 수 있을 것이다. 만약 그렇지 않다면 이익의 감소 때문에 도덕성의 이완이 발생하는 일은 결코 없을 것이고, 또 이익의 감소 때문에 우리는 신민들 사이의 사적인 거래에서보다는 제후와 공화국들 사이에서 발생하는 정의의 (규칙) 위반에 더욱 쉽게 부화뇌동하지 않을 것이기 때문이다.

570 제12절 순결과 정숙에 관하여

자연법과 국제법 등에 관한 이 체계에 수반되는 난점이 있다면 그것은 보편적 찬동이나 비난에 관한 것일 터이고, 이 보편적 찬동과 비난은 자연법과 국제법 등의 준수 여부에서 발생하는데, 어떤 사람은 이 보편적 찬동과 비난이 사회의 일반적 이익을 통해서는 충분히 설명될 수 없다고 생각할 것이다. 될 수 있는 대로 이런 종류의 걸림돌을 모두 제거하기 위해 나는 또 하나의 의무 영역을 살펴보겠는데, 그것은 곧 여성의 순결(chastity)과 정숙(modesty) 등이다. 그리고 나는 이 덕들이 내가 지금까지 주장한 원리들에 대한 더욱 분명한 사례로 밝혀지리라는 데 대해 결코 의심하지 않는다.

일부 철학자들은 여성의 말투와 의복 및 행태 등에서 우리가 요구하는 외면상의 모든 정숙에 대해 자연적 근거가 전혀 없다는 것을 입증할 수 있을 때, 그들은 여성의 덕을 맹렬히 공격하며, 통속적 오류를 밝히는 데 여성들의 덕이 매우 효과 있다는 공상에 잠긴다. 나는 내가 아주 명백한 사실(subject)을 주장하느라고 성가실 필요 없고, 달리 준비할 것도 없이 그런 개념이 교육과 인간의 자발적 묵계 및 사회의 이익 따위에서 발생하는 방식에 관하여 검토해 갈 수 있으리라고 믿는다.

(남성과 여성 등) 양성이 자연적으로 자신의 자식에 대해 쏟는 관심과 아울러 유년기 인간의 키와 유약함을 생각하는 사람은 누구나 쉽게 지각하게 되듯이, 청소년 교육을 위해서는 반드시 남성과 여성의 협력(union)이 있어야 하고, 이 협력은 상당 기간 지속되어야 한다. 그러나 인간이 이처럼 자제하여 교육으로 인한 모든 노고와 희생을 기꺼이 받아들이게 되려면, 인간은 그 아이들이 자신의 아이들이라는 것과, 사랑과 친절을 베풀 때에는 자신들의 자연적 직감이 향하는 대상이 틀리지 않았다는 것 (즉 다름 아닌 자기 아이라는 것) 등을 믿어야 한다. 그런데 우리가 인간 신체의 구조를 살펴보면 알게 되듯이, 우리 (즉 남성) 571 쪽에서 (자신의 아이라는 사실을) 보장받기는 매우 어렵고, 또 성교할 때 생식의 원리는 남성에게서 여성으로 옮겨 가기 때문에, 여성 쪽에서는 실수가 (즉 남의 아이를 자신의 아이로 착각하는 것이) 있을 리 만무하더라도, 남성 쪽에는 그런 실수가 쉽게 발생할 수 있을 것이다. 이 명백하고도 해부학적인 관찰을 통해 남성과 여성의 교육과 의무 사이의 큰 차이를 도출할 수 있다.

만일 철학자가 이 문제를 선험적으로 검토한다면, 그는 다음과 같은 방식으로 추리할 것이다. 남자들(men)은 아이들이 실제로 자신의 아이들이라는 사실을 확신함으로써 그 아이들을 부양하고 교육하기 위해 노동할 마음이 생긴다. 그러므로 남자들에게 이런 점을 보장하는 것이 합리적이고 또 필수적이기도 하다. 아내가 부부간의 정조를 지키지 못했다는 것을 엄중히 처벌한다고 해서 (남성에게 자신의 아이라는) 보장이 완전히 주어지는 것은 아니다. 이런 사안에서는 법률적 증거를 찾기가 어려운데, 법률적 증거도 없이 공적인 처벌을 가할 수 없기 때문이다. 그렇다면 부정(不貞)에 대한 여성들의 아주 강한 유혹을 상쇄하려면 우리는 여성들에게 어떤 제약을 가해야 할까? 나쁜 소문이나 평판으로 처벌하는 것 이외에 어떤 제약도 있을 수 없는 것 같다. 이런 처벌은 인간의 정신에 강한 영향력을 미치며, 동시에 사법부의 법정에서는 결코 채택되지 않을 증거와 의혹 및 추측에 입각하여 세상이 부과하는 처벌이다. 그러므로 여성에게 합당한 제약을 부과하기 위해, 우리는 여성의 부정에 대해서는 (여성의 부정이) 오직 불의(라는 것)에서 발생하는 것 이상으로 일정한 치욕을 안겨 주어야 하고, 여성들의 순결에 대해 합당하게 찬양해야 한다.

그런데 이것이 정조에 대한 아주 강한 동기일 수 있다고 하더라도, 우리 철학자는 이것만으로는 여성들이 정조를 유지하도록 하는 데에 충분하지 못할 것이라는 점을 곧 발견할 것이다. 모든 인간 존재는, 특히 여성은, 눈앞의 유혹 때문에 멀리 있는 동기를 간과하기 쉽다. 이 유혹은 생각할 수 있는 한 가장 강력한 유혹이다. 이 유혹은 부지불식간에 다가와서 (여성을) 매혹시킨다. 그리고 여성은 자기 쾌락의 파멸적인 귀결을 방지하고 자신에 대한 평판을 보장하는 수단을 쉽게 찾거나 찾을 것이라고 자부한다. 그러므로 그와 같은 방종에 수반되는 불명예는 제쳐 두고, 미리 (그와 같은 쾌락의 파멸적 귀결을) 삼가거나 두려워하는 것이 반드시 있어야 한다. 미리 (그와 같은 귀결을) 삼가거나 두려워함으로써 파멸적인 귀결이 다가오는 것을 처음부터 막을 수도

있고, 여성이 (그 유혹을) 향유하는 것과 직접 관계가 있는 말투와 몸
가짐 그리고 자유 등에 대한 강한 반감을 심어 줄 수도 있기 때문이다.

이것은 아마 우리 사변적 철학자의 추론일 것이다. 그렇지만 나는
확신컨대, 그 철학자가 인간 본성에 관하여 완전한 지식을 가지고 있지
않았더라면, 이 추론을 허황된 추론이라고 간주하기 쉬울 것이고, 부정
에 수반되는 불명예와 그리고 그런 불명예가 다가오는 모든 것에 대해
삼가는 것 등을 이 세상에서 가망이 있는(hoped) 원리이라기보다는 그
저 기원하는(wished) 원리라고 생각할 것이다. 부부간의 정조 의무를
위반한 것은 그 유혹이 가장 크다는 점 때문에 다른 불의보다 더 쉽게
용서될 수 있는 것이 명백할 경우에, 정조 의무를 위반한 것이 그 밖의
어떤 불의보다 더 불명예롭다는 점을 인류에게 납득시킬 방법이 무엇
인지 그 철학자가 말할 수 있을까? 그리고 종족을 유지하기 위해 결국
(성적 유혹이라는) 성향을 따르는 것은 절대적으로 필요한데, 자연이
그토록 강한 성향을 심어 놓은 쾌락이 다가오는 것을 (여성들이) 삼가
도록 할 가능성이 있는가?

그러나 철학자들에게 엄청난 고통을 끼친 사변적 추론들은 반성 없
이 세계를 통해 자연적으로 형성되는 경우가 흔하다. 이론상으로는 해
결될 수 없다고 여겨지는 난제들이 실제에서는 쉽게 해결된다. 여성의
정조에서 이익을 얻는 사람은 자연적으로 여성의 부정과 부정에 다가
가는 것을 모두 거부한다. 여성의 정조에서 전혀 이익을 얻지 못하는
사람도 이 추세를 따른다.* 교육은 여성들의 유순한 마음을 어릴 적부
터 장악한다. 이와 같은 종류의 일반 규칙이 일단 확정되면, 사람들은

* 초판을 수정한 수고에서는 이 문장에 다음 문구를 덧붙였다. "그리고 **사회**의 일반
적 이익을 위해 공감하기도 쉽다" – 자구에 대한 주석.

이 규칙을 이 규칙이 처음으로 성립된 원리들 너머로 확장하는 경향이 있다. 따라서 방탕한 사람이라고 하더라도 독신 남성은 여성의 음란함과 뻔뻔스러움에 충격 받지 않을 수 없다. 그리고 비록 이 공리들이 모두 생식과 분명히 관계있지만, 이미 아이를 출산한 여성도 젊고 아름다운 청춘기의 여성과 마찬가지로 이런 점에서는 면책권이 없다. 사람들은 정숙과 품위(decency)에 관한 모든 관념들이 생식을 고려하고 있다는 것을 은연중에 알고 있는 것이 분명하며, 그와 같은 이유가 (즉 생식의 문제가) 발생하지 않는 경우에 남성에게는 (여성과) 동일한 법률을 **동일한 강도(force)**로 부과하지 않는다. (남성과 여성 사이의) 이런 차별(exception)은 명백하고 포괄적이며, 이 차별의 기초는 (남성과 여성 사이의) 현저한 상이성이고, 이 상이성이 (남성과 여성의) 관념을 명료하게 분류하여 분리한다. 그런데 이렇게 분류하여 분리하는 것은 여성의 나이 차이에 관한 것과 같지 않으므로, 사람들은 이 개념들이 공공의 이익에 기초를 두고 있다는 것을 알더라도, 일반 규칙을 통해 우리는 근본적 원리를 넘어서며, 정숙의 개념을 가장 어린 유아기의 여성부터 가장 늙은 여성과 병약자에 이르기까지 여성 전체로 확장한다.

앞으로 살펴보겠지만 남자들의 체면 문제인 용기는 비록 자연적 기초도 어느 정도 있지만, 여자의 순결과 마찬가지로 대개 책략으로부터 그 가치를 도출한다.

순결과 아울러 남성이 떠맡은 책임에 대해 우리는 다음과 같은 점을 주목할 수 있을 것이다. 즉 세상의 일반적 견해에 따르면, 국제법상의 책임이 자연법상의 책임과 거의 비례하는 것처럼, 남성의 책임도 여성의 순결과 거의 비례한다. 남성이 성적 쾌락에서 자신들의 욕망을 완전히 자유롭게 충족시키겠다는 것은 시민 사회의 이익과 상반된다. 그런데 이 이익은 여성의 경우보다 약하므로, 이 이익에서 발생하는 도덕적 책임도 비례적으로 약할 수밖에 없다. 그리고 이런 사실을 증명하기 위해 우리는 모든 국가와 시대의 관행과 소감에 호소하는 것으로 충분하다.

제3부
그 밖의 덕과 부덕에 관하여

제1절 자연적 덕과 부덕의 기원에 관하여

이제 우리는 전적으로 자연적이며 인간의 책략 및 제도적 장치와는 전혀 무관한 덕과 부덕을 검토하게 되었다. 이런 덕과 부덕에 대한 검토는 도덕에 관한 이 체계를 종결할 것이다.

인간 정신의 주요 원천 또는 기동 원리는 쾌락이거나 고통이다. 그리고 쾌락과 고통 따위의 감각이 우리의 사유와 느낌에서 사라지면 우리는 대개 정념을 느낄 수 없거나 행동할 수 없고, 욕구하거나 의욕할 수도 없다. 쾌락과 고통의 가장 직접적인 결과는 정신의 운동을 촉진(propense)하거나 억제(averse)하는 것이다. 쾌락과 고통이 정신의 상황을 변화시켜 쾌락과 고통이 있을 수 있거나 없을 것처럼 됨에 따라서, 그리고 쾌락과 고통이 확실하거나 불확실하게 됨에 따라서, 또는 쾌락과 고통이 당장은 우리의 역량을 벗어난 것으로 간주됨에 따라서, 정신의 작용은 의욕, 욕구와 혐오, 비탄과 기쁨, 희망과 두려움 등으로 다양화된다. 그러나 이와 함께 쾌락과 고통의 원인이 되는 대상은 우리 자신이나 다른 사람에 대해 관계를 획득하더라도, 여전히 그 대상은 계속해서 욕구와 혐오, 기쁨과 비탄을 고조시키지만, 그러나 동시에 이 대상은 긍지나 소심 또는 사랑이나 증오 등 간접적 정념의 원인이기도

한데, 이 경우에 간접적 정념들은 고통이나 쾌락에 대해 인상과 관념의
이중 관계를 갖는다.

575 우리가 이미 살펴보았듯이, 도덕적 구별은 고통이나 쾌락이라는 특
정 소감에 전적으로 의존하며, 조망이나 반성을 통해 우리에게 만족을
주는 우리 자신이나 다른 사람의 정신적 성질은 무엇이든 유덕하다는
것은 말할 나위없다. 본성이 우리에게 거북함을 주는 사물은 모두 부덕
하다. 그런데 쾌락을 주는 우리 자신이나 다른 사람의 모든 성질은 저
마다 항상 긍지나 사랑의 원인이지만, 거북함을 산출하는 모든 성질은
저마다 소심이나 증오를 유발한다. 따라서 이 두 특성은 우리의 정신적
성질의 측면에서 각각 덕과 **부덕**에 상응하는 것으로 간주되는데, 덕은
사랑이나 긍지를 산출하는 능력이고 부덕은 소심이나 증오를 산출하는
능력이다. 따라서 우리는 어느 경우든 이 능력을 통해 그 성질을 판단
하는 것이 틀림없고, 사랑이나 긍지의 원인인 정신의 **성질**을 유덕하다
고 단언할 수 있을 것이고, 증오와 소심의 원인인 정신의 성질을 부덕
하다고 단언할 수 있을 것이다.

어떤 **행동**이 유덕하거나 부덕하다면, 그 행동은 단지 어떤 성질이나
성격의 징표로서만 그렇다. 그 행동이 선하거나 악하다는 것은 정신의
지속적(durable) 원리에 의존할 수밖에 없는데, 이 지속적 원리는 전체
적인 행동 방식으로 확장되며, 개인적 성격(personal character)에 스
며든다. 행동 자체는 항상적 원리에서 유래되지 않기 때문에 사랑이나
증오 또는 긍지나 소심에 전혀 영향력을 미치지 않으므로, 결국 도덕성
에서는 결코 고려될 수 없다.

이런 의견은 자명하며, 이 주제에서 아주 중요한 만큼, 당연히 고려
될 만하다. 우리가 도덕의 기원에 관해 탐구할 때, 행동만 따로 고려하
는 것은 결코 아니며, 그 행동이 유래된 성질이나 성격만을 고려한다.

오직 성질이나 성격만이 그 인물에 대한 우리의 소감에 영향을 끼치기에 충분할 정도로 지속적이다. 실제로 행동은 성격을 말보다, 또는 심지어 기원(祈願)이나 소감보다 더 잘 표시한다. 그렇지만 행동이 그와 같은 표시인 한에 있어서만, 행동은 사랑이나 증오 또는 칭찬이나 비난을 수반한다.

　정신의 성질에서 발생하는 도덕의 참된 기원과 사랑이나 증오의 참된 기원을 발견하기 위해, 우리는 이 문제를 아주 깊이 있게 받아들여, 지금까지 이미 검토되었거나 설명된 몇 가지 원리와 비교해 보아야 한다.

　우리는 **공감**의 본성과 그 위력을 새롭게 살펴봄으로써 시작할 수도 있을 것이다. 모든 사람의 정신은 그 느낌이나 작용에서 유사하며, 다른 사람이 어느 정도 느낄 수 없는 감정 때문에 행동하게 되는 사람은 있을 수 없다. 현(絃)들이 똑같이 울릴 때, 한 현의 운동은 다른 현에게 전달되는 것처럼 모든 감정들은 어떤 사람에서 다른 사람으로 쉽게 옮겨 가며, 모든 인간 존재 각각에게 (각 감정에) 걸맞은 운동을 일으킨다. 나는 사람의 목소리와 몸짓에서 정념의 **결과**를 지각할 때, 나의 정신은 곧장 이 결과에서 그 원인으로 옮겨 가서, 당장 그 정념 자체로 전환될 정도로 그 정념에 대해 생생한 관념을 형성한다. 마찬가지로 내가 어떤 정서의 **원인**을 지각할 때, 정신은 그 결과로 옮겨져서 그 결과 때문에 기동된다. 내가 아주 무시무시한 외과 수술에 참여한다면, 수술 시작 전이라고 하더라도 수술 도구를 준비하고, 붕대를 정돈하며, 철제 기구를 열로 소독하는 것 등은 환자 및 그 보호자(assistants)의 불안과 염려 따위에 대한 모든 징표와 함께 나의 정신에 중대한 영향력을 미치며 연민과 공포에 대한 가장 강한 소감을 유발할 것이다. 그 밖의 어떤 정념도 정신에 직접적으로 드러나지 않는다. 정신은 정념의 원인이나 결과만 감지할 뿐이다. 우리는 이 **원인**이나 **결과**로부터 정념을 추정하며, 결과적으로 이 원인이나 결과가 우리의 공감을 유발한다.

우리의 심미감은 이런 원리에 매우 크게 의존한다. 어떤 대상이 그 소유자에게 쾌락을 산출하는 경향을 가지는 경우에, 그 대상은 늘 아름답다고 여겨진다. 고통을 산출하는 경향을 갖는 대상은 모두 언짢고 흉하다. 따라서 주택의 편의성, 토지의 기름짐, 말의 힘, 배의 수용력과 안전성 및 신속한 항해 등이 이 대상들의 주요 아름다움을 형성한다. 여기서 아름답다고 하는 대상은 오직 일정한 결과를 산출하는 그 대상의 경향 때문에 쾌락을 준다. 이때의 결과는 다른 어떤 사람의 쾌락이나 이득이다. 그런데 우리가 우애를 갖지 못한 낯선 사람의 쾌락은 오직 공감을 통해 우리를 만족시킨다. 그러므로 우리가 유용한 모든 것에서 발견하는 아름다움은 이 원리 때문이다. 이것이 아름다움의 상당 부분을 차지한다는 것은 반성을 통해 쉽게 드러난다. 대상이 그 소유자에게 쾌락을 산출하는 경향을 갖는 경우는 어떤 경우든 간에, 바꾸어 말해서 그 대상이 쾌락의 적절한 원인인 경우는 어느 경우든 간에, 그 대상은 관람자를 소유자와의 민감한 공감을 통해 만족시키는 것이 틀림없다. 대부분의 예술 작품은 아름답다고 평가되는데, 이 평가는 인간의 용도에 대한 그 작품의 적합성에 비례하며, 심지어 자연의 산물들 가운데 많은 것이 (바로 이 적합성이라는) 원천으로부터 그 아름다움을 이끌어 낸다. 대부분의 경우에 단정함과 아름다움 등은 절대적 성질이 아니라 상대적 성질이며, 다름 아닌 호의적 목적을 산출하는 경향을 통해 우리를 만족시킨다.[1]

577

---

1)   그 말은 보다 멋있게 생겼고 아랫배가 미끈하다. 면상이 잘나 씨름 선수 같고, 단련을 받아 허벅다리가 실하게 튀어나왔다. 하지만 종(species)은 (그 말의) 용도에 의해서 (다시) 세분되지 않는다. 웬만한 판단력만 있으면 이 점을 분별할 수 있다. 퀸틸리아누스(Quintilianus), 『제도』(Institutiones), 제8권. (옮긴이 주 – 이 각주는 라틴어 인용

여러 사례에서 바로 이 원리가 아름다움뿐만 아니라 도덕에 대한 우리의 소감을 산출한다. 우리는 어떤 덕도 정의 이상으로 높이 평가하지 않고, 어떤 부덕도 불의 이상으로 혐오하지 않는다. 어떤 성질도 성격을 상냥하거나 밉살스럽게 결정하는 데 그칠 뿐이다. 정의는 인류의 복리(good)를 추구하는 경향이 있다는 이유만으로 도덕적 덕이며, 그리고 실제로 정의는 바로 이 목적을 위한 인위적 발명품일 뿐이다. 충성과 국제법 및 정숙과 훌륭한 예절 등에 관해서도 똑같이 정의를 이야기할 수 있을 것이다. 이 모든 것은 사회의 이익을 위해 인간이 (발명한) 제도적 장치들일 뿐이나.* 그리고 그와 같은 제도적 장치들에 언제나** 수반되는 도덕에 대한 아주 강한 소감이 있기 때문에 우리가 인정하지 않을 수 없는 것은 성격과 정신적 성질들에 대한 반성 작용이 우리에게 찬동과 비난의 소감을 주기에 충분하다는 것이다. 그런데 어떤 목적이 호의적이면 그 목적에 대한 수단은 호의적일 수밖에 없으므로, 우리 자신의 이익 또는 친구의 이익이 고려되지 않는 경우에 사회의 복리는 오직 공감을 통해서만 쾌락을 주므로, 공감은 우리가 모든 인위적 덕을 평가하는 원천이다.

따라서 다음과 같은 사실은 분명하다. 즉 공감이 인간 본성의 가장 강력한 원리이고, 또 아름다움에 대한 우리의 취향에 지대한 영향을 미치며, 그리고 모든 인위적 덕에 우리의 도덕적 소감을 산출한다. 이런

578

문이고 성염 교수의 번역을 전재했다.)

*   흄은 초판을 수정한 수고에서 이 문장에 다음과 같은 문장을 덧붙였다. "이런 제도적 장치의 발명자들은 주로 자신의 이익을 고려한다. 그렇지만 우리는 이 제도적 장치에 대한 우리의 찬동을 (우리와) 가장 거리가 먼 시대와 지역까지, 그리고 우리 자신의 이익이 거의 미치지 않는 곳까지 적용한다" – 자구에 대한 주석.

**   초판에서는 '동서고금을 막론하고'로 되어 있다 – 자구에 대한 주석.

사실에서 공감이 그 밖의 많은 덕을 유발하며, 이 성질들은 인간의 복리를 위한 그 경향 때문에 우리의 찬동을 얻는다는 점을 우리는 막연하게나마 추정할 수 있을 것이다. 즉, 우리가 **자연적으로** 찬동하는 성질들 대부분이 실제로 그런 경향을 가지며 인간을 사회에 알맞은 구성원이 되도록 한다는 것을 우리가 깨닫는 경우에, 이 막연한 추정은 반드시 확실성으로 된다. 반면에 우리가 **자연적으로** 거부하는 성질들은 이와 반대의 경향을 가지며, (그 성질을 지닌) 사람과의 교류를 위험하거나 언짢게 만든다. 그와 같은 경향은 도덕에 대해 가장 강력한 소감을 산출하기에 충분한 힘을 가지고 있다는 것이 밝혀졌으므로, 우리는 이런 경우에 찬동이나 비난에 대한 다른 원인을 찾으려는 것이 결코 합당할 수 없다. 특정 원인이 그 결과(를 해명하기)에 충분하다면 우리는 그 원인으로 만족해야 하고, 쓸데없이 원인들을 중복하려고 해서는 안 된다는 것은 철학에서 거역할 수 없는 공리이기 때문이다. 다행스럽게도 우리는 지금까지 인위적 덕에서, 사회의 복리를 향한 성질의 경향이 찬동을 낳음에 있어서 그 밖의 어떤 원리의 도움을 받을지 모른다는 의혹의 여지도 없이, 그 경향이 곧 찬동의 **유일한** 원인이라는 실험적 결과 (experiments)에 도달했다. 여기서 우리는 이 원리의 위력을 깨닫는다. 그리고 이 원리가 발생하고 이 원리의 찬동을 받은 성질이 실제로 사회에 유익한 경우에, 참된 철학자는 (이와 같은 인간의 성질에 대한) 가장 강력한 찬동과 존경을 설명하기 위해 결코 그 밖의 어떤 원리도 필요로 하지 않을 것이다.

여러 가지 자연적 덕이 사회의 복리에 대해 이런 성향을 갖는다는 사실에 의혹을 가질 수 있는 사람은 아무도 없다. 온순함과 자비, 자선, 관용, 온화함, 중용, 공정 따위는 도덕적 성질 가운데서 가장 중요한 지위를 차지하며, 사회의 행복에 대한 이 성질들의 경향을 나타내기 위해 대체로 **사회적 덕**이라고 지칭된다. 이런 사실의 효과는 대단해서, 숙련된 정치가들이 인간의 거친 정념을 억제하기 위해 노력하며 명예와 수치심 따위의 개념을 통해 그 정념들이 공공복리에 작용하도록 노력할 때, 일부 철학자들이 모든 도덕적 구별은 책략과 교육의 결과라고 묘사할 정도이다. 그렇지만 이 체계는 경험과 부합되지 않는다. 그 이유는 다음과 같다. **첫째**, 공공의 손익에 대해 이런 성향을 갖는 것 이외의 덕과 부덕도 있다. **둘째**, 인간이 찬동과 비난에 대한 자연적 소감을 갖지 않는다면, 정치가들도 결코 그 소감을 불러일으킬 수 없다. 그리고 우리가 지금까지 이미 살펴본 바와 같이 **기특한**과 **칭찬할 만한**, 또 **비난받아야 할**과 **밉살스러운** 따위와 같은 말은, 우리가 전혀 모르는 말일 경우와 마찬가지로, 결코 이해될 수 없을 것이다. 그런데 이 체계가 틀렸다고 하더라도, 아마 우리는 이 체계를 통해 다음과 같은 사실을 깨달을 수 있을 것이다. 즉 도덕적 구별은 대개 사회의 이익을 향한 성질과 성격 등의 경향에서 발생하며, 이 이익에 대한 관심 때문에 우리는 그 성질이나 성격을 찬동하거나 거부한다. 그런데 우리는 공감이 아니라면 사회를 위한 그처럼 포괄적인 관심을 전혀 갖지 못한다. 따라서 마치 쾌락이나 거북함이 우리 자신의 손익에 대해 어떤 성향을 갖는 것처럼, (공감이라는) 원리는 다른 사람의 성격*에 있는 동일한 쾌락이나 거북함을 우리에게 제공할 정도로 우리가 우리 자신을 훌쩍 넘어서도록 만든다.

579

    자연적 덕과 정의 사이의 유일한 차이점은 다음과 같은 데 있다. 즉, 자연적 덕에서 유래된 결과인 복리는 (자연적 덕의) 모든 개별(single)

---

* 흄은 '다른 사람의 성격'을 초판을 수정한 수고에서 '사회에 유용하거나 유해한 다른 사람의 성격'으로 대체했다– 자구에 대한 주석.

작용마다 발생하며, 어떤 자연적 정념의 대상이다. 반면에 정의의 단일
작용을 본질적으로 고려해 보면 그 작용은 흔히 공공복리와 상반될 수
도 있고 행동의 일반적 틀이나 그 체계 안에서 오직 인류가 협력하는
것만이 이득이다. 내가 조난당한 사람을 구조하는 경우에 나의 자연적
인간애(humanity)가 나의 동기이다. 나의 구조가 확장되는 한, 그만큼
나는 내 이웃(my fellow-creature)의 행복을 증진한다. 그러나 우리가
정의의 법정에 서게 된 물음들을 모두 검토해 보면 깨닫게 되듯이, 그
물음들의 각 사례를 따로따로 살펴보면, 인간애의 여러 사례는 정의의
법칙에 부합되도록 판결되는 경우만큼 상반되게 판결되는 경우도 흔할
것이다. 재판관은 부자에게 줄 것을 가난한 사람에게서 빼앗고, 근면한
사람의 노동 대가(labour)를 방탕한 사람에게 주며, 부덕한 사람의 손
에 부덕한 사람들 자신들은 물론 다른 사람까지 해칠 수 있는 수단을
쥐어 준다. 그러나 법과 정의의 전반적 체계는 사회에 이득이다.* 인간
은 이 이득을 감안하여 자신들의 자발적 묵계를 통해 사회를 확립했다.
이런 묵계를 통해 사회가 일단 확립된 다음부터, 사회는 **자연적으로** 도
덕에 대한 강한 소감을 수반하는데, 이 소감은 오직 우리가 사회의 이
익을 공감하는 데에서 유래될 수 있다. 우리는 공공복리를 향한 경향을
갖는 자연적 덕에 수반되는 가치 평가를 달리 해명할 필요가 없다.

580

　　이 가설이 인위적 덕보다는 자연적 덕의 측면에서 더 높은 개연성을
갖도록 하는 여러 가지 여건이 있다는 사실도 나는 반드시 덧붙여야 한
다. 확실하다시피, 상상력은 일반적인 것보다는 개별적인 것의 영향을
더 많이 받으며, 대상이 어느 정도 흐릿하고 불확실한 경우에는 언제나

---

　* 흄은 '사회에 유익하다'를 초판을 수정한 수고에서 '사회와 모든 개인에게 유익하
다'로 대체했다 – 자구에 대한 주석.

그 대상에 대한 소감도 활동하기 어렵다. 그런데 정의의 개별적 작용이 모두 사회에 유익한 것이 아니라, 오직 전체적인 틀이나 체계가 유익하다. 그리고 아마 우리가 관심을 갖는 개인이 정의의 혜택을 받는 것이 아니라 사회 전체가 똑같이 혜택 받을 수도 있을 것이다. 반대로 근면하고 가난한 사람에 대한 모든 개별적 관용이나 구휼은 유익하며, 그런 것을 받을 만한 특정인에게 유익하다. 그러므로 인위적 덕의 경향은 자연적 덕 이상으로 우리의 소감을 감동시켜 우리의 찬동을 요구할 것이고, 따라서 우리가 자연적 덕에 대한 찬동은 소감의 경향에서 발생하는 깃임을 깨닫기 때문에, 바로 이 원인을 인위적 덕에 대한 찬동에 귀속시킬 수도 있으리라고 생각하는 것이 더욱 자연스럽다. 유사한 수많은 결과 중에서, 한 결과에 대해 어떤 원인이 밝혀질 수 있다면, 우리는 그 원인을 통해 해명될 수 있는 그 밖의 모든 결과로 그 원인을 확장해야 한다. 하물며 그 밖의 결과들이 이 원인의 작용을 수월하게 하는 특유의 여건을 수반한다면 더욱 그러하다.

　　논의를 더 진행하기에 앞서, 나는 이 사안에서 나의 학문 체계에 대한 반박으로 여겨질 법한 중요한 여건 두 가지를 주목하지 않을 수 없다. 그 첫째 여건을 다음과 같이 설명할 수 있을 것이다. 어떤 성질이나 성격이 인류의 복리를 향한 경향을 갖는다면, 우리는 그 성질이나 성격에 만족하고 찬동한다. 그와 같은 성질이나 성격은 우리에게 쾌락에 대한 생생한 관념을 주기 때문인데, 이 관념은 공감을 통해 우리를 감동시키며, 그 관념 자체가 일종의 쾌락이다. 그런데 이 공감은 아주 가변적이므로 도덕에 대한 우리의 소감들이 이 모든 변이들을 반드시 허용한다고 생각될 수도 있을 것이다. 우리는 우리와 거리가 먼 인물보다는 거리가 가까운 인물과, 그리고 낯선 사람보다는 잘 아는 사람과, 또 외국인보다는 동포와 더욱 잘 공감한다. 그런데 우리 공감의 이런 변이에도 불구하고, 우리는 **영국**과 **중국**에서 동일한 도덕적 성질에 동일한 찬동을 표한다. 이 도덕적 성질들은 분별 있는 관찰자의 가치 평가에서는 대등하게 유덕하다고 여겨지고 또 대등하게 권장된다. 공감은 우리 가치 평가에 변이가 없어도 변한다. 그러므로 우리의 가치 평가는 공감에서 유래되지 않는다.

나는 여기에 대해 다음과 같이 대답한다. 도덕적 성질에 대한 찬동은 이성이나 관념들의 비교에서 도출되는 것이 아니라 도덕적 취향에서 유래되며, 또 특정 성질이나 성격을 바라보며 고려하는 데에서 발생하는 쾌락이나 역겨움(disgust) 따위의 소감에서 유래된다는 점은 거의 확실하다. 그런데 명백하다시피, 이 소감들은 나타날 때마다 그 대상들의 멀고 가까움에 따라 반드시 변이한다. 나는 2천 년 전에 그리스에 살았던 인물의 덕에서는 친한 친구나 친지의 덕에서 느끼는 것과 동일하게 생생한 쾌락을 결코 느낄 수 없다. 그렇지만 내가 그리스인의 덕을 친한 친구나 친지의 덕보다 높게 평가한다는 이야기는 아니다. 따라서 가치 평가의 변이가 없는 소감의 변이가 하나의 반박일 수 있다면, 소감의 이런 변이는 공감의 체계뿐만 아니라 그 밖의 모든 체계를 반대하는 대등한 위력을 갖는 것은 틀림없다. 그러나 이것을 제대로 살펴보면, 소감의 변이는 전혀 위력이 없고, 이것을 해명하는 것은 세상에서 가장 쉬운 사실이다. 인간과 사물 어느 측면에서든, 우리의 상황은 끊임없이 유동적이다. 잠시 동안 우리와 멀리 있던 사람이 친밀한 지기지우로 된다. 게다가 모든 개인은 저마다 타자와의 관계 속에서 특유의 위상을 갖는다. 만일 우리들이 각각 성격들과 인물들을 오직 자기 고유의 관점에서 보이는 대로 생각한다면, 우리는 결코 적절한 말로 함께 대화할 수 없다. 따라서 이 끊임없는 **모순**을 예방하고 사물들에 대해 보다 더 안정적인 판단을 내리기 위해, 우리는 **확고하고 일반적인 관점**

582 들을 고수하며, 그리고 우리의 현재 상황이 어떻든 간에 우리는 언제나 우리 자신이 그와 같은 관점에 있는 것으로 생각한다. 마찬가지로 외부적 아름다움을 결정하는 것은 오직 쾌락뿐이다. 그리고 명백하다시피, 아름다운 용모는 우리가 스무 걸음 거리에서 볼 때에는 우리에게 더 가깝게 되었을 때만큼 쾌락을 줄 수 없다. 그렇지만 그 용모가 우리에게 거의 아름답게 보이지 않는다고 말하는 것은 아니다. 우리는 그 용모가 가까운 위치에서 어떻게 보일지(what effect it will have) 알고 있으며, 또 반성을 통해 그 순간적 현상을 수정하기 때문이다.

  일반적으로 현재 정신의 성향에 따라서, 그리고 비난받거나 칭찬받는 사람과 가깝거나 먼 우리의 상황에 따라서 비난이나 칭찬의 소감이 모두 변이한다. 우리는 일반적으로 판결할 때 이 변이를 고려하는 것이 아니라, 마치 우리가 어떤 관점을 유지하는 것처럼 우리의 좋고 싫음을 표현하는 술어를 사용한다. 우리의 소감이 더욱 완강하고 불변적일 경우에, 우리는 곧 경험을 통해 우리의 소감을 교정하거나 적어도 우리의 언어를 교정하는 이 방법을 깨닫는다. 우리의 하인이 근면하고 부지런하다면, 아마 그 하인은 사랑과 친절의 소감을 역사 속에 묘사된 **마르쿠스 브루투스**보다 더 강하게 유발할 수도 있을 것이다. 그렇지만 우리는 이런 사실 때문에 하인의 성격이 브루투스의 성격보다 훌륭하다고 말하지 않는다. 우리가 알고 있듯이, 유명한 애국자에게 우리가 거의 가까이 다가간다고 하면, 그는 (우리에게) 훨씬 높은 정도의 애정과 찬양을 자아낼 것이다. 이런 수정은 모든 감관과 공통적으로 관련되어 있다. 그리고 실제로 우리가 사물들의 순간적 겉모습을 수정하지 않고 우리의 현재 상황을 간과한다면, 우리는 결코 언어를 사용할 수 없거나 우리의 소감을 다른 사람에게 전할 수 없다.

  우리가 어떤 사람을 비난하거나 칭찬하는 것은 그 사람과 교류하는 사람들에게 미치는 그의 성격과 성질의 영향력에서 유래된다. 우리는 그 성질의 영향을 받는 사람들이 우리의 지기지우인지 낯선 사람인지, 그리고 동포인지 외국인인지 따위를 고려하지 않는다. 오히려 우리가 583 이와 같은 일반적 판단에서 우리 자신의 이익을 간과하며, 특히 어떤 사람 고유의 이익이 관심사일 경우에 우리 요구 중 일부와 반대된다고 해서 그 사람을 비난하지 않는다. 우리는 사람들에게서 어느 정도의 자기중심성은 허용한다. 우리는 자기중심성이 인간 본성과 분리될 수 없으며 우리의 기질과 생리적 구조 속에 내재한다는 점을 알고 있기 때문이다. 대립이 있을 경우에 아주 자연스럽게 발생하는 비난의 소감들을 우리는 이런 반성 작용을 통해 수정한다.

　그러나 비난이나 칭찬 등의 일반 원리가 그 밖의 원리에 의해 수정될 수 있다고 하더라도, 그 밖의 원리들이 모두 전적으로 효력 있다는 것은 아니며, 우리의 정념들이 이 이론과 전적으로 일치하는 경우가 흔한 것도 아니라는 점은 확실하다. 인간이 자신과 거리 먼 것과, 자신들의 특정 이익에 전혀 도움되지 않는 것 등에 진심으로 애착을 갖는 경우는 드물다. 마찬가지로 자신의 이익에 대립적인 사람들이 있는 경우에, 도덕성의 일반 규칙들에 따라 그와 같은 대립이 아무리 정당화될 수 있다고 하더라도, 자신의 이익과 대립되는 사람들을 용서하는 사람을 만나는 것도 드물다. 여기서 우리는 다음과 같이 말함으로써 만족한다. 즉 이성은 그처럼 공정한 행동 방식을 요구하지만 우리 스스로 이런 행동 방식을 지킬 수 있는 것은 드물고 우리들의 정념도 우리 판단력의 결정을 쉽게 따르지 않는다. 앞서 우리가 이성에 관해 언급했듯이, 이성은 우리의 정념에 대립될 수 있고, 또 이성은 어느 정도 거리를 두고 바라보거나 반성하는 데에 기초를 둔 정념들의 일반적이고 차분한 결정이라는 점을 우리는 깨달았는데, 우리가 이런 점을 숙고한다면,

이 말은 쉽게 이해될 것이다. 우리 자신의 이익(benefit)이나 우리 친구들의 이익에 대한 사람들 성격의 경향만을 근거로 우리가 그 사람들에 대해 판단을 형성한다면, 우리는 사회 (생활)과 대화에서 우리 소감들의 많은 모순을 발견하고, 또 그토록 엄청난 변이가 있을 수 없는 가치와 허물의 기준을 새로 찾아보아야 할 정도로 우리 상황의 끊임없는 변화에서 비롯된 불확실성도 발견한다. 우리가 최초 입장에서 벗어나면, 그 다음부터 우리는 우리가 염두에 둔 인물과 교류하는 사람과 공감하는 방식으로 가장 편리하게 우리 자신(의 새로운 입장)을 결정한다. 이 공감은 우리 자신의 이익이나 우리 친구의 이익이 관심사일 때만큼 생생하지 않고, 우리의 사랑과 증오에도 그와 같은 영향력을 미치지 않는다. 그렇지만 이 공감도 대등하게 우리의 차분하고 일반적인 원리에 적합하므로 우리의 이성에 대해 대등한 권위를 가지며, 우리의 판단력과 의견을 지배한다. 우리는 역사에서 읽은 나쁜 행동을 며칠 전 이웃의 행동과 마찬가지로 비난한다. 반성을 통해 우리가 알듯이, 이 말의 의미는 역사에서 읽은 나쁜 행동이 이웃의 행동과 동일한 위치에 있었더라면 이웃의 행동과 마찬가지로 강한 거부의 소감을 유발했다는 것이다.

나는 이제 주목할 만한 두 번째 여건에 도달했는데, 이것은 내가 주목하자고 제안한 것이다. 어떤 사람이 가지고 있는 성격의 자연적 성향이 사회에 유익한 경우에 우리는 그 사람을 유덕하다고 말하며, 그 사람의 성격을 바라봄으로써 우리는 즐거워한다. 심지어 특별한 우연적 사건 때문에 그 성격이 실행되지 못하더라도, 또 그가 그런 사건 때문에 자신의 친구들과 조국에 봉사할 수 없게 되었더라도, 우리는 그렇게 평가하며 즐거워한다. 누더기 속의 덕도 덕이다. 그리고 황무지나 지하 감옥은 덕이 더 이상 행동으로 실행될 수 없고 온 세상에서 사라지지만, 그와 같은 황무지나 지하 감옥까지도 덕이 유발한 사랑은 인간에게 수반된다. 그런데 이것은 현 체계에 대한 반박으로 간주될 수도 있을 것이다. 공감 때문에 우리는 인류의 복리에 관심을 갖는다. 그리고 만일 공감이 우리가 덕을 존중하게 되는 원천이라면, 덕이 현실적으로 그 목적을 달성하고 인류에게 유익한 경우에 찬동이라는 소감이 발생할 수 있을 뿐이다. 덕이 그 목적을 달성하지 못한 경우라면, 덕은 불완전한 수단일 뿐이다. 그러므로 덕은 그 목적에서 결코 어떤 가치도 획득할 수 없다. 완전하고 현실적으로 그 목적을 산출하는 수단에만 목적의 선함이 가치를 부여할 수 있다.

우리는 이런 반박에 대해 다음과 같이 응수해도 좋을 것이다. 어떤 대상이 각 부분 전체가 호의적인 목적을 달성하기에 적절하게 되어 있다면, 그 대상은 자연히 우리에게 쾌락을 제공하며, 아름답게 평가된다. 그 대상이 (그 목적을 산출하는 데) 완전하게 효과를 갖도록 하기 위해 외부적 여건들이 필요하다고 하더라도 마찬가지이다. 모든 것이 그 대상 자체에 완비되어 있다면 그것으로 충분하다. 생활의 모든 편의성을 위해 전문 지식(great judgment)을 통해 설계된 주택은, 우리가 이 주택에서 아무도 거주하지 않을 것이라는 점을 감지할 수 있다고 하더라도, 바로 이 편의성 때문에 우리를 만족시킨다. 비옥한 토지와 온난한 기후는, 지금 그 지역이 황무지이고 아무도 살지 않는다고 하더라도, 그 토지와 기후가 거주민들에게 주었을 행복을 반영함으로써 우리를 즐겁게 한다. 팔다리와 체격이 힘과 활동성을 보장하는 사람은 무기형을 선고받았다고 할지라도 풍채가 좋다는 평가를 받는다. 상상력은 자신에게 속한 일군의 정념들을 가지며, 아름다움에 대한 우리의 소감은 이 정념들에게 크게 의존한다. 이 정념들은 (관념이 갖는) 생생함과 힘의 정도에 따라 운동하는데, 이 생생함과 힘은 신념보다 열등하며 그 대상의 실제 존재와 무관하다. 어떤 성격이 모든 측면에서 사회에 이익이 되기에 적합한 경우에, 상상력은 그 원인으로부터 그 결과로 쉽게 옮겨 가지만, 그 원인을 완전한 원인이 되도록 하는 데 필요한 여건이 있다는 점을 고려하지 않는다. **일반 규칙**은 일종의 개연성을 창출하며, 이 개연성은 이따금 판단력에 영향을 미치지만 상상력에 대해서는 늘 영향을 미친다.

실제로 원인이 완전할 때, 그리고 훌륭한 성향이 자신을 사회에 실제로 유익하도록 만드는 행운을 수반할 때, 그 원인은 관람자에게 더욱 강한 쾌락을 제공하며 더욱 생생한 공감을 수반한다. 우리는 이런 원인의 성향을 더 빈다. 그림에도 불구하고 우리는 그 원인을 유덕하다거나 우리가 그 원인을 더 가치 있게 평가한다고 말하지 않는다. 우리가 알고 있듯이 운세의 변화 때문에 유익한 성향이 완전히 무기력해질 수도 있다. 그러므로 우리는 될 수 있는 대로 운세를 성향과 분리한다. 이것은 덕이 우리 자신과 상이한 거리를 두고 있기 때문에 생기는 덕에 대한 소감들을 우리가 수정하는 경우와 다를 바 없다. 정념이 언제나 우리의 수정을 따르지는 않는다. 그러나 이 수정은 우리의 추상적 의견들을 조절하는 데 충분히 기여하며, 우리가 덕과 부덕의 정도에 관하여 일반적으로 단언할 때에는 이 수정만 고려된다.

비판가들이 주목하듯이, 이렇게 단언하는 데에 어려움을 주는 단어나 문장들은 모두 귀에 거슬린다. 사람이 단언된 단어나 문장을 듣든 아니면 조용히 눈으로 읽든 간에 전혀 차이가 없다. 내가 어떤 책을 눈으로 훑어볼 때, 나는 내가 그것을 모두 듣는다고 상상한다. 그리고 또 586 한 상상력의 힘을 빌어 나는 그 책의 어투 때문에 말하는 사람에게 발생할 수도 있는 거북함에 젖는다. 그러나 이 거북함은 실재적이지 않다. 단어들의 이런 구성체는 거북함을 산출하는 자연적 경향을 가지고 있으므로, 이것은 정신에게 고통스러운 소감을 주기에 충분하고 그 문체를 거슬리고 언짢게 만든다. 이것은 실재적 성질이 우연적 여건 때문에 무력하게 되며, 사회에 대한 그것의 자연적 영향력을 상실하게 되는 경우와 유사하다.

이 원리들에 따라서 우리는 **포괄적 공감**과 **한정된 관용** 사이에 나타날지도 모르는 모순을 쉽게 제거할 수 있는데, 포괄적 공감에는 덕에 대한 우리의 소감이 의존하며, 지금까지 내가 지금까지 자주 인간에게 본질적이라고 진술했던 한정된 관용은, 앞에서 추론한 바에 따르면, 정의와 소유권이 가정하는 것이다. 다른 사람과 내가 공감하는 것은, 그 사람에게 거북함을 유발하는 경향을 가진 대상이 현존할 때, 나에게 고통과 거부 등의 소감을 유발할 수도 있을 것이다. 내가 비록 그 사람의 만족을 위해 나 자신의 이익 중 어떤 것도 기꺼이 희생하지 않을 수도 있고, 또는 나의 정념을 억제하지 않을 수도 있겠지만 말이다. 소유주의 편의성을 위해 엉성하게 설계된(ill-contriv'd) 집을 나는 불쾌하게 여길 수도 있지만, 나는 그 집의 재건축을 위해 돈 한 닢 내는 것을 거절할 수도 있을 것이다. (도덕적) 소감들이 우리의 정념을 다스리도록 하려면 그 소감들이 마음을 사로잡아야 한다. 그러나 소감들이 우리의 취향에 영향을 주도록 하기 위해 상상력을 넘어설 필요는 없다. 어떤 건물이 꼴사납고 위태로워 보이면, 우리가 (제작) 기량의 탄탄함을 충분히 확인하더라도, 그 건물은 보기 싫고 언짢다. 거부라는 이 소감의 원인이 되는 것은 두려움의 일종이지만, 이 두려움은 우리가 실제로 위태롭고 불안하게 생각하는 벽 아래 어쩔 수 없이 서 있을 때 느끼는 두려움과 같은 종류는 아니다. 대상들이 갖는 **외견상의 경향들**은 정신을 감응시킨다. 그리고 그 경향들이 유발하는 정서는 그 대상들의 **실질적 영향력**에서 유래되는 정서와 유사한 종류이지만, 그 느낌은 다르다. 적의 수중에 있는 도시의 요새는, 우리는 그 요새가 깡그리 파괴되기를

바랄 수 있음에도 불구하고, 그 요새가 갖는 힘 때문에 아름답게 평가
587 된다. 이처럼 이 정서들은 서로 부정하지 않으면서도 자주 상반될 정도
로 그 느낌이 다르다. 상상력은 사물에 대한 일반적 견해를 고수하며,
그 견해들이 산출한 느낌과, 우리의 개별적이고 순간적 상황에서 발생
한 느낌을 구별한다.

　대체로 위인들로 구성된 찬가들을 검토해 보면 깨닫게 되듯이, 우리
가 위인들이 가진 것으로 생각하는 성질은 대부분 두 종류로 나뉠 수
있을 것이나. ㄱ 하나는 위인늘이 자신늘의 사회적 역할을 수행하도록
한 성질이고, 또 다른 것은 위인들이 자신들을 위해 진력하고 자신들의
이익을 증진시킬 수 있도록 한 성질이다. 위인들의 **신중함, 절제, 검약,
근면, 배려**(assiduity), **모험, 능란함** 따위는 그들의 **관용**과 **인류애** 등과
마찬가지로 찬미된다. 만일 우리가 인간이 삶에서 제 역할을 할 수 없
도록 만드는 성질에 탐닉하는 일이 있다면, 그것은 **게으름**이라는 성질
에 탐닉하는 것인데, 이 성질은 인간에게서 그의 역할과 역량을 앗아
가는 것으로 상정되지 않고, 그 역할과 역량의 실행을 단지 유보하는
것으로 상정될 뿐이다. 그리고 그렇게 유보한다고 해도 당사자에게는
불편함이 없는데, 그 까닭은 그렇게 유보하는 것이 어느 정도 자신의
선택에 따른 것이기 때문이다. 그렇지만 게으름은 언제나 허물로 인정
되며, (그 정도가) 지나치다면 엄청난 허물로 인정된다. 어떤 사람이 이
런 게으름에 빠져 있을 때, (게으름보다) 더 중대한 점에서 그의 성격을
보존하기 위해서가 아니라면 그를 인정할 친구는 아무도 없다. 그의 친
구들의 말로는 그가 자신의 건전한 오성과 민첩한 판단(conception
quick) 그리고 좋은 기억력 등을 기꺼이 활용한다면 제구실을 할 수 있
겠지만, 일을 싫어하고 자신의 재산에도 무관심하다는 것이다. 그리고

어떤 사람은 바로 이런 점을 허물이라고 인정하는 듯하면서도 심지어 자랑거리(a subject of vanity)로 삼을 수도 있을 것이다. 그는 무능하다는 것이 철학적 정신, 훌륭한 취향, 그리고 쾌락과 사회를 위한 날카로운 풍자나 해학 등 훨씬 더 고상한 성질을 포함한다고 생각할 수도 있기 때문이다. 그러나 그 밖의 사례를 들어 보자. 달리 좋은 성질을 암시하지도 않고 사람을 언제나 무능하게 만들고, 그의 이익에 해로운 성질들, 즉 갈피를 못 잡은 오성과 그리고 생활에서 가장 중요한 것에 대한 그릇된 판단, 변덕과 우유부단, 인간과 일에 대한 관리 능력 부족 등을 가정해 보자. 이런 것들이 모두 성격상의 불완전함이라는 점은 인정된다. 그리고 많은 사람은 자신들이 가장 중대한 죄와 조금이라도 연루되어 있다고 의심받기보다는 오히려 그 죄를 시인하려 들 것이다.

588

　우리의 철학적 탐구에서 우리가 여건들의 변화 때문에 다양화된 동일한 현상을 발견한다면, 그리고 우리가 다양한 여건들 사이에서 공통적인 것이 무엇인지 밝혀 냄으로써 이 현상을 설명하기 위해 사용할 수도 있을 법한 가설의 진리를 더욱 확신할 수 있다면 아주 다행스럽다. 오직 사회에 유익한 것만이 덕으로 평가될 수 있다면 확신컨대, 도덕감(moral sense)에 대해 앞에서 설명한 것이 더욱 당연히 인정되어야 하고 또 이 설명은 충분한 명증성이 있다. 그런데 우리가 이 가설에서 예외적인 어떤 설명도 있을 수 없는 다른 종류의 덕을 발견할 경우에, 우리 (가설)의 명증성은 반드시 더해진다. 여기에 사회적 성질에 현저한 결함이 없는 사람이 있다. 그러나 그가 주로 호감을 사는 것은 빈틈없는 업무 능력 때문이다. 그는 이 빈틈없는 업무 능력 때문에 가장 중대한 어려움도 면하고 뛰어난 화술과 신중함으로 가장 민감한 사안들을 지휘했다. 나는 그에 대한 존경심이 나에게서 즉각 발생하는 것을 발견한다. 그의 회사는 나에게 만족스럽다. 그리고 나는 그와 더 친숙하기 전이라도, 성격이 이 업무 능력에 결함이 있다는 것 말고는 그 밖의 모든 측면에서 그와 대등한 다른 사람보다 그에게 더 헌신할 것이다. 이 경우에 나를 만족시킨 성질들은 그 사람에게 유용하게 여겨지고, 또 그의 이익과 만족을 증진시키는 경향을 갖는 것으로 여겨지는 것이 전부이다. 그 성질들은 어떤 목적을 위한 수단으로 간주될 뿐이며, 그 목적에 대한 성질들의 적합성에 비례하여 나를 만족시킨다. 그러므로 그 목적은 틀림없이 나에게 호의적이다. 그런데 이 목적을 호의적이도록 하는 것은 무엇인가? 그 사람은 낯선 사람이고, 나는 그에게 전혀 흥미를 느끼지 못하고, 그 사람에 대해 어떤 책임도 없다. 그 사람의 행복이 모든 인간의 행복, 그리고 심지어 모든 유정적 존재의 행복보다 더 나의 관심을 끄는 것은 아니다. 즉 그 행복은 오직 공감을 통해서만 나에게 영향을 미친다. 내가 이 (공감이라는) 원리로부터 그의 행복과 복리를 그 원인이나 결과에서 발견할 때마다, 그것이 나에게 현저한 정서를 줄 정도로 나는 그것을 깊이 공감한다. 그 정서를 촉진하는 경향을 가진 성질들의 출현은 상상력에 호의적인 영향력을 미치고, 나의 사랑과 존경을 자아낸다.

아마 이 이론은 모든 경우에 동일한 성질들이 긍지와 사랑, 소심과 증오를 모두 산출하는 까닭을 설명하는 데 기여할 수 있을 것이다. 그리고 자신에 대해 언제나 유덕하거나 부덕하고, 또 품위 있거나 비열한 사람은 다른 사람에게도 그러한 까닭을 설명하는 데에도 도움될 것이다. 우리가 어떤 사람에게서 그 사람 자신에게 근본적으로 해로울 뿐인 정념이나 버릇을 발견했을 때, 이 사람은 바로 그 점 때문에 우리에게 언제나 언짢게 된다. 반면에 다른 사람에게 위태롭고 언짢을 뿐인 성격의 소유자는, 자신이 이 단점을 감지하는 한, 결코 자신에게 만족하지 못한다. 이것은 성격과 행동 방식의 측면에서 관찰될 수 있지만, 아주 사소한 여건에서도 눈에 띌 수 있다. 다른 사람의 심한 기침은 본질적으로 우리에게 전혀 영향을 미치지 못하지만 그럼에도 불구하고 우리에게 거북하다. 당신이 어떤 사람에게 그의 구취가 지독하다고 말하면 그 자신에게는 전혀 괴로울 것이 없음은 분명한데도 불구하고, 그는 굴욕감을 느낄 것이다. 우리의 공상은 쉽게 자신의 상황을 변화시킨다. 우리 자신을 다른 사람에게 보이는 대로 조망하는 것 때문에, 또는 다른 사람을 다른 사람들이 그 자신을 느끼는 것으로 간주하는 것 때문에 우리가 젖어 드는 소감들은 우리가 전혀 갖고 있지 않는 것들이고, 오직 공감만이 우리가 그 소감들에게 흥미를 갖도록 할 수 있을 뿐이다. 그리고 단지 우리에게 편리한 어떤 성질이 다른 사람에게 불쾌하다는 것 때문에, 또 이 성질 때문에 우리가 다른 사람의 눈에 언짢게 보이게 된다는 것 때문에, 우리는 때때로 이 성질을 불쾌하게 여길 정도로 공감을 확장한다. 설령 우리가 다른 사람에게 호의적으로 된다고 해서 얻을 이익은 전혀 없다고 하더라도 그렇다.

　　지금까지 모든 시대에는 철학자들이 개진한 도덕성에 대한 이론 체계가 많이 있었다. 그렇지만 엄밀히 검토해 보면, 이 이론 체계들을 두 가지로 환원되는데, 오직 이 두 이론 체계가 우리의 관심을 끌 만하다. 도덕적 선악은 **이성**을 통해 구별되는 것이 아니라, 우리의 **소감**을 통해 구별되는 것이 확실하다. 그런데 이 소감은 우리의 (직접적 관찰에서 나타나는) 성격과 정념의 순수한 종류나 현상 따위에서 발생할 수도 있고, 아니면 인류의 행복과 특정 인물들의 행복 등에 대해 갖는 그 성격과 정념의 경향을 우리가 반성하는 데에서 발생할 수도 있을 것이다. 내 의견인데, 도덕에 대한 우리의 판단에는 이 두 가지 원인이 모두 섞여 있으며, 우리가 거의 모든 종류의 외부적 아름다움에 관해 우리가 판단할 때에도 역시 이 두 가지 원인이 모두 섞여 있다. 비록 행동의 성향에 대한 반성은 단연 가장 중대한 영향력을 가지며, 우리 의무의 큰 갈래를 모두 결정한다는 것 역시 나의 의견이기도 하지만 말이다. 그렇지만 그다지 중요하지 않은 경우들에는 직접적인 소감이나 취향이 우리의 찬동을 산출하는 사례들 있다. 재치와 안락하고 자유로운 행태 따위는 다른 사람에게 **직접적으로** 호의적인 성질들이며, 다른 사람들의 사랑과 부러움을 자아낸다. 이 성질들 중 일부는 인간 본성의 특수한 **근원적 원리**들에 의해 다른 사람들을 만족시키는데, 이 원리들은 해명될 수 없다. 그 밖의 성질들은 더욱 일반적 원리로 될 수 있을 것이다. 자세히 딤구하면 이런 사실은 철저히 밝혀질 것이다.

다른 사람들에게 **직접적으로** 호의적이기 때문에 공공의 이익에 대한 경향이 없더라도 가치를 갖는 성질들이 있듯이, 어떤 성질을 갖는 사람 자신에게 **직접적으로** 호의적이기 때문에 그 성질을 유덕하다고 말한다. 정신의 정념과 작용은 각각 특정한 느낌을 갖는데, 이 느낌은 반드시 호의적이든가 언짢다. 호의적인 느낌을 갖는 것은 유덕하고, 언짢은 느낌을 갖는 것은 부덕하다. 바로 이 느낌이 해당 정념의 실제 본성을 구성하며, 그러므로 이 느낌은 해명될 필요가 없다.

그러나 부덕과 덕에 대한 직접적인 구별이, 특정 성질이 우리 자신이나 다른 사람에게 유발하는, 직접적 쾌락이나 거북함에서 직접적으로 유래되는 것처럼 여겨질 수도 있을 것이다. 그렇지만 아무리 그렇더라도 이 구별 역시 지금까지 매우 자주 주장되었던 **공감**의 원리에 상당히 의존하고 있음을 관찰하는 것은 쉽다. 어떤 사람이 자신과 교류하는 사람에게 **직접적으로** 호의적인 성질을 가지고 있다고 할 때, 비록 우리 자신은 아마 그 성질에서 결코 어떤 쾌락도 거두지 못한 경우라고 할지라도 우리는 그 사람에게 찬동한다. 또 자기 자신에게 **직접적으로** 호의적인 성질을 가진 사람이 있을 경우에, 비록 그 성질이 세상에서 아무짝에도 쓸모없다고 할지라도 우리는 그런 사람에게도 찬동한다. 이런 사실을 해명하기 위해 우리는 위에서 언급한 원리들에 호소할 수밖에 없다.

591   그러면 이 가설을 개관해 보자. 그냥 둘러보는 것만으로도 쾌락을 주는 정신의 성질을 모두 유덕하다고 말하며, 고통을 낳는 성질을 모두 부덕하다고 말한다. 이런 쾌락과 고통은 서로 다른 네 가지 원천에서 발생할지도 모른다. 다른 사람이나 자기 자신에게 유용하기에 자연적으로 알맞은 성격, 또는 다른 사람이나 자기 자신에게 호의적인 성격은 우리가 보는 것으로 쾌락을 얻는다. 이 모든 이익과 쾌락 가운데, 다른 모든 경우에 우리와 아주 밀접한 우리 자신의 이익과 쾌락을 우리가 잊어야 한다는 데 대해 어떤 사람은 아마 깜짝 놀랄 법도 하다. 다음과 같은 점을 고려해 보면 우리는 이렇게 놀라는 점을 쉽게 확인할 것이다. 즉, 개인적인 쾌락과 이익은 사람마다 차이가 있기 때문에, 사람들이 공통의 관점을 통해 자신들의 대상을 조망할 수도 있고, 또 공통의 관점을 통해 그 대상이 모든 사람에게 동일하게 나타날 수도 있다면, 이 공통의 관점을 선정하지 않는 한, 사람들의 소감과 판단은 결코 언제나 일치할 수 없다. 성격을 판단하는 경우에, 모든 관찰자에게 동일하게 나타나는 이익이나 쾌락만이 그 성격을 시험받는 사람 자신의 것이거나, 또는 그 사람과 연관된 사람의 것이다. 그리고 그와 같은 이익과 쾌락의 영향력이 비록 우리 자신의 것보다 더 희미하더라도 (우리 자신의 이익과 쾌락보다) 더 불변적이고 보편적이므로, 현실적으로도 우리 자신의 이익과 평형을 이루며, 사변에서만 덕과 도덕성의 기준으로 인정된다. 그와 같은 이익과 쾌락 단독으로 특정한 느낌이나 소감을 산출하는데, 도덕적 구별은 이 느낌이나 소감에 의존한다.

덕이나 부덕에 해당하는 복리나 역경(ill)을 두고 볼 때, 이것은 쾌락이나 거북함 같은 소감의 명백한 귀결이다. 이 소감은 사랑이나 증오를 낳고, 사랑이나 증오는 인간 정념의 근원적 구조에 의해 자비나 분노를 수반한다. 다시 말하자면, 사랑이나 증오는 우리가 사랑하는 사람을 행복하게 하려는 욕구를 수반하고, 우리가 증오하는 사람을 불행하게 만들려는 욕구를 수반한다. 우리가 이 문제를 다른 경우에 더욱 충분히 다룬 적이 있었다.

592   제2절 성신의 위대함에 관하여

이제 도덕에 대한 이 일반적 체계를 덕과 부덕의 개별적 사례들에 적용함으로써, 또 그 사례들의 가치와 허물이 여기서 설명되는 네 가지 원천에서 발생하는 방식을 보여 줌으로써 이 일반적 체계를 예증하는 것이 적절할 것 같다. 우리는 **긍지**와 **소심** 따위의 정념들에 대한 검토부터 시작해서, 이 정념들이 지나치거나 알맞은 경우의 부덕이나 덕을 살펴보겠다. 우리 자신에 대한 지나친 긍지나 지나친 자부심은 언제나 부덕하다고 평가받으며, 보편적으로 증오를 산다. 겸손이나 자신의 약함을 제대로 느끼는 것은 유덕하다고 평가되며, 만인의 호의(good-will)를 산다. 도덕적 구별의 네 가지 원천 가운데 이것은 세 **번째**, 즉 다른 사람에 대한 성질의 직접적인 호의적임과 언짢음에 속하며, 이 성질의 경향에 대해서는 전혀 고려하지 않는다.

이 사실을 증명하기 위해 인간 본성의 아주 특징적인 두 원리에 호소해야 한다. 이 원리 중 첫 **번째** 원리는 **공감**, 그리고 앞에서 언급했듯이 소감과 정념의 교류이다. 인간 영혼들의 (상호) 호응은 아주 근사하고 친밀해서, 어떤 사람이 자신의 모든 의견을 나에게 전하며 나의 판단력을 다소 촉진하자마자 그는 나와 엇비슷해진다. 많은 경우에 내가 그와 공감한 것은 나의 소감과 사고방식을 고스란히 바꿀 정도에 이르지는 못하지만, 나의 평탄한 사고 흐름을 교란시키지 못할 정도로 약한 경우도 드물거나, 그의 동의와 찬동을 통해 나의 호감을 사게 된 그 의견에 권위를 제공하지 못할 정도로 약한 경우도 드물다. 그 공감이 그와 내가 몰두한 사유 대상에 좌우되는 것도 결코 아니다. 우리가 평범한 (제3의) 인물에 대해 판단하든 아니면 나 자신의 성격에 대해 판단하든 상관없이, 나의 공감은 (나와 공감한) 그의 결정에 대해 (나의 결정과) 대등한 힘을 부여한다. 그리고 심지어 그 자신의 가치에 대한 그의 소감 때문에 나는 그가 그 자신을 생각할 때와 동일한 입장에서 그를 고려한다.

593   이 공감의 원리는 대부분의 우리 소감과 정념에 관여하고 때로는 자신과 상반된 원리 아래에서도 발생할 정도로 강력하고, 그 본성은 영합적(insinuating)이다. 내가 지금 강하게 이끌리는 소감에서, 그리고 모순 때문에 나의 정념을 부추기는 소감에서 나와 대립하는 사람이 있을 때, 나는 언제나 어느 정도 그와 공감하며, 나의 동요가 (공감 이외의) 다른 기원에서 발생하지 않는다는 점은 주목할 만하다. 아마 우리는 여기서 상반된 원리와 정념들이 명백하게 상충되어 조우하는 것을 주목할 수 있을 것이다. 한 편에는 나에게 자연스러운 정념이나 소감이 있다. 그리고 이 정념이 강할수록 동요도 강하다는 점을 주목할 만하다. 다른 편에도 역시 반드시 어떤 정념이나 소감이 있으며, 이 정념은 오직 공감에서 유래될 수 있다. 다른 사람의 소감은 어느 정도 우리 자신의 소감으로 되어야만, 비로소 우리에게 영향을 미칠 수 있다. 이 경우에 다른 사람의 소감들은 마치 우리 자신의 기분과 성향에서 근원적으로 유래된 것과 전적으로 동일한 방식으로, 우리의 정념과 대립함으로

써 또 우리 정념을 증대시킴으로써 우리에게 작용한다. 다른 사람의 소감들이 다른 사람의 정신에 숨겨진 채로 있는 동안, 그 소감들은 우리에게 전혀 영향력을 미칠 수 없다. 그리고 설령 다른 사람의 소감들이 우리에게 알려진 경우라고 하더라도, 그 소감들이 상상력이나 표상 작용(conception)에 지나지 않는다면, 상상력이나 표상 작용이라는 직능은 모든 종류의 대상과 친숙하기 때문에, 어떤 순수 관념(a mere idea)이 우리의 소감과 의향에 상반된다고 하더라도, 이 순수 관념만으로는 우리에게 결코 영향력을 미칠 수 없을 것이다.

내가 주목하려는 두 번째 원리는 비교의 원리, 또는 대상들에 관한 우리 판단들의 변이인데, 이 변이는 우리 판단이 우리가 비교하는 대상들과 갖는 관계에 비례한다. 우리는 대상을 그 내재적 중요성이나 가치보다는 비교를 통해 판단하는 경우가 많고, 또 대상들이 동종의 우월한 대상들과 상반되는 경우에 그 대상을 하찮게 여긴다. 그렇지만 가장 명백한 비교는 우리 자신과 비교하는 것이다. 따라서 우리 자신과 비교하는 것은 모든 경우에 생기며, 대부분의 우리 정념과 혼합된다. 우리가 연민과 심술을 다루면서 이미 살펴보았듯이, 이런 종류의 비교는 그 실행에서 공감과 직접적으로 상반된다. 모든 종류의 비교에서 한 대상은 자신이 비교되는 다른 하나의 대상으로부터 언제나 하나의 감각을 받아들이도록 만드는데, 이 감각은 우리가 그 대상을 직적접이고 즉각적으로 조망했을 때 그 대상 자체에서 발생하는 감각과는 상반된다. 다른 사람의 쾌락을 직접적으로 조망하는 것은 자연히 우리에게 쾌락을 준다. 따라서 (그 쾌락이) 우리 자신과 비교되면 우리에게 고통이 산출된다. 그의 고통은 그 자체로 두고 보면 고통스럽지만, 우리 자신의 행복에 대한 관념을 증대시키며, 우리에게 쾌락을 준다.[2]

그런데 공감의 원리와, (다른 사람과) 우리 자신의 비교 원리는 직접적으로 상반되므로, 당사자의 개별적 기분을 제쳐 두고, 두 원리 중 지배적인 원리를 위해 어떤 일반 규칙이 형성될 수 있는지 살펴보는 것도 아마 값질 것이다. 내가 지금 육지에 안전하게 있으며 다음과 같은 생각에서 의도적으로(willingly) 어떤 쾌락을 얻고자 한다고 가정하자: 나는 나 자신의 행복을 더욱더 잘 감지하도록 하기 위해, 세찬 비바람이 몰아치는 바다에 있는 사람의 불행한 처지를 생각해야 하며, 이런 관념을 될 수 있는 대로 강하고 생생하도록 하기 위해 노력해야 한다. 그러나 내가 (바다에 있는 사람의) 어떤 고통을 (생각하기로) 선택하든 간에, (그 사람과 나 자신을) 비교하는 것은 내가 실제로 바닷가에[3] 있으면서 폭풍우에 휩싸여 암초와 모래톱에 매순간마다 조각조각 부서지는 위험한 배를 얼마간 거리를 두고 멀리 바라보는 경우와 대등한 효력을 결코 가질 수 없을 것이다. 이런 관념이 더욱더 생생하게 되었다고 가정하자. 이 배가 나 가까이로 밀려와서, 내가 선원과 승객의 안색에 그려진 공포를 뚜렷이 지각할 수 있고, 또 그들의 비탄한 울음소리를 들을 수 있고, 그리고 서로 마지막 작별을 고하거나 서로 팔짱을 끼고 죽기로 결의하고 얼싸안은 가장 친한 친구들을 볼 수 있다고 가정하자. 이런 광경을 보고 쾌락을 얻을 정도로, 또는 가장 진한(tenderest) 연민과 공감이 꿈틀거리는 것을 억누를 정도로 잔혹한 마음을 가진 사람은 아무도 없다. 따라서 명백하듯이, 이런 경우에는 절충점이 없다.

---

2)   제2권 2부 8절.

3)   먼 바다에 바람이 사납게 몰아치는 물결을 뭍에서 바라다보듯이, 딴 사람의 고생을 구경하기는 행복하기까지 하다. 누가 고생하는 것이 재미있어서가 아니라 그대한테는 그 재앙이 없다는 깨달음이 달콤하기 때문이어라. 루크레티우스(Lucretius), 『사물의 본성에 관하여』(De Rerum Natura). (옮긴이 주 - 이 각주는 라틴어 인용문이고 성염 교수의 번역을 전재했다.)

그리고 이 관념도 너무 희미하면, 연민에 의한 영향력을 전혀 갖지 않는

595 다. 반면에 이런 관념이 너무 강하면, 이 관념은 비교와 상반되는 공감을 통해 우리에게 온전하게 작용한다. 공감은 관념을 인상으로 전환하기 때문에, 관념의 힘과 생동성을 비교에 필요한 것보다 더 요구한다.

　이런 사실은 모두 이 주제에 쉽게 적용된다. 우리는 위대한 사람이나 탁월한 재능을 가진 사람이 현존할 때, 우리는 우리 자신의 눈에 아주 많은 것을 떠올린다. 그리고 우리가 앞서 (존경이라는) 정념에 관해 추론한 바에 따르면,[4] 이 소심은 우리가 우월한 자에게 나타내는 **존경**의 중요한 요인이다. 때로는 심지어 질투와 증오도 (우월한 대상과 열등한 대상의) 비교에서 발생하지만, 대부분의 사람에게 있어서 소심은 존경과 선망에서 그친다. 공감은 인간의 정신에 대해 아주 강력한 영향력을 가지므로, 가치와 거의 같은 효력을 갖는 긍지를 낳는 원인이고, 긍지를 가진 사람이 그 자신에 대해 품은 고양된 소감에 우리가 젖어들도록 함으로써 (우리가) 아주 굴욕감을 느끼거나 언짢을 정도의 비교를 나타낸다. 어떤 사람이 과대망상(flattering conceit)으로 스스로 만족할 때, 우리의 판단력은 과대망상에 빠진 그 사람에게 고스란히 동반되지 않는다. 그럼에도 불구하고 우리의 판단력은 과대망상이 나타내는 관념을 수용하여 상상력의 표상 작용을 능가하는 영향력을 그 사람의 과대망상에 불어넣을 정도로 흔들린다. 기질(temper)이 게으른 사람이 자신보다 가치가 아주 월등한 인물에 대한 관념(notion)을 형성할 때, 그 사람은 그 허구 때문에 굴욕감을 느끼지는 않는다. 그러나 우리가 실제로 그 가치가 작다고 확신하는 사람이 우리 앞에 있을 때, 만일 우리가 그에게서 비범한 정도의 긍지와 자부심을 간과하면, 그가 자

---

4)　제2권 2부 10절.

신의 가치에 대해 가진 확고한 확신은 (우리의) 상상력을 장악하고 우리가 우리 자신을 왜소하게 보도록 한다. 마치 그가 자신이 가진 훌륭한 성질이라고 정말 마음대로 생각하는 그 성질들을 그가 실제로 소유한 것처럼. 여기서 우리의 관념은 정확히 중간적인 것(medium)이며, 이 중간적인 것은 비교를 통해 상상력이 우리에게 작용하도록 만드는 데 필수적인 것이다. 상상력이 신념에 동반된다면, 그리고 그 인물이 자신이 가졌다고 사칭하는 가치를 (실제로) 가졌다고 여겨지면, 상상력은 상반된 결과를 가질 것이며, 공감을 통해 우리에게 작용한다. 그렇다면 (공감이라는) 원리의 영향력은 비교의 원리보다 우월할 것이고, 그 인물의 가치가 그가 자임하는 것에 못 미치는 것으로 여겨지는 경우에 발생하는 것과 상반될 것이다.

596

　이 원리들의 필연적 귀결은 우리 자신에 대한 긍지나 지나친 자부심은 반드시 부덕하다는 것이다. 이런 긍지나 자부심은 모든 사람에게 거북함을 낳는 원인이고, 이런 긍지나 자부심은 사람들에게 매순간마다 언짢은 비교를 제시하기 때문이다. 철학과 심지어 일상생활 및 대화에서 아주 진부한 의견은 우리 자신의 긍지 때문에 우리가 다른 사람의 긍지를 매우 못마땅하게 여긴다는 것과, 허영심은 단지 우리가 허영을 부린다는 이유만으로 우리를 옹호할 수 없다는 것 등이다. 명랑한 기질을 가진 사람(gay)은 자연히 명랑한 기질을 가진 사람과 어울리고, 호색한은 호색한과 어울린다. 그러나 긍지를 가진 사람은 긍지를 가진 사람을 결코 허용할 수 없고, 오히려 반대의 성향을 가진 사람과 어울리려고 한다. 우리는 모두 어느 정도 긍지를 가지고 있으므로, 전 인류는 보편적으로 긍지를 (가진 사람을) 비난하거나 책망한다. 긍지는 비교를 통해 다른 사람에게 거북함을 낳는 원인의 자연적 성향을 갖기 때문이다. 자신에 대해 근거가 부실한 자부심을 가진 사람은 언제나 이런

비교를 하며, 자신의 허영심을 지지하는 (비교 이외의) 다른 어떤 방법
도 갖지 못했다는 사실에서 더욱 자연스럽게 이런 결과가 유래될 수밖
에 없다. 식견과 가치를 갖춘 사람은 (다른 사람이 자신을 어떻게 생각
하든 간에) 그의 생각과는 무관하게 자기 자신에 대해 만족한다. 그렇
지만 어리석은 사람은 자신의 신체적 역량(parts)과 오성에 대해 좋은
기분을 유지하기 위해 늘 (자기보다) 더 어리석은 사람을 찾아야 한다.

　　그러나 우리 자신의 가치에 대한 지나친 자부심이 부덕하고 언짢다
고 하더라도, 우리가 값진 성질을 실제로 가졌을 경우에 우리 자신을
아끼는 것보다 칭찬받을 수 있는 것도 없다. 우리 자신에 대한 어떤 성
질의 유용성과 장점은 다른 사람에 대해 호의적일 뿐만 아니라 덕의 원
천이다. 그리고 삶의 태도에서 우리에게 가장 유용한 것이 합당한 정도
597　의 긍지임은 확실한데, 이런 긍지 때문에 우리는 우리 자신의 가치를
감지할 수 있고, 우리의 모든 기획과 모험을 확신하고 안심한다. 어떤
사람이 타고난 역량이 무엇이든 간에, 그 사람이 그 역량과 친숙하지
않고 그 역량에 적합한 복안을 형성하지 않는다면, 그 역량도 그 사람
에게 전혀 쓸모없다. 어떤 경우든 우리 자신의 힘을 아는 것이 필요하
다. 그리고 어느 측면에서든 실수가 허용될 수 있다면, 우리 가치의 관
념을 정당한 기준에 못 미치게 형성하는 것보다는 우리 가치를 과대평
가하는 것이 더욱 유리할 것이다. 운명은 대체로 대담하고 진취적인 것
에 호의적이다. 그리고 우리 자신에 대한 좋은 의견만큼이나 우리를 대
담하도록 만드는 것도 없다.
　　덧붙여서, 비록 긍지와 자화자찬이 이따금 다른 사람에게 언짢다고
하더라도, 우리 자신에게는 늘 호의적이다. 한편으로는 겸손은 그것을
주목하는 만인에게 쾌락을 준다고 하더라도, 겸손을 간직한 사람 (자

신)에게는 거북함을 낳을 때가 흔하다. 그런데 지금까지 살펴보았듯이, 우리 자신의 감각은 어떤 성질의 부덕과 덕을 결정할 뿐만 아니라, 그 성질이 다른 사람에게 유발할 수 있을 감각도 결정한다.

따라서 자기만족과 허영심은 인정될 수 있을 뿐만 아니라 어떤 성격에 필수적이다. 그렇지만 훌륭한 교양과 품위(를 갖추려면) 우리가 (자기만족과 허영심 등의) 정념을 직접적으로 드러내는 경향이 있는 기색과 어투를 삼가야 한다는 것은 확실하다. 우리는 모두 우리 자신에 대해 놀라운 편파성을 가지고 있다. 그리고 우리가 언제나 바로 이런 점에서 우리 소감을 (자유롭게) 표출하게 된다면, 우리는 서로에 대해 가장 큰 분노를 일으킬 것이다. (이 경우에) 우리는 서로에 대해 아주 언짢은 비교의 주체로서 직접적으로 존재할 뿐만 아니라, 우리의 판단은 (서로) 상반되기 때문이다. 그러므로 우리가 사회에서 소유권을 보장하고, (개인의) 자기 이익에 반하는 것을 막기 위해 **자연법**을 정립하는 것과 마찬가지 방식으로, 인간의 긍지에 반하는 것을 막고 (서로에게) 호의적이고 거슬리지 않는 대화를 위해 우리는 **훌륭한 교양의 규칙**(rules of good-breeding)을 정립한다. 사람이 자기 자신에 대해 지나친 자부심을 갖는 것보다 언짢은 것도 없다. 거의 모든 사람이 각자 이런 부덕의 성향을 강하게 가지고 있으며, **자기 자신 안에서** 이런 부덕과 덕을 능히 식별할 수 있는 사람은 아무도 없거나, 자신의 가치에 대한 자신의 평가가 충분한 근거를 갖는다고 확신할 수 있는 사람도 전혀 없다. 이런 까닭으로 이 정념을 완전히 직접 표현하는 것은 모두 질책받는다. 우리는 이 규칙에서 식견 있고 가치 있는 사람을 위한 어떤 예외도 두지 않는다. 그런 사람도 다른 사람과 마찬가지로 자신의 진가를 말로 드러내는 것은 용인되지 않는다. 그리고 설령 그런 사람은 자기 자신이 생각한 자신의 진가를 드러내면서 유보적이고 은밀한 불확실성을 보이더라도, 그는 더욱더 찬사를 받을 것이다. 자신을 과대평가하는 사람들이 갖는 주제넘지만 거의 보편적인 성향 때문에 우리는 우리가 자화자찬을 접하는 경우에는 언제든지 **일반 규칙**을 통해 그것을 책망하기 쉬운 **선입견**을 갖게 되었다. 그리고 그가 아무리 은밀하게 (자신에 대한 과대평가를) 생각하는 경우라고 할지라도 우리는 간신히 그런 사람을 면책한다. 적어도 이런 점에서 어느 정도 숨기는 것이 절대적으로 필요하다는 것은 반드시 인정되어야 한다. 그리고 만일 우리가 가슴에 긍지를 품고 있다면, 우리는 당당히 외부로 드러내어야 하고, 우리의 행동 양식과 행대에서 겸손과 상호 존중 등의 기색을 가져야 한다는 점도 인정되어야 한다. 어떤 경우든 우리는 우리 자신의 것보다 다른 사람의 것을 선호할 준비가 되어 있어야 한다. 그리고 다른 사람들이 우리와 대등하다고 하더라도, 우리는 그들을 일종의 존중(하는 마음)으로 대할 준비가 되어 있어야 한다. 그리고 우리는 다른 사람들보다 아주 돋보이지 않는 경우라면, 언제나 그 모임에서 가장 낮고 왜소하게 여겨지도록 준비되어 있어야 한다. 그리고 우리가 행동 양식에서 이 규칙을 준수한다면, 우리가 우리의 소감을 우회적 방식으로 밝히는 경우에 사람들은 더욱 관대할 것이다.

세상사를 숙지하고 사람들 내면의 소감을 꿰뚫을 수 있는 사람이라면, 내가 믿기로는, 우리가 훌륭한 교양과 품위를 갖추기 위해 필요한 소심(humility)이 외면을 능가한다고 주장하거나, 또는 이런 점에서 철저히 성실한 것이 우리 의무의 참된 요소로 평가된다고 주장할 사람은 아무도 없다. 이와 반대로 우리가 주목할 수 있듯이, 참되고 왕성한 긍지, 즉 자부심은 우리가 그것을 잘 숨기고 그 근거가 충분하다면 명예로운 인간의 성격에는 본질적이며, 그리고 인류의 부러움과 찬동을 얻는 데 가장 절대적으로 필요한 인간의 성질이다. 습관이 인간의 상이한

599   계급에 따라 서로에게 요구하는 어떤 존중과 상호 복종이 있다. 그리고 이런 점에서 도가 지나친 사람은, 비록 이익 때문에 도가 지나쳤다고 하더라도, 누구나 비열하다고 비난받는다. 그리고 무지 때문에 도가 지나쳤다면 단순하다고 비난받는다. 그러므로 출생이나 운명 또는 직업이나 재능 또는 평판 중 어떤 것에 의해 우리의 계급과 입장이 확정되든 간에, 우리는 그 세계에서 우리의 계급과 입장을 알아야 한다. 그리고 그 계급에 맞게 소감과 긍지의 정념을 느껴야 하며, 그에 따라서 우리의 행동을 조절해야 한다. 실질적인 긍지가 없더라도 신중함은 바로 이런 점에서 우리의 행동을 조절하기에 충분하다고 말할지도 모르지만, 나는 다음과 같은 점을 주목할 것이다. 우선 여기서 신중함의 대상은 우리의 행동을 일반 관례 및 습관과 부합시키는 것이다. 또 사람들이 일반적으로 긍지를 느끼고, 그리고 (긍지라는) 정념의 근거가 충실한 경우에 이 정념은 일반적으로 찬동을 받는데, 만일 그렇지 않다면 우월성에 대한 묵시적인 분위기는 습관을 통해 정립될 수 없고 권위를 부여받을 수도 없다.

　　만일 우리가 일상생활과 대화에서 역사로 옮겨 가면, 지금까지 인류가 찬탄하는 대상으로 된 위대한 행동과 소감은 모두 그 기초가 긍지와 자부심뿐이라는 점을 주목하는 경우에, 이 추론은 새로운 힘을 획득할 것이다. 알렉산더 대왕은 자신의 병사들이 자신을 따라 인도 제국으로 가기를 거부할 때, 자신의 병사들에게 말하기를 "꺼져, 가서 자네의 동포들에게 자네는 알렉산더가 세계 정복을 완수하도록 내버려 두었다고 전해"라고 했다. 성 에브레몬드(Evremond)에게서 우리가 배웠듯이, 이 구절은 늘 콩데(Conde) 제후의 각별한 찬탄을 받았다. 콩데 제후는 다음과 같이 말하였다. "자신의 병사들이 야만인들 사이에 그를 내팽개쳐 버렸음에도 불구하고 알렉산더는 완전히 기가 꺾이는 것이 아니라 자신에게서 황제의 위엄과 권리를 느끼고 자신에게 복종하기를 거절할 수 있는 사람이 있을 수도 있다는 것을 믿을 수 없었을 것이다. 유럽이나 **아시아** 어디서든, 그리고 **그리스인**이나 **페르시아인** 중 어느 인종이든, 모두 알렉산더에게 무관심하다. 그런데 어디에서든 알렉산더가 사람들을 발견할 때마다 그는 자신의 신민들을 발견했다는 공상에 **빠졌다.**"

일반적으로 우리가 주목할 수 있을 것이지만, 우리가 **영웅적 덕**이라고 일컬으며 위대하고 숭고한 정신의 성격이라고 찬미하는 것은 무엇이든 오직 안성석이고 충분히 확정된 긍지와 자부심일 뿐이거나, 또는 대체로 이와 같은 정념에 대체로 관여한다. 용기, 대담, 야망, 영예에 대한 사랑, 도량 및 그 밖에 빛나는 이와 같은 종류의 모든 덕은 분명히 그 덕들 사이에 자부심을 강하게 뒤섞고, 그 가치의 대부분을 (자부심이라는) 이 기원에서 끌어낸다. 따라서 우리가 알듯이, 종교계의 많은 변론가들은 이런 덕을 완전히 무종교적이고 미개하다(natural)고 공공연히 힐난하며 **기독교의** 탁월성을 우리에게 설명하고, 기독교는 소심을 덕의 반열에 넣고, 세상 사람들의 판단을 수정할 뿐만 아니라, 심지어 긍지와 야망의 모든 업적(efforts)을 아주 일반적으로 찬양하는 철학자들의 판단까지 수정한다. 소심이라는 이 덕이 제대로 이해되었는지 여부는 내가 감히 결정하지 않을 것이다. 나는 다음과 같은 점을 용인하는 것으로 만족한다. 즉 세상 사람들은 훌륭히 조절된 긍지를 자연적으로 부러워하는데, 이런 긍지는 다른 사람의 허영심을 상하게 할 수도 있을 정도로 (자신의) 허영심을 갑자기 천박하게 표명하지 않고도 우리의 행동 양식을 은밀하게 고무한다.

긍지나 자부심의 가치는 그 가치가 우리 자신에게 유용하고 호의적이라는 두 여건에서 유래된다. 이 여건들을 통해 이 가치는 우리에게 업무를 수행할 수 있도록 하는 동시에 직접적 만족도 부여한다. 이 가치는 그 정당한 한계를 넘어서면, 최초의 이점을 상실하고 심지어 불리하게 된다. 이것은 우리가 지나친 긍지와 자부심을, 훌륭한 교양과 공손함을 갖춘 예법을 통해 조절된다고 하더라도, 책망하는 까닭이다. 그러나 이와 같은 정념은 그럼에도 불구하고 이 정념의 자극을 받아 행동하는 인물에게 호의적이며, 또 고조된 절정의 감각을 전한다. 따라서 이 만족에 대한 공감은 그 인물의 행동 양식과 행태에 치명적인 영향력이 자연적으로 수반되는 비난을 상당히 감소시킨다. 따라서 우리가 주목할 수 있을 법하듯이, 특히 지나친 용기와 도량은 험난한 운명(frowns of fortune) 아래 드러나면, 대개 영웅의 성격을 낳는 원인이 되고, 그 인물을 후세의 찬미 대상이 되도록 할 것이지만, 동시에 그 때문에 그 인물은 자신의 일을 망치고, 또 그렇지 않았더라면 결코 부닥치지 않았을 위험과 곤경에 처한다.

영웅적 행위나 군인의 영예는 인류 대부분의 찬사를 많이 받는다. 대부분의 인류는 영웅적 행동이나 군인의 영예를 가장 고상한 종류의 가치로 간주한다. 냉정하게 반성하는 사람들은 영웅적 행동이나 군인의 영예를 칭찬함에 있어서 그토록 낙관적이지 않다. 영웅적 행동이나 군인의 영예가 세상에 일으킨 무한한 혼돈과 무질서는, 냉정하게 반성하는 사람들 눈에, 그 가치를 현저히 감소시킨다. 이런 점에서 그 사람들이 대중의 의견에 반대하려고 할 때, 그들은 이 가상적 덕이 인간 사회에 산출한 악을, 예를 들어 제국의 전복, 지방 유린, 그리고 도시 강탈 등과 같은 악을 언제나 지적한다. 이러한 사례들이 우리 앞에 현존하는 한, 우리는 그 영웅의 야망을 찬미하기보다는 증오하는 경향이 있다. 그러나 우리가 이 모든 해악의 창시자인 인물 자체에 우리의 시선을 집중하면 그의 성격에는 아주 현혹적인 어떤 것이 담겨 있고, 우리가 그 현혹적인 것을 그저 바라보는 것은 우리가 그것을 찬탄하지 않을 수 없을 정도로 (우리) 정신을 고조시킨다. 사회를 손상하는 그 현혹적인 것의 경향으로부터 우리가 받는 고통은 더욱 강하고도 직접적인 공감에 의해 압도된다.

따라서 긍지나 자부심 따위의 정도들에 수반되는 가치나 허물에 대한 우리 설명은 앞의 가설을 옹호하는 강력한 논변으로 활용될 수도 있을 것이다. 이 설명은 (긍지나 자부심이라는) 정념에 관한 우리 판단의 모든 변이 안에서 앞서 설명한 이 원리들이 갖는 결과를 보여 주기 때문이다. 부덕과 덕을 구별하는 것은 **당사자의 이득 원리**와 **다른 사람의 이득 원리**, 그리고 **당사자의 쾌락 원리**와 **다른 사람의 쾌락 원리** 등 네 가지 원리에서 발생하는데, 이 추론이 이런 구별을 보여 주는 것만으로는 우리에게 이득 될 것이 결코 없을 것이다. 그렇지만 이 추론은 우리에게 이 가설의 몇 가지 부차적 지위에 대한 강력한 증거를 제공할 수도 있을 것이다.

이 문제를 충분하게 숙고한 사람이라면, 어느 누구도 다음과 같은 점을 인정하는 데 주저하지 않을 것이다. 즉, 무례한 사례나, 긍지와 오만의 표정은 우리에게 못마땅한데, 그 까닭은 단지 그런 것이 우리 자신의 긍지에 충격을 주고, 또 공감을 통해서 우리가 그런 것 때문에 비교하게 되기 때문이다. 이때 비교는 소심이라는 언짢은 정념을 낳는 원인이다. 그런데 이런 종류의 오만은 우리 자신에 대해 언제나 예의바른 사람의 경우라도 비난받으며, 특히 역사를 통해 우리에게 이름이 알려진 사람의 경우는 말할 것도 없다. 따라서 우리의 거부는 다른 사람과의 공감과 반성 등에서 비롯되고, 이런 오만과 같은 성격은 그 성격을 가진 사람과 대화하거나 교류하는 모든 사람에게 아주 못마땅하고 밉살스럽다. 우리는 그들의 거북함을 이 사람들과 공감한다. 그리고 그들의 거북함은 자신들에게 무례한 사람과의 공감에서 부분적으로 유래하므로, 우리는 여기서 공감의 이중적 반동(double rebound)을 주목할 수도 있을 것이다. 그리고 공감의 이중적 반동은 우리가 다른 경우에[5] 이미 살펴보았던 것과 아주 흡사한 원리이다.

제3절 선과 자비에 관하여

우리가 인간의 감정에서 위대하다고 일컫는 만물에 수반되는 칭찬과 찬동 등의 기원에 관해 지금까지 설명했으므로, 이제 계속해서 그런 것들의 선을 해명하고 그 가치가 유래되는 기원에 대한 밝히겠다.

우리는 지금까지 경험을 통해 인간사에 관해 충분한 지식을 얻었고, 또 인간사가 우리의 정념과 어느 정도 관계(proportion)를 갖는지 우리가 경험을 통해 깨우쳤다면, 우리는 인간의 관용이 매우 한정되어 있고, 이 관용은 친구나 가족을 넘어서는 경우가 드물고, 기껏해야 자신의 조국을 넘어설 수 없다는 점을 지각한다. 이처럼 우리는 인간의 본성을 숙지했으므로, 인간에게서 불가능한 것을 기대하는 것이 아니라, 인간이 자신의 도덕적 판단을 형성하기 위해 추론하는(move) 좁은 범위에 주의를 국한한다. 인간 정념의 자연적 경향 때문에 인간이 자신의 영역 안에서 쓸모 있고 유용하게 될 때, 우리는 그 사람과 각별한 연관을 갖는 사람들과의 공감을 통하여 그의 성격에 찬동하고, 그의 인격을 사랑한다. 우리는 이런 종류의 판단에서 우리 자신의 이익을 곧 잊을

---

5) 제2권 2부 5절.

수밖에 없는데, 그 까닭은 우리 자신과 동일한 처지에 있는 것도 아니고 또 동일한 이익을 갖는 것도 아닌 사람들과 교제하며 대화하는 가운데에서 마주치는 영속적인 모순 때문이다. 우리의 소감이 다른 사람의 소감과 공조하는 유일한 관점은 어떤 정념을 소유한 인물과 직접 연관되거나 교류하는 사람의 이득이나 해악에 대한 그 정념의 경향을 우리가 고려하는 경우이다. 이런 이득이나 해악은 우리 자신과 거리가 멀 때가 많지만, 그래도 때로는 우리와 아주 가깝고, 공감을 통해 우리의 관심을 강하게 끈다. 우리는 이 관심을 쉽사리 유사한 다른 경우들로 확장한다. 그리고 이 유사한 경우들이 (우리와) 아주 거리가 멀면 우리의 공감도 비례적으로 약해지고, 우리의 칭찬이나 비난도 희미해지며 더욱 모호해진다. 여기서 이 경우는 외부 대상에 관한 우리의 판단과 동일하다. 모든 대상은 거리에 따라 축소되어 보인다. 그러나 우리 감관에 대상이 현상하는 것이 우리가 그 대상을 판단하는 근본적 기준이라고 하더라도, 우리는 그 대상이 실제로 거리에 따라 축소된다고 말하는 것이 아니라, 반성을 통해 그 현상을 수정함으로써 그 대상에 관한 더욱 불변적이고 확정적인 판단에 도달한다. 마찬가지로 공감은 우리 자신에 대한 우리의 관심보다 훨씬 희미하겠지만, 그리고 우리와 거리가 먼 사람과의 공감은 우리와 가까이 인접한 사람과의 공감보다 훨씬 희미하겠지만, 우리는 사람들의 성격에 대해 차분하게 판단할 때 이 모든 차이점을 무시한다. 우리 자신도 이런 경우에는 우리의 입장을 자주 바꾼다는 점은 제쳐 두더라도, 우리가 우리 고유의 입장과 관점을 그대로 유지하려고 하더라도, 우리는 우리 자신과 입장이 다르고 적절한 언어로 우리와 결코 대화를 나눌 수 없는 사람과 매일 만난다. 그러므로 우리는 (사람들과) 교제하며 대화를 나누면서 소감들의 교류를 통해 불변적인 일반 기준을 형성하게 되며, 이 기준을 통해 인격과 태도를 찬동하거나 거부할 수 있을 것이다. 그리고 마음(heart)이 언제나 이 일반적 견해(notions)의 편을 드는 것은 아니더라도, 또는 이 일반적 견해에 따라서 자신의 사랑과 증오를 조절하지는 않더라도, 이 일반적 견해는 담화하기에 충분하며, 또 모임과 종교계 및 극장과 학교 등에서 우리의 모든 목적에 기여한다.

대체로 관용, 박애, 연민, 감사, 우정, 성실, 열성, 청렴, 공평무사 따위에 속하는 것으로 생각하는 가치에 대해, 그리고 선과 자비 등의 성격을 형성하는 그 밖의 모든 성질에 대해 우리는 이 원리들을 근거로 쉽게 해명할 수 있을 것이다. 상냥한 정념들을 향한 성향 때문에 인간은 삶의 모든 부분에 대해 호의적이고 유익하게 된다. 그리고 이 성향은 인간의 다른 모든 성질들에 대해 정당한 방향을 제시하는데, 그렇지 않았더라면 이 성질들은 사회에 해악이 될 수도 있을 것이다. 자비를 통해 조절되지 않는 용기와 야망은 폭군과 공적(公賊)이 되기에나 적합할 뿐이다. 판단력이나 재능 및 이와 같은 종류의 다른 성질들도 이와 마찬가지이다. 이런 정념들은 그 자체로는 사회의 이익에 대해 무차별적이고, 이런 정념들은 그 방향을 그 밖의 정념들이 지시하는 데에 따라서 인류의 복리나 곤경을 향한 경향을 갖는다.

사랑이라는 정념 때문에 행동하는 사람에게 사랑은 **직접적으로 호의적이며,** (증오라는 정념의 자극을 받아 행동하는 사람에게) 증오는 **직접적으로 언짢은** 것이므로, 이것은 우리가 사랑의 기색이 있는 모든 정념을 칭찬하고, 증오를 상당 부분 갖는 정념을 모두 비난하는 데 대한 중요한 이유이다. 우리가 고귀한 소감과 마찬가지로 상냥한 소감에 무한히 감동된다는 것은 확실하다. 상냥한 정념을 떠올릴 때 우리 눈에는 자연적으로 눈물이 흐르기 시작하며, 상냥함을 발현하는 사람을 향해 동일한 상냥함이 솟는 것을 우리는 억누를 수 없다. 내 생각에는 이 모든 것이 우리가 이 경우에 찬동하는 것은 우리 자신이나 다른 사람에 대해 이득이나 유용성을 내다보는 것과는 다른 기원을 갖는다는 데 대한 증거로 보인다. 우리가 여기에 다음과 같이 덧붙일 수 있을 법한데, 즉 인간은 자기 자신과 가장 흡사한 성격에 대해 되새겨 보지도 않고 자연히 찬동한다. 가장 완전한 덕의 개념을 형성함에 있어서 부드러운 성향과 상냥한 감정의 소유자는 용기와 모험심의 소유자보다 덕의 개념에 자비와 박애를 더 많이 혼합하는데, 용기와 모험심의 소유자는 자연히 정신의 고양(elevation)을 가장 완성된 성격으로 간주한다. 이런 사실도 분명히 직접적 공감에서 유래되는 것이 틀림없는데, 인간은 자신의 성격과 유사한 성격과 **직접적** 공감을 갖는다. 인간은 이와 같은 소감에 더욱 열렬하게 젖어들며, 그 소감들에서 발생한 쾌락을 더욱 현저하게 느낀다.

주목할 만하듯이, 사랑이나 우정에 유별나게 민감한 사례보다 소심한 사람의 마음을 움직이는 것도 없는데, 이런 경우에 사람은 자기 친구의 아주 조그만 관심사에도 마음을 쓰며, 자신의 가장 중대한 이익도 친구의 관심사를 위해 기꺼이 희생한다. 이처럼 민감함은 사회에 거의 영향력을 미치지 못한다. 이 민감함 때문에 우리는 가장 사소한 것을 주시하게 되기 때문이다. 그러나 이 민감함이 관심을 끌수록, 관심사는 더욱 사소해지며, 민감해질 수 있는 사람에게는 민감함이 최고의 가치에 대한 증거이다. (이 종류의) 정념들은 아주 전파되기 쉬워서 한 정념에서 다른 정념으로 가장 수월하게 옮겨 가며, 모든 인간의 가슴에 상응하는 충동(movements)을 낳는다. 우정이 아주 두드러진 사례들에 나타난 경우에, 내 마음은 동일한 정념에 휘감겨, 내 앞에 드러나는 따뜻한 그 소감들을 통해 따뜻해진다. 이와 같이 호의적인 충동 때문에 반드시 나는 그 충동을 유발한 사람에 대해 애정(affection)을 느끼게 된다. 이것은 사람에게 호의적인 모든 것에 대해서도 마찬가지이다. 쾌락으로부터 사랑으로 전이하는 것은 쉽지만, 그러나 여기서 이 전이는 더욱 쉬울 수밖에 없다. 공감을 통해 유발된 호의적 소감은 사랑 자체이고, 또 그 대상을 바꾸는 것 이외에 아무것도 필요 없기 때문이다.

여기서 자비 고유의 가치가 각양각색으로 드러난다. 심지어 자비의 허약함도 유덕하고 호감을 준다. 친구의 실패를 지나치게 슬퍼하는 사람은 바로 그 점 때문에 존경받을 것이다. 그의 상냥함은 그의 울적함에 쾌락을 주는 것과 마찬가지로 가치를 제공할 것이다.

그렇지만 우리는 울분의(angry) 정념들이 설령 언짢다고 하더라도 모두 부덕하다고 상상하지 않는다. 인간 본성 탓에 이런 측면에 어느 정도 탐닉(하는 성향)이 있다. 분노와 증오는 우리의 실제 기분과 생리적 구조(constitution)에 내재하는 정념이다. 어떤 경우에는 이런 정념이 결여된 것이 허약하고 우둔하다는 데 대한 증거이다. 그리고 이런 정념이 다만 낮은 정도로 나타나는 경우에, 그 정념들이 자연스럽기 때문에 우리는 이런 정념을 너그럽게 봐줄 뿐만 아니라, 그 정념들이 인류의 대부분에 나타나는 것보다 약하기 때문에 심지어 박수갈채를 보내기도 한다.

이 울분의 정념들은 잔혹성에까지 이르는 경우에는 가장 혐오스러운 부덕을 형성한다. 이런 부덕을 겪는 불행한 피해자에게 우리가 느끼는 연민과 염려는 그 부덕을 저지른 사람을 싫어하며, 우리가 그 밖의 경우에 감지할 수 있는 것보다 훨씬 강한 증오를 낳는다.

비인도적인 행위의 부덕이 이처럼 극단적인 정도에까지 이르지 않는 경우라고 하더라도, 그 부덕의 결과인 해악을 우리가 되새겨 보는 것은 이 부덕에 관한 우리의 소감에 아주 큰 영향을 미친다. 그리고 우리는 다음과 같은 점을 일반적으로 주목할 수 있을 것이다. 즉 어떤 인물에게서 자신과 함께 살며 대화하는 사람들에게 그가 폐를 끼치도록 하는 성질을 우리가 발견할 수 있다면, 언제나 우리는 더 이상 따져 보지도 않고 그 성질이 허물이거나 결점이란 것을 인정한다. 반면에 우리가 어떤 사람의 훌륭한 성질을 매거(枚舉)하는 경우에 늘 언급하는 그 사람 성격의 요소들은 그 사람을 믿을 만한 동료, 편안한 친구, 점잖은 대인, 자상한 남편, 또는 관대한 아버지 따위로 만드는 것들이다. 우리는 그 사람을 모든 사회적 관계와 함께 고려하며, 그 사람이 자신과 직접 교류하는 사람에게 미치는 영향에 따라 그를 사랑하거나 미워한다. 그리고 가장 확실한 규칙은 다음과 같은 것이다. 즉 내가 특정한 사람과 유지하기를 원하지 않는 관계가 전혀 없다면, 그 사람의 성격은 그만큼 완전한 것으로 인정되어야 한다. 또 그 사람이 다른 사람에 대해서와 마찬가지로 자기 자신에 대해서도 거의 부족한 것이 없다면, 그 사람의 성격은 전적으로 완전하다. 이것이 가치와 덕에 관한 궁극적 평가이다.

제4절 자연적 역량에 관하여

모든 도덕 체계에서 가장 일상적인 구별은 **자연적 역량**과 **도덕적 덕** 사이의 구별이다. 이 경우에 자연적 역량은 타고난 신체적 재능과 동일한 지반 위에 있고, 자연적 역량에는 어떤 가치나 도덕적 가치도 전혀 부가되지 않는 것으로 상정된다. 이 문제를 정확히 고찰한 사람은 누구나 알게 되듯이, 이 항목에 대한 논쟁이 언어적 논쟁일 뿐이고, 또 이 성질들이 같은 종류는 아니라고 하더라도 대부분의 실질적 여건에서는 일치한다는 점 등을 깨달을 것이다. 가치나 도덕적 가치는 둘 다 똑같

이 정신적 성질이다. 그리고 이 두 가치는 모두 대등하게 쾌락을 산출
하며, 인류의 사랑과 부러움을 초래하는 대등한 경향을 가지고 있음은
말할 나위도 없다. 명예와 용기 등의 측면과 마찬가지로 분별력(sense)
과 지식의 측면에서도 자신들의 성격에 관해 방심하는 사람은 거의 없
으며, 절제와 침착함의 측면은 더욱더 그러하다. 모자라는 사람으로 취
급될까봐서 인간은 심지어 본성이 순한 사람(good-natured)으로 통용
되는 것까지 두려워한다. 그리고 흔히 사람들은 자신들이 정열적이고
기백 있는 분위기를 갖는 것처럼 보이기 위해 실제보다 더욱 방탕한 것
처럼 떠벌린다. 요약컨대, 한 인간이 세상에서 맡은 역할, 동료들에게
서 받은 접대, 자기가 아는 사람에게서 받는 부러움 등, 이 모든 장점들
이 대체로 자신의 양식과 판단력은 물론 그 밖에 그의 성격을 구성하는
요소들에 좌우된다. 어떤 사람이 세상에서 최선의 의도를 갖도록 하고,
또 모든 불의와 폭력에서 가장 멀리 있도록 하면, 그는 재능과 오성을
웬만큼 갖추지 않고는 결코 크게 존경받을 수 없을 것이다. 그런데 자
연적 역량들은, 비록 열등하기는 하겠지만, 그 원인과 결과 모두에 대
해 이른바 도덕적 덕이라는 성질들과 동일한 지반을 갖는다. 우리가 이
둘을 구별해야 하는 까닭이 무엇인가?

우리가 자연적 역량에 덕이라는 칭호를 허용하지 않더라도, 우리가
인정할 수밖에 없는 것은 자연적 역량이 인류의 사랑과 부러움을 초래
한다는 점과, 그리고 자연적 역량은 그 밖의 덕에 새로운 광채를 더한
다는 점과, 또 자연적 역량을 가진 사람은 그 역량을 전혀 갖지 못한 사
람보다 우리의 호의와 봉사를 더 많이 받을 자격이 있다는 점 등이다.
자연적 역량이 **열등하다**는 점은 제쳐 두더라도, (자연적 역량이라는)
성질들이 산출하는 찬동의 소감 역시 그 밖의 덕에 수반되는 찬동의 소
감과 다소 **다르다**는 점을 주장하는 사람도 사실상 있을 법하다. 그러나

내 의견으로는, 이런 주장은 덕의 목록에서 자연적 역량을 배제하는 데 대한 충분한 이유가 아니다. 각각의 덕은, 자비, 정의, 감사, 성실 등과 같은 덕조차 관찰자에게 상이한 소감 또는 느낌을 유발한다. **살루스티우스**(Sallust)가 묘사한 **시저와 카토**(Cato) 등의 성격은 가장 엄밀한 문자적 의미에서 모두 유덕하지만, 그 방식은 다르다. 이 두 성격에서 발생한 소감들 가운데 전적으로 동일한 것은 아무것도 없다. 전자는 사랑을 산출하고, 후자는 부러움을 산출한다. 전자는 친근하지만, 후자는 외경스럽다. 우리는 친구에게서 전자의 성격을 만나고 싶어 할 수 있을 것이고, 우리 사신에게서는 후자의 성격을 열망할 수 있을 법하다. 마찬가지로 자연적 역량에 수반되는 찬동은 그 밖의 덕에서 발생하는 찬동과, 서로 다른 종류를 형성하지는 않더라도, 그 느낌이 다소 차이가 있을 수 있다. 그리고 실제로 우리가 주목할 수 있을 법하듯이, 자연적 역량도 그 밖의 덕보다 나을 것 없이 둘 다 동일한 종류의 찬동을 산출하지 않는다. 건전한 분별력과 타고난 재능은 부러움의 원인이고, 재치와 해학은 사랑을 낳는다.[6]

자연적 역량과 도덕적 덕 사이의 구별을 아주 실질적인 것이라고 주장하는 사람들은 다음과 같이 말할지도 모른다. 즉, 자연적 덕은 전적으로 비자발적이며, 따라서 자유와 자유 의지에 전혀 의존하지 않기 때문에, 자연적 역량에 수반되는 가치는 아무것도 없다. 그러나 나는 이

---

6)   사랑과 정념은 바탕이 같은 정념이고, 유사한 원인들에서 발생한다. 사랑과 존경을 낳는 성질들은 호의적이며 쾌락을 준다. 그러나 이 쾌락이 격심하고 중대한 경우, 또는 이 쾌락의 대상이 위대하며 강한 인상을 주는 경우, 또는 그것이 어느 정도 소심과 경외를 낳는 경우 등, 이 모든 경우에 쾌락에서 발생한 정념은 사랑이라기보다는 부러움으로 불리는 것이 더 적절하다. 자비는 사랑과 부러움이 모두 수반되지만, 사랑과 더욱 현저하게 연관된다.

런 주장에 대해 다음과 같이 대구하겠다. **첫째**, 모든 도덕론자들, 특히 고대의 도덕론자들이 도덕적 덕이라는 명칭으로 이해한 성질들 중 많은 것들이 판단력과 상상력 등의 성질들과 마찬가지로 비자발적이며 필연적이다. 지조와 불굴의 정신 그리고 도량 등, 간단히 말해서 위대한 인간을 형성하는 성질들이 이런 본성이다. 나는 다른 성질들에 관해서도 어느 정도 동일하다고 이야기할 수 있을 것 같다. 그 성질들을 정신이 자연적으로 지니고 있을 경우에, 정신은 자신의 성격을 상당 부분 변화시키거나, 격정적이거나 침울한 기질을 스스로 치유하는 것이 거의 불가능하기 때문이다. 비난받을 만한 성질들의 정도가 심할수록 그 성질들도 더욱 부덕하게 되며 그 성질들은 더욱더 자발적이지 않다. **둘째**, 덕과 부덕이 아름다움과 흉처럼 비자발적이지 않을 수 있는 까닭을 나에게 제시하는 사람이 있으면 좋겠다. 이런 도덕적 구별은 고통과 쾌락에 대한 자연적 구별에서 비롯된다. 우리가 어떤 성질이나 성격을 일반적으로 고려함으로써 (고통이나 쾌락 등)의 느낌을 받았을 때, 우리는 그 느낌을 부덕하다거나 유덕하다고 이름 붙인다. 그런데 내가 믿기로는, 어떤 성질은 그 성질을 가지고 있는 사람에게서 전적으로 자발적이어야 비로소 그 성질을 고려하는 사람에게 고통이나 쾌락을 산출할 수 있다고 주장할 사람이 아무도 없다. **셋째**, 자유 의지에 대해 우리가 지금까지 밝혔듯이, 자유 의지는 인간의 성질과 마찬가지로 행동과 관련될 여지가 없다. 자발적인 것이 자유롭다는 것은 정당한 결론이 아니다. 우리 행동은 우리 판단보다 더욱 자발적이지만, 우리가 판단에서보다 행동에서 더 자유를 갖는 것도 아니다.

그러나 자발적인 것과 비자발적인 것을 이렇게 구별하는 것은 자연적 역량과 도덕적 덕을 구별하는 것을 정당화하기에 충분하지 않다고 하더라도, 전자의 구별은 도덕론자들이 후자의 구별을 발명한 데 대한 그럴듯한 까닭을 우리에게 제공할 것이다. 사람들이 지금까지 살펴보 았듯이, 자연적 역량과 도덕적 성질이 주로 대등한 지반을 갖는다고 하 더라도, 그 둘 사이에는 다음과 같은 차이가 있다. 즉 자연적 역량은 어 떤 기술이나 근면에 의해서도 거의 변할 수 없지만, 도덕적 성질은, 또 는 적어도 도덕적 성질에서 비롯된 행동은 포상과 형벌 및 칭찬과 비난 따위의 동기에 의해 변화될 수도 있다. 따라서 지금까지 입법가와 직업 종교인 그리고 도덕론자들은 이 자발적 행동들을 조절하는 데 주로 전 념하며, 바로 이런 점에서 유덕하도록 추가적 동기를 산출하려고 헌신 했다. 그들이 일고 있있듯이, 인간을 바보라고 처벌하거나, 신중하고 총명하라고 훈계하는 것은 거의 효과가 없을 것이다. 물론 그와 같은 처벌과 훈계는 정의와 불의의 측면에서 상당한 영향력을 가질 수도 있 겠지만 말이다. 그러나 일상생활과 대화에서 사람들은 이런 (개선의) 목적까지 고려하는 것이 아니라, 그들에게 만족스럽거나 못마땅한 것 은 무엇이든 자연적으로 칭찬하거나 비난한다. 따라서 사람들은 이런 구별을 그다지 중요하게 생각하지 않지만, 자비와 마찬가지로 신중함 을 덕의 성격으로 이해하고, 정의와 마찬가지로 통찰력을 덕의 성격으 로 이해한다. 뿐만 아니라 우리가 깨닫듯이, 한 가지 (도덕) 체계를 엄 격하게 고수함으로써 자신의 판단력이 왜곡되지 않은 도덕론자들은 모 두 동일한 사고방식에 젖어들고, 특히 고대의 도덕론자들은 신중함을 610 주요 덕의 정상에 자리 매김하는 데 전혀 주저하지 않았다. 정신의 직 능 때문에 그 직능의 완전한 상태와 조건 안에서 어느 정도 발생할 수 도 있을 법한 부러움과 찬동의 소감이 있다. 그리고 이런 소감을 해명 하는 것이 **철학자들**의 소임이다. 그리고 어떤 성질들이 덕이라는 이름 을 가질 만한지 검토하는 일은 **문법학자들**의 몫이다. 시비를 가리면서 그들은 자신들이 얼핏 보고 상상하기 쉽듯이 그렇게 이 일이 쉽지 않다는 것을 깨달을 것이다.

자연적 역량은 그것을 소유한 인물에게 유용한 경향을 갖는데, 이 경향은 자연적 경향이 부러움을 사게 되는 주된 이유이다. 어떤 구상이 신중하고 분별 있게 처리되지 않는 경우에 그 구상은 성공적으로 실행될 수 없다. 우리 의도가 선하다는 것만으로는 우리의 모험적 시도에 따른 행복한 결과를 우리에게 초래하기에는 충분하지 않을 것이다. 인간은 주로 이성의 우월성 때문에 야수보다 우월하다. 그리고 인간 사이에 무한한 차이를 결정하는 것은 이성이라는 직능의 (상이한) 정도들이다. 기술의 모든 이점은 인간의 이성에서 기인한다. 그리고 운명이 아주 변덕스럽지 않은 경우에 이 이점들의 가장 중요한 부분은 신중함과 분별의 몫이 틀림없다.

다음과 같은 물음들이 있을 수 있다. 즉, 빠른 통찰력과 느린 통찰력 중 어느 것이 가장 가치 있는 것인가? 그리고 첫눈에 대상을 통찰하지만 연구를 통해서는 아무것도 수행할 수 없는 사람과, 반대 성격의 소유자, 즉 열성의 힘으로 반드시 모든 것을 성취하는 사람 중 누가 더 가치 있는가? 또 명석한 두뇌(head)와 풍부한 창의력(invention) 중 어느 것이 더 가치 있는가? 박식(profound genius)과 확실한 판단력 중 어느 것이 더 가치 있는가? 어떤 성격이나 특정한 오성 중 어느 것이 다른 것보다 탁월한가? 명백하듯이, 우리는 이 성질들 중 어떤 것이 사람을 그 세계에서 가장 훌륭하도록 하는 자격이 있는지, 또 그의 일을 가장 잘 진척시킬 자격이 있는지 따져 보지 않고는, 이 물음들 중 어떤 것에도 대답할 수 없다.

그 밖에도 정신의 성질들은 많은데, 이 성질들의 가치도 동일한 기원에서 유래된다. 근면, 인내, 끈기, 활동성, 조심성, 열성, 지조 등은 쉽게 생각해 낼 수 있는 같은 종류의 다른 덕과 함께 값진 것으로 평가받

는데, 그 근거는 우리가 삶을 영위하는 데에 있어서 이득이 된다는 것

611 일 뿐이다. 절제, 검약, 효율적 사용, 단호함 등도 이와 다를 바 없다. 반면에 낭비, 사치, 우유부단, 변덕스러움(uncertainty) 등은 부덕한데, 그 까닭은 단지 이런 성질들이 우리를 파멸로 이끌며, 우리가 일하거나 행동하도록 할 수 없다는 것뿐이다.

지혜와 상식이 값진 까닭은 이런 성질을 가진 사람에게 이 성질들이 유용하다는 점이다. 따라서 재치와 좋은 말주변 등이 값진 까닭은 다른 사람들에게 이 성질들이 직접적으로 호의적이라는 점이다. 반면에 유쾌한 성취가 사랑받고 값지게 평가되는 까닭은 그 성질이 당사자 자신에게 직접적으로 호의적이라는 점이다. 명백하듯이, 즐겁고 유쾌한 정취를 가진 동료는 자신의 명랑함에 대한 공감을 통해 자신의 모든 동료들이 즐거움에 젖도록 하는 것과 같이, 재치 있는 사람과 대화하는 것은 아주 만족스럽다. 그러므로 이런 성질들은 호의적이기 때문에 자연적으로 사랑과 부러움을 유발하고, 덕의 모든 성격에 부합된다.

어떤 사람의 대화를 아주 호의적이고 재미있도록 하면서, 다른 사람의 대화를 매우 지루하고 싫증나도록 하는 것이 무엇인지 말하기 어려운 경우가 많다. 대화는 책과 마찬가지로 정신을 전사(轉寫)하는 것이므로, 대화를 값지도록 하는 바로 이 성질은 틀림없이 우리가 책을 존중하도록 만든다. 우리는 다음에 이 성질에 대해 살펴볼 것이다. 그동안 우리는 아마 다음과 같은 점을 일반적으로 확인할 수 있을 것이다. 즉, 사람이 자신의 대화(아주 중요한 대화라는 것은 의심의 여지가 없다)에서 이끌어 내는 가치는 참석한 사람들에게 그 대화가 전달하는 쾌락에서만 발생할 뿐이다.

이런 측면에서 깔끔함(cleanliness)도 덕으로 간주된다. 깔끔함은 자연히 우리가 다른 사람에게 호의적으로 되도록 하고, 또 사랑과 애정의

아주 중요한 원천이기 때문이다. 이런 점을 등한시하는 것이 허물이라는 점을 부정할 사람은 아무도 없을 것이다. 이 허물은 다름 아닌 비교적 작은 부덕일 뿐이다. 그리고 이 허물의 기원은 다름 아닌 거북한 감각, 즉 그 허물이 다른 사람에게 유발한 거북한 감각이다. 따라서 아주 사소한 듯이 여겨지는 이런 사례를 통해 우리는 다른 사례들에서 부덕과 덕을 도덕적으로 구별하는 기원을 명료하게 발견할 수 있을 것이다.

612 어떤 인물을 사랑스럽거나 가치 있게 만드는 이 모든 성질들은 제쳐두더라도, 사랑스럽고 가치 있는 결과를 낳는 데 공조하는 호의적이고 단정한 성질들 가운데 무엇이라고 말할 수 없는 것(je-ne-scai-quoi)도 있다. 재치와 좋은 말주변 등의 경우와 같이 이런 경우에도 우리는 어떤 (내부적) 감관에 호소해야 하는데, 이 감관은 반성 없이 작용하고 성질이나 성격 따위의 경향은 고려하지 않는다. 일부 도덕론자들은 덕의 모든 소감을 이 감관을 통해 해명한다. 이 도덕론자들의 가설은 매우 그럴듯하다. 오직 상세한 탐구만이 그 밖의 모든 가설보다 우월함을 나타낼 수 있다. 거의 모든 덕이 그와 같은 (쾌락을 낳거나 이득을 주는) 경향을 갖는다는 점과, 이 경향은 단지 강한 찬동의 소감을 유발하기에 충분하다는 점 등을 깨달았다면, 그 다음부터 우리가 의심할 수 없는 것은 이 성질들은 그것들에게서 유래된 결과인 이득에 비례하여 찬동을 받는다는 점이다.

(사람의) 나이나 성격 또는 신분 등의 측면에서 어떤 성질의 예의바름이나 무례함은 그 성질에 대한 칭찬과 비난에도 기여할 것이다. 이런 예의바름은 대개 경험에 의존한다. 나이가 들수록 경거망동이 줄어드는 사람을 흔히 볼 수 있다. 그러므로 연륜과 중후함의 정도는 우리의 생각 안에서 함께 연관된다. 우리가 어떤 사람의 성격에서 연륜과 중후함이 별개라는 점을 관찰하면, 이런 사실은 우리 상상력에 일종의 혼란

(violence)을 유발하고, 우리에게 언짢다.

모든 영혼의 직능들 중에서도 특히 기억이라는 직능은 성격에 대해 거의 영향력을 못 미치고, 동시에 심한 정도의 차이가 허용되는 이 직능에서는, 그 정도가 서로 다른 경우에도 덕이나 부덕과 거의 무관하다. 이 직능은 우리가 놀랄 정도로 두드러지거나 판단력에 어느 정도 영향을 미칠 정도로 부족하지 않다면, 대체로 우리는 어떤 사람을 칭찬하거나 비난하면서 기억이라는 직능의 변이들에 대해 전혀 주목하지 않으며, 들먹거리지도 않는다. 좋은 기억력을 갖는다는 것이 덕스러운 것과 아주 거리가 멀기 때문에, 사람들은 대체로 기억력이 나쁜 척하기도 한다. 그리고 사람들은 자신이 말한 것이 전적으로 자신의 창작이라는 점을 세상 사람들에게 납득시키기 위해 노력하면서 (자신의) 재능과 판단력에 대한 칭찬을 노리고 기억력을 희생한다. 그러나 이 사실을 613 추상적으로 고찰하면 과거의 관념들을 사실대로 명료하게 회상하는 직능이, 참된 명제나 의견을 형성하는 것처럼 조리 있게 우리의 현재 관념들을 배열하는 직능과, 대등한 가치를 갖지 못하는 이유를 제시하기 어렵다. 이런 차이의 근거는 틀림없이 기억력이 쾌락이나 고통에 대한 감각이 전혀 없이도 발현되고, 기억력의 (엇비슷한) 중간 정도들은 모두 직무나 관심사에 거의 대등하게 쓰인다는 점이다. 그러나 판단력의 가장 사소한 차이가 그 결과에서는 현저한 차이로 느껴지지만, 동시에 판단력이라는 직능은 대단한 즐거움과 만족 없이는 결코 현저한 정도로 발현되지 않는다. 이 유용성과 쾌락에 대한 공감은 그 오성에 가치를 부여한다. 그리고 공감이 없다는 것 때문에 우리는 기억력을 비난이나 칭찬과 아주 거리가 먼 직능으로 간주하게 된다.

나는 **자연적 역량**이라는 이 주제를 마무리하기에 앞서, 자연적 역량에 수반되는 부러움과 애정의 한 가지 원천은 아마 자연적 역량이 그 역량을 소유한 사람에게 부여하는 **중요성**과 **비중**에서 유래된다는 점을 살펴보아야 한다. 자연적 역량을 소유한 사람은 삶에 더욱 큰 영향력을 갖게 된다. 그 사람의 결심과 행동은 아주 많은 그의 동포들에게 영향을 미친다. 그의 우정과 적개심은 모두 중요하다. 그리고 쉽게 주목할 수 있듯이, 이런 방식으로 다른 모든 사람들보다 고양된 사람은 누구나 우리에게 부러움과 찬동의 소감을 반드시 유발한다. 중요한 것은 무엇이든지 우리의 주의를 끌며, 우리의 사유를 고정하고 만족스럽게 응시된다. 왕국의 역사는 가정의 이야기보다 훨씬 재미있다. 큰 제국의 역사는 조그만 도시와 공국 등의 역사보다 더욱 재미있다. 그리고 전쟁과 혁명의 역사는 평화와 질서의 역사보다 훨씬 재미있다. 우리는 그 사람들의 운명에 속한 다양한 모든 소감들 안에서 (그 역사를) 체험한 사람들과 공감한다. 대상들의 군집, 스스로 드러나는 강한 정념 따위가 정신을 점유한다. 정신을 이렇게 점유하는 것과 동요시키는 것은 대체로 호의적이고 재미있다. 바로 이 이론은 비범한 자질과 역량을 가진 사람에게 우리가 나타내는 부러움과 존경을 해명한다. 군중의 복리와 고난 614 은 그들의 행동과 연관되어 있다. 그들이 착수한 것은 무엇이든 중요하며, 우리의 주의를 환기시킨다. 그들과 관련된 것은 간과되거나 멸시될 것이 아무것도 없다. 그리고 어떤 사람이 이런 소감을 자아내는 경우에, 그의 성격에서 다른 여건들이 그를 밉살스럽고 언짢게 만들지 않는 한, 그는 곧 우리의 부러움을 산다.

제5절 자연적 덕에 대한 몇 가지 반성을 덧붙이며

지금까지 정념을 다루며 살펴보았듯이, 긍지와 소심, 사랑과 증오 등은 정신이나 신체 또는 재산의 장단점 때문에 발생되고, 그리고 이 장단점이 그와 같은 결과를 갖는 것은 고통과 쾌락이라는 별도의 인상을 산출하기 때문이다. 정신의 어떤 작용이나 성질을 일반적으로 조망하거나 검토하는 데에서 발생하는 고통이나 쾌락은 정신의 부덕과 덕을 구성하며, 우리의 찬동이나 비난을 유발하는데, 이 찬동이나 비난은 더욱 희미하거나 지각하기 힘든 사랑이나 증오일 뿐이다. 우리는 이 고통과 쾌락의 네 가지 상이한 원천을 지적했으며, 그리고 이 가설을 더욱 충분히 정당화하기 위해 여기서 다음과 같은 점을 주목하는 것이 적절할 것 같다. 즉 신체와 재산의 장단점은 실제로 동일한 원리들로부터 고통이나 쾌락을 산출한다. 어떤 대상을 소유한 사람이나 다른 사람에 대해 그 대상이 갖는 유용한 경향과, 그 사람이나 다른 사람에 대해 그 대상이 쾌락을 전하는 경향 등, 이 모든 여건은 그 대상을 고려하는 사람에게 간접적인 쾌락을 전하며, 그 사람의 사랑과 찬동을 자아낸다.

신체의 장점부터 살펴보자. 조금 사소하고 익살스럽게 여겨질 수도 있을 현상을 우리가 살펴볼 수 있을 법한데, 어떤 사실이 사소하게 여겨지면 그것은 아주 중요한 결론을 보강했고, 또는 익살스럽게 여겨지면 우리가 그것을 철학적 추론에서 활용했던 것이다. 일반적 견해로, 우리가 호색한이라고 일컫는 남자들은 그들의 엽색 행각을 통해 유명해지거나, 그와 같은 종류의 탁월한 활기를 보장하는 신체적 특성을 가지며, 이 남자들은 여자들 마음에 들고, 또 될 수 있는 대로 자신들의 재능을 활용하려는데, 그런 구상을 뿌리칠 만한 덕을 지닌 사람들마저도 그들에게 자연히 애정을 보인다. 여기서 향락을 제공하는 그와 같은 인물의 역량은 여성들 사이에서 그가 마주치는 사랑과 부러움의 실제 원천이라는 점과, 동시에 그를 사랑하고 부러워하는 여자들을 그 향락 자체를 향유하리라고 결코 전망하지 않고 그와 사랑을 나누는 사람과 공감함으로써 감응할 수 있을 뿐이라는 점 등은 명백하다. 이 사례는 독특하며, 우리 주의력을 끌 만하다.

우리가 신체적 장점을 고려함으로써 받아들이는 쾌락의 또 다른 원천은 신체적 장점을 소유한 인물 자체에 대한 그 장점의 유용성이다. 인간 아름다움의 주요 요소는 다른 동물들과 마찬가지로, 우리가 경험적으로 깨닫는 것처럼 힘과 민첩성을 수반하고 인간이 행동하고 실천할 수 있는 역량을 부여하는, 신체 요소들의 구조적 적합성(conformation)에 있음은 확실하다. 인류의 경우에 넓은 어깨, 군살 없는 배, 튼튼한 관절, 늘씬한 다리 등이 모두 아름답다. 이런 요소들은 모두 자연적으로 우리가 장점이라고 공감하는 힘과 활력의 징표이고, 그리고 이런 요소들은 바로 이 요소들이 그 소유자에게 산출하는 만족의 일부를 바라보는 사람에게 전달하기 때문이다.

유용성에 관한 한, 유용성은 신체의 어떤 성질에 수반될 수도 있다. 직접적 **쾌락**의 경우에 확실하듯이, 힘·민첩성 등과 아울러 건강(을 나타내는) 외관도 아름다움의 중요 요소를 이루고, 다른 사람의 병약한 외관은 그것이 우리에게 전하는 고통과 거북함의 관념 때문에 언제나 언짢다. 반면에 우리는 자신의 용모가 조화를 이루고 있다는 점으로 만족한다. 비록 자신의 용모가 조화를 이루고 있다는 것은 자신이나 다른 사람에게 전혀 유용할 것 없지만 말이다. 그리고 우리는 자신의 용모가 조화를 이루고 있다는 점에서 만족을 얻으려면, 우리 자신과 일정한 거리를 유지할 필요가 있다. 우리는 대체로 우리 자신을 다른 사람의 눈에 비친 대로 생각하고, 다른 사람들이 우리에 대해 품고 있는 유리한 소감을 공감한다.

616   재산의 장점들이 바로 이 원리에서 얼마나 많은 부러움과 찬동을 자아내는지에 대해서, 우리는 이 주제를 두고 앞에서 추론한 바를 되새겨

봄으로써 만족할 수 있을 것이다. 우리가 지금까지 살펴보았듯이, 재산의 장점을 소유한 사람에게 우리가 찬동하는 것은 아마 세 가지 상이한 원인 때문인 듯하다. **첫째**, (그 원인은) 부자가 자신이 소유한 아름다운 옷·마차·정원이나 집 등의 외관을 통해 우리에게 주는 직접적 쾌락이다. **둘째**, (그 원인은) 부자의 관용과 넉넉함을 통해 우리가 그에게서 얻고 싶은 이득이다. **셋째**, (그 원인은 쾌락과 이득인데) 부자는 자신의 소유물에서 쾌락과 이득을 거두며, 또 우리는 이 쾌락과 이득을 호의적으로 공감한다. 우리가 부유하고 지체 높은 사람을 부러워하는 것은 이 원인들 중 한 가지 때문이라고 하든, 아니면 세 가지 모두 때문이라고 하든 간에, 우리는 부덕과 덕의 감각을 불러일으키는 원리들의 궤적을 명료하게 볼 수 있을 것이다. 내가 믿기로는, 대부분의 사람들이 얼핏 보기에 부자에 대한 우리의 부러움이 자기 이익 및 이득에 대한 전망 따위 때문이라고 생각하는 경향을 가질 것이다. 그러나 우리의 부러움이나 경의(敬義) 등이 우리 자신에 대한 이득을 전망하는 것 이상으로 확장되는 것이 확실하듯이, 우리가 부러워하고 경의하는 인물에게 의존하는 사람들, 또 그 인물과 직접적인 연관이 있는 사람들 등과의 공감에서 이런 소감이 유래될 수밖에 없다는 것은 명백하다. 우리는 그 인물이 자기 동포들의 행복이나 향락에 기여할 역량이 있는 사람으로 간주하며, 그 동포들이 그에 대해 품은 소감을 자연스럽게 받아들인다. 그리고 이런 고찰은 나의 가설이 다른 두 원리보다 세 **번째** 원리를 선호하고, 또 부자에 대한 우리의 부러움은 그들 스스로 자신들의 소유물에서 누리는 쾌락과 이득에 대한 (우리의) 공감 때문이라고 생각하는 것을 정당화하는 데 활용될 것이다. 심지어 그 밖의 두 원리들이 어떤 종류의 공감에 호소하지 않고는 당연한 범위에서 작용할 수 없거나, 이런 현상을 모두 설명할 수 없다. 따라서 거리가 멀고 간접적인 공감보다는 밀접하고도 직접적인 공감을 선택하는 것이 더욱 자연스럽다. 여기에 우리는 다음과 같은 점을 덧붙일 수 있을 것이다. 즉 부나 권력이 아주 거대해서 그 소유자(the person)를 그 세계에서 유력하고 중요하게 만드는 경우에, 부와 권력에 수반되는 부러움은 부분적으로 또 하나의 다른 원천 때문이라고 생각해도 된다. 이 원천은 앞의 세 원인과 무관하다. 이 원천은 군중의 전망, 그리고 부와 권력 등의 결과의 중요성 따위를 통해 부와 권력이 정신의 흥미를 끄는 것이다. 이 원리의 작용을 해명하려면, 앞의 절에서 살펴보았듯이 우리는 역시 **공감**에 호소할 수밖에 없다.

소감은 그것들이 연결된 대상들로부터 아주 쉽게 받아들이는 몇 가지 변화가 있는데, 여기서 우리 소감의 유연성과 몇 가지 변화를 언급하는 것도 잘못은 아닐 듯하다. 특정 종류의 대상에 수반되는 찬동의 소감들은 모두 상이한 원천들에서 유래되었더라도 서로 아주 유사하다. 반면에 이 소감들이 상이한 대상들을 향하게 되면, 동일한 원천에서 유래된 소감들이라도 그 느낌이 다르다. 따라서 볼 수 있는 모든 대상들의 아름다움이 일으키는 쾌락은 이따금 그 대상들의 순수한 **형식**(species)과 겉모습에서 유래된다고 하더라도, 또 때로는 공감에서 유래되고 또 대상들의 유용성에 관한 관념에서 유래된다고 하더라도, 그 아름다움은 거의 동일한 쾌락을 일으키는 원인이다. 마찬가지로 우리가 어떤 사람들을 특별한 이해 관계없이 그 사람들의 행동과 성격을 바라볼 때마다, 《근소한 차이는 있겠지만》 그처럼 바라보는 것에서 발생하는 쾌락이나 고통은 주로 동일한 종류이다. 비록 그 쾌락이나 고통이 유래된 원인에는 큰 차이가 있겠지만 말이다. 반면에, 설령 우리 찬동의 원천은 동일하며 공감과 그 대상들의 유용성에서 유래된다고 하더라도, 편리한 집과 유덕한 성격은 동일한 찬동의 느낌을 일으키지 않는

617

다. 우리 느낌의 이런 변이에는 아주 설명하기 어려운 어떤 것이 있지만, 그러나 이것은 우리가 우리의 모든 정념과 소감에 대해 경험하는 것이다.

제6절 이 책의 결론

이제 전반적으로 나는 윤리학에 관한 이 체계를 빈틈없이 증명하는 데 부족함이 없기를 바란다. 우리가 확신하듯이, 공감은 아주 강력한 인간 본성의 원리이다. 또한 우리가 확신하는 바에 따르면, 우리가 도덕에 관해 판단할 때와 마찬가지로 외부 대상을 주시할 때에도 공감은 우리의 심미안에 커다란 영향력을 미친다. 정의, 충성, 순결, 그리고 예절 따위의 경우에, 공감은 다른 어떤 원리의 도움을 받지 않고 오직 홀로 작용하는 경우에도 우리에게 가장 강력한 찬동의 소감을 낳기에 충분한 힘이 있다는 것을 우리는 깨닫는다. 아마 우리가 관찰할 수 있겠지만, 공감의 작용에 필요한 모든 여건은 대부분의 덕에서 발견된다. 덕은 대개 사회의 복리를 향한 경향을 갖거나, 또는 덕을 소유한 인물의 복리를 향한 경향을 갖는다. 만일 우리가 이 모든 여건을 비교하면, 우리는 공감이 도덕적 구별의 주요 원천임을 의심하지 않을 것이다. 특히 모든 경우로 확장되지 않을 반박은 결코 한 경우에 이 가설에 대한 반박으로 제기될 수 없다는 점을 우리가 되새겨 보면, 우리는 그런 의심을 할 수 없다. 정의는 오직 그것이 공공의 복리를 향한 경향을 갖는다는 사실 때문에 찬동되는 것이 확실하다. 그리고 공감이 공공의 복리에 대한 흥미를 우리에게 유발하는 경우가 아니면, 공공의 복리는 우리와 무관하다. 우리는 공공의 복리에 대해 비슷한 경향을 갖는 그 밖의 모든 덕에 대해서도 이와 비슷한 것을 막연히 추정할 수 있을 것이다. 이 덕은 소유 당사자의 복리를 향한 경향을 가지고 있고, 이 덕들은 그 가치를 그 인물과 우리의 공감에서 이끌어 내는 것처럼, 이 덕들로부터 어떤 이득을 거두는 인물들과 우리가 공감하는 데에서 이 덕들은 그 모든 가치를 이끌어 내는 것이 틀림없다.

대부분의 사람들은 정신의 유용한 성질이 그 유용성 때문에 모두 유덕하다는 점을 쉽게 인정할 것이다. 이런 사고방식은 그것을 인정하는 데 주저할 사람이 거의 없을 정도로 아주 자연스럽고 아주 많은 경우에 발생한다. 이제 이런 사고방식이 일단 용인되므로, 공감의 힘도 필연적으로 인정되어야 한다. 덕은 목적을 위한 수단으로 간주된다. 목적을 위한 수단은 목적이 존중되는 한에 있어서 존중될 뿐이다. 그러나 낯선 사람의 행복은 오직 공감을 통해 우리에게 영향을 미친다. 사회나 소유 당사자에게 유용한 모든 덕을 바라봄으로써 발생하는 찬동의 소감을 우리는 (공감이라는) 원리에 속하는 것으로 생각해야 한다. 이런 것이 도덕성의 주요 부분을 형성한다.

만일 이와 같은 주제에는 독자들의 동의를 매수하거나, 탄탄한 논변 이외의 어떤 것을 활용하는 것이 만일 적절하다면, 우리는 여기서 독자들의 환심을 살 만한 이야깃거리를 풍성하게 늘어놓을 것이다. 《우리는 실천적으로 아무리 타락할 수 있을지라도, 사변적으로는 모두 덕의 애호자들인데》 우리 본성의 **관용**과 **역량** 양자에 대한 정확한 개념을 우리에게 제공할 정도로 고귀한 원천에서 유래된 도덕적 구별을 덕의 모든 애호자들이 아는 것으로 틀림없이 만족할 것은 확실하다. 도덕감(sense of morals)은 영혼에 내재하는 원리이며, (영혼이라는) 구성체(composition)의 일부가 되는 가장 강력한 한 가지 원리라는 점을 지각하는 데에는 인간사에 관한 지식이 거의 필요 없다. 그러나 이 감각이 그 자신을 반성함으로써 자신이 유래된 원리들을 승인하고, 또 자신의 발생과 기원에서 오직 위대하고 선한 것만 발견할 때, 반드시 새로운 힘을 얻는다는 것은 확실하다. 도덕감을 인간 정신의 근원적 직감으로 환원하는 사람들은 충분한 권위를 가지고 덕의 원인을 옹호할 수 있을지 모르지만, 인류의 폭넓은 공감을 통해 도덕감을 해명하는 사람들이 가진 장점을 놓칠 것이다. 도덕감을 공감을 통해 해명하는 사람들의 체계에 따르면, 덕이 반드시 찬동 받아야 할 뿐만 아니라, 덕에 대한 감각도 찬동 받아야 한다. 그리고 덕에 대한 감각뿐만 아니라 그 감각이 유래되는 원리도 찬동 받아야 한다. 따라서 어느 측면에서든 오직 칭찬할 만하고 선한 것만 제시될 뿐이다.

이런 관찰 결과는 정의와, 그리고 같은 종류의 다른 덕에까지 확장될 수 있을 것이다. 정의는 비록 인위적이라고 하더라도, 정의의 도덕성에 대한 느낌은 자연적이다. 행동 방식에 관한 하나의 체계 안에서, 인간의 연합(combination)은 정의의 행동이 사회에 유익하도록 만든다. 그러나 인간의 연합이 일단 이런 성향을 갖는다면, 우리는 **자연적으로** 그 연합에 찬동한다. 그리고 우리가 만일 그 연합에 찬동하지 않는다면, 어떤 연합이나 묵계도 결코 (정의의 도덕성에 대한) 소감을 산출할 수 없을 것이다.

620

인간이 발명한 제도들(inventions)은 대부분 변화를 따른다. 그와 같은 제도들은 (인간의) 정취와 변덕(caprice)에 좌우된다. 그 제도들은 일시적으로 유행하다가 망각 속으로 사라진다. 우리가 정의를 인간이 발명한 제도라는 것으로 인정한다면, 아마 우리는 정의 역시 이와 동일한 지반에 있을 수밖에 없다고 염려할지도 모르겠다. 그러나 이 경우들에는 큰 차이가 있다. 정의의 기초인 이해관계(interest)는 최대한 상상할 수 있는 것이고, 모든 시대와 지역에 미친다. 아마 (정의 이외에) 발명된 다른 제도도 이해관계에 적합할 수 없다. 이해관계는 명백하며, 사회를 최초로 구성할 때 드러난다. 이 모든 원인들은 적어도 인간의 본성이 불변적인 것처럼 이 정의의 규칙을 확고부동하고 불변적으로 만든다. 그리고 정의의 규칙들이 근원적 직감에 기초를 두고 있다면, 이 규칙들은 더욱더 안정성을 가질 수 있을까?

우리가 덕의 **존엄성**과 아울러 **행복**에 대해 정확하게 아는 데는 바로 이 체계의 도움이 필요할지도 모르겠고, 또 이 고귀한 성질을 우리가 받아들이고 신봉할 경우에 이 체계는 우리 본성의 모든 원리에 흥미를 가질 수도 있을 것이다. 사람이 (지식과 모든 종류의 능력을 추구하는 과정에서) 습득하는 것의 직접적 결과인 장점은 제쳐 두고라도, 인류가 보기에는 이런 습득물이 자신에게 새로운 영예를 안겨 주며, 부러움과 찬동을 보편적으로 수반한다는 점을 염두에 두는 사람이라면, 어느 누가 지식과 모든 종류의 능력을 추구하는 과정에서 민활성이 증대됨을 실제로 느끼지 못하는가? 다른 사람에 대한 자신의 성격뿐만 아니라 자신의 평화와 내면적 만족은 자신이 사회적 덕을 엄격히 준수하는 데에 좌우된다는 점을 염두에 두는 사람이라면, 그리고 인류와 사회에 대해 지금까지 그 역할이 결여되어 있는 정신의 자기 성찰(own survey)을 결코 정신이 떠맡을 수 없다는 점을 염두에 두는 사람이라면, 누가 재산의 장점이 **사회적 덕**을 거의 이행한 데 대한 충분한 보상이라고 생각할 수 있겠는가? 그러나 나는 이 주제를 더 이상 다루지 않겠다. 그와 같은 고찰에는 이 책의 특성과 전혀 다른 별도의 책이 한 권 필요하다. 해부학자는 화가와 경쟁해서는 안 된다. 해부학자는 인간 신체의

621 보다 작은 요소들을 분석하고 묘사하면서, 자신이 그려 낸 것에 대해 우아하고 매력적인 태도나 어투를 주제넘게 나타내어서는 안 된다. 해

부학자가 제출한 사물에 대한 견해에는 끔찍하거나 아주 사소한 것도 있다. 눈과 상상력에 띄도록 하기 위해서는 그 대상들을 일정한 거리 밖에 두고 (일상적) 시각으로부터 보호해야 할 필요가 있다. 그렇지만 해부학자는 화가에게 조언을 하기에 감탄스러우리만큼 안성맞춤이다. 그리고 해부학자의 도움이 없다면 화가의 기술이 빼어나게 되는 것은 실현 불가능하다. 우리는 우아하고 알맞게 구상하기에 앞서, 부분들과 부분들의 상황 및 그 연관을 반드시 정확히 알아야 한다. 따라서 인간 본성에 관한 가장 추상적인 사변은 아무리 차갑고 무미건조하더라도 실천적 도덕성에 기여하게 되며, 또 실천적 도덕성에 관한 학문을 실천 법칙(precepts)의 측면에 더욱더 알맞도록 하며, 그리고 충고의 측면에서는 더욱 설득력을 갖도록 한다.

최근 간행된
어떤 책에 대한 초록

※ 이 글은 흄이 『인간 본성에 관한 논고』의 내용을 요약하여 발표한 책 *An Abstract of a book lately Published*(1740)를 완역한 것이다—옮긴이.

서문

   (최근 간행된) 어떤 방대한 책을 요약함으로써 일반인들이 좀 더 잘 알 수 있도록 하는 것이 나의 의도라고 하면, 이 조그만 글에서 내가 바라는 바가 다소 의아스럽게 여겨질 수도 있을 것이다. 그렇지만 추상적 추론이 아주 길게 늘어져 있고, 이 추론의 각 부분들이 모든 반박을 물리치는 논변을 통해 힘을 얻고, 자신의 주제를 근면하게 둘러본 저자의 모든 관찰(views)을 통해 예증됨으로써 힘을 얻는 경우에, 추상적 추론에 익숙지 못한 사람이 논변의 흐름을 놓치기 쉬운 것은 틀림없다. 핵심 명제들만이 서로 연결되어 있고, 그 명제들이 몇 가지 간단한 사례를 통해 예증되고 아주 강력한 몇 가지 논변을 통해 확인될 때, 그런 독자들은 이런 간결한 연쇄적 추론을 더욱 쉽게 파악할 수 있을 것이다. (추론의 구성) 부분들이 가까이 모여 있을수록 우리는 그 부분들을 잘 비교할 수 있고, 제1원리로부터 마지막 결론에 이르기까지 그 연관을 쉽게 추적할 수 있다.

   내가 독자들에게 초록을 선사하는 책은 모호하고 이해하기 어렵다는 불평을 듣고 있는데, 나는 이 책의 논변이 길 뿐만 아니라 추상적이라는 점 때문에 그런 불평이 생긴 것으로 생각한다. 내가 이런 폐단을 어느 정도 개선했다면, 그것으로 나의 목적은 달성되었다. 내가 보기에 그 책은 대중의 이목을 끌 정도로 독창적이고 새로운 분위기를 갖는다.

저자가 넌지시 비치는 것으로 여겨지듯이, 특히 그의 철학이 용인되면 우리는 대부분의 학문을 바탕부터 바꾸어야 한다는 점이 드러나는 경우에, 이 책은 대중의 이목을 끌기에 충분하다. 학계에서는 언제나 그처럼 대담한 시도가 유리하다. 그런 시도를 통해 사람들은 권위의 굴레를 떨쳐버리고 스스로 생각하는 데 익숙해지고 새로운 암시를 받기도 하며, 재능 있는 사람은 이 암시를 발전시킬 수도 있을 것이고, 실제 대립을 통해 과거에는 아무도 전혀 어려움을 알아차리지 못한 문제점을 예증할 수도 있을 것이다.

644

　저자의 성과에 대해 재능 있는 사람들이 느낀 바에 학계가 동의할 수 있기 전에는 저자가 인내를 가지고 얼마간 기다리는 것으로 만족해야 한다. 일상 추리와 수사법의 모든 문제에서 불가오류적인 법정을 발견하게 된 **사람들**에게 저자가 **호소**할 수 없다는 것은 그의 불행이다. 특히 자주 이런 주제를 생각해 보지 못한 사람은 어느 누구도 이런 주제에 걸맞은 재판관일 수 없지만, 편협하고 선입견에 빠진 평결을 내리기 쉬운 **극소수의 사람들**이 저자를 재판할 수밖에 없다. 그리고 그런 사람들은 독단적으로 그들 자신의 체계를 형성하기 쉬운데, 자신들이 그 체계를 단념하지 않기로 마음먹고 있다. 내가 이런 문제에 끼어드는 것을 **저자**가 용서해 주기 바란다. 많은 사람들이 저자의 뜻을 파악할 수 없도록 했던 몇 가지 난점을 제거함으로써 청중을 늘리려는 것이 나의 목적일 뿐이기 때문이다.

　나는 단순한 논변 한 가지를 선택해서 조심스럽게 처음부터 끝까지 추적했다. 이 논변은 내가 조심스럽게 마무리한 유일한 논점이다. 그 밖의 것들은 내 생각에 진기하고 주목할 만한 특정 문구에 대한 암시일 뿐이다.

'인간 본성에 관한 논고' 등의 제목으로
최근 간행된 어떤 책에 대한 초록

　이 책은 **영국**에서 최근 몇 년 동안 큰 인기를 모았던 몇 권의 책과 동일한 계획으로 쓰인 것 같다. 최근 80년 동안 **유럽** 전역에서 엄청나게 증진된 철학적 정신은 여느 곳과 마찬가지로 이 왕국에서도 아주 오래도록 전승되었다. 심지어 우리나라의 저술가들은 새로운 종류의 철학을 시작했던 것으로 여겨진다. 이 새로운 종류의 철학은 지금까지 세계가 친숙하게 여겼던 것 이외에 인류의 위안과 이익을 약속하고 있다. 인간의 본성을 다루었던 고대 철학자들은 대개 추론과 반성 따위의 깊이보다는 소감의 우아함, 교훈의 정확한 의미 그리고 영혼의 위대함 따위를 보여 주었다. 그들은 인류의 상식(common sense)을 가장 강력한 빛으로 재현하는 것으로 만족하고, 생각과 표현의 철저한 전환으로 만족하며, 명제들의 짜임새를 찬찬히 구명하지 않았고, 몇 가지 진리를 하나의 정규 학문으로 만들지도 않았다. 그렇지만 자연 철학의 여러 부분은 정밀성이 인정되는 것으로 알려졌는데, **인간학** 역시 자연 철학에서와 같은 정도의 정밀성을 허용치 않는지 여부를 시험해 보는 동안 아무튼 고대 철학이 가치 있다. 그 세계의 이성이란 것은 고작 최고의 정확성에 이를 수 있으리라고 상상하는 것일 뿐인 것처럼 여겨진다. 몇
가지 현상들을 검토하면서 그 현상들이 하나의 공통 원리로 환원될 수 있음을 알고 이 원리의 기원을 다른 한 원리에서 추적할 수 있다면, 우

리는 마침내 극소수의 단순 원리에 이르게 되는데, 이 단순 원리는 그 밖의 모든 원리들의 기초이다. 그리고 우리가 끝내 궁극 원리에 도달하지 못하더라도, 우리의 역량이 허락하는 한 전진하는 것으로 만족한다.

이것이 최근 우리 철학자들의 목적이었던 것으로 여겨지며, 특히 이 책 저자의 목적인 듯하다. 저자는 인간 본성을 체계적 방식으로 해부할 것을 제안하고, 자신이 경험을 통해 정당성을 인정받는 경우가 아니면 어떤 결론도 내리지 않겠다고 약속한다. 베이컨 경을 실험 물리학의 아버지로 생각하는 저자는 가설에 대해 경멸적으로 말하며 넌지시 비치기를 우리나라 사람들 가운데 도덕 철학에서 가설을 없애 버린 사람들이 베이컨 경보다 세계에 더 훌륭히 기여했다는 것이다. 이때 저자가 언급한 사람은 록크, 샤프츠베리 경, 만데빌 박사, 허치슨, 버틀러 박사 등인데, 이 사람들은 여러 측면에서 서로 다르다고 하더라도 인간 본성에 대한 자신들의 정밀한 논구의 토대를 오직 경험으로 삼는다는 점에서 모두 일치하는 것 같다.

우리와 가장 밀접한 관심사를 습관적으로 믿는 것에 만족하는 데 그치지 않고, 거의 모든 학문이 인간 본성에 관한 학문에 포함되며 또 인간 본성에 관한 학문에 의존한다고 단언해도 좋을 것이다. 논리학의 유일한 목적은 우리 추론 직능의 원리와 작용 및 관념의 본성을 설명하는 것이고, 도덕과 비평은 우리의 취향과 소감을 다룬다. 그리고 정치학은 인간들을 사회 안에서 합일되어 서로 의존하는 것으로 간주한다. 그러므로 인간 본성에 관한 이 논고가 이 학문들의 (통일된) 하나의 체계를 지향하는 것으로 생각된다. 저자는 논리학의 대상을 천명하고, (인간의) 정념에 대한 자신의 설명 안에 다른 부분들의 토대를 마련했다.

고명한 라이프니츠 선생은 논리학의 공통적 체계가 갖는 결함이 다음과 같은 점이라는 것을 밝혀 냈다. 즉 논증을 형성하는 오성의 작용

을 논리학의 공통적 체계들이 설명할 때에는 말이 아주 많지만, 명증성
의 다른 척도 및 개연성을 다룰 때에는 이 척도나 개연성이 삶과 행동
의 전반적인 근거이자 심지어 대부분의 철학적 사변에서조차 우리의
안내자임에도 불구하고 논리학의 일상 체계가 너무 간결하다는 점이
다. 라이프니츠 선생은『인간 오성론』(the essay on human understand-
ing),『진리 탐구』(la recherche de la vermité),『사유의 기술』(l' art de
penser) 따위를 이런 혹평 속에서 이해한다.『인간 본성에 관한 논고』의
저자는 이런 철학자들에게서 이와 같은 결점을 감지하고 힘자라는 대
로 그 결점을 보완하려고 노력한 것 같다.『인간 본성에 관한 논고』는
아주 새롭고 주목할 만한 사색이 엄청나게 담겨 있으므로, 그 전체적인
사상을 독자에게 정확하게 제공할 수 없을 것이다. 그러므로 우리는 그
가 인과 추론에 관해 설명한 것에 주된 초점을 맞출 것이다. 우리가 독
자들에게 이 설명을 이해시킬 수 있다면, 그것을 전체의 표본으로 활용
할 수도 있을 것이다.

　저자는 몇 가지 정의에서 출발한다. 저자는 정신에 현전할 수 있는
것은 모두 **지각**이라고 한다. 지각은 감관을 통해 정신에 나타날 수도
있고, 정념으로 유발될 수도 있으며, 사유와 반성을 초래할 수도 있다.
저자는 지각을 **인상**과 **관념** 등 두 종류로 나눈다. 우리가 모종의 정념이
나 정서를 느낄 때, 또는 감관을 통해 전달된 외부 대상의 심상을 가질
때, 저자는 정신의 지각을 **인상**이라고 일컫는다. 이 인상은 저자가 새
로운 의미로 사용하는 말이다. 우리가 현전하지 않는 대상이나 정념에
대해 반성할 때, 이 지각은 **관념**이다. 그러므로 **인상**은 생생하고 강한
지각이며, **관념**은 희미하고 약한 지각이다. 이 구별은 지각 작용과 사
고 작용의 구별만큼이나 명백하다.

　모든 관념 또는 약한 지각은 인상이나 강한 지각에서 유래되며, 우

리는 우리가 아니면 보지 못하거나 느끼지 못하는 것을 결코 표상할 수
648 없다. 이것이 저자가 제시한 제1명제이다. 이 명제는 **록크**가 확정하기
위해 그토록 고통 받았던 **어떤 관념도 본유적(innate)이지 않다는** 명제
와 같다고 생각된다. 이 유명한 철학자가 모든 지각을 관념이라는 용어
로 이해한 것을 그의 부정확성으로 볼 수 있는데, 모든 지각이 관념이
라는 의미에서 우리가 본유(innate) 관념을 갖지 않는다는 것은 거짓이
다. 우리의 강한 지각 또는 인상은 분명히 본유적이고, 또 자연적 감정,
덕에 대한 사랑, 의분 그리고 그 밖의 모든 정념 등이 본성에서 직접 발
생하는 것은 분명하기 때문이다. 확신컨대, 문제를 이런 측면에서 받아
들인 사람은 아마 모든 입장을 쉽게 조화시킬 수 있을 것이다. **말브랑슈**
신부는 내부적으로든 외부 감관을 통해서건 정신이 미리 느낀 것을 재
현하지 않는 정신의 사유를 적시하기 위해 쩔쩔매고 있는 자신을 발견
할 수 있을 것이고, 다음과 같은 점을 인정할 수밖에 없다. 즉 우리가
관념을 합성하고 혼합하고 증감시킬 수는 있다고 하더라도, 관념들이
란 이런 원천에서 유래된 것이다. 반면에 록크는 모든 정념이 인간 정
신의 근원적 구조에서 유래된 자연적 직감의 일종이라는 점을 쉽게 인
정할 것이다.

저자가 생각하기에는 "인상이 언제나 관념에 선행하며 상상력에 공
급되는 관념은 모두 그것의 대응 인상에서 처음으로 출현한다는 것, 이
것이 관념을 두고 벌이는 모든 논쟁을 해결하는 데 가장 다행스러운 발
견이다. 많은 관념은 아주 모호해서 관념을 형성하는 정신이 관념의 본
성과 구조를 정확히 말하는 것이 불가능하더라도, 인상이라는 지각은
모두 아주 명료하고 분명해서 전혀 논란거리가 없다." 따라서 어떤 관
념이 애매한 모든 경우에, 저자는 관념을 반드시 명료하고 정확하게 해
주는 인상에 호소한다. 그리고 《흔히 그렇듯이》 어떤 철학적 용어가 그

것에 동반된 관념을 전혀 갖지 못한다는 의심이 들 때, 저자는 언제나 어떤 인상에서 그 가상적 관념이 유래되는지 묻는다. 그리고 어떤 인상도 나타나지 않는다면, 저자는 그 용어가 전적으로 무의미하다는 결론을 내린다. 그는 이런 방법으로 **실체**와 **본질**에 관한 우리 관념을 검토한다. 그리고 모든 철학적 토론이 이 엄격한 방식으로 더욱더 진행되길 바랐을 것이다.

분명하듯이, **사실** 문제에 관한 모든 추론은 인과관계에 기초를 두고 있으며, 직접적이든 간접적이든 간에 두 대상이 함께 연관되어 있어야 한 대상의 존재에서 다른 대상의 존재를 추론할 수 있다. 그러므로 인과 추론을 이해하려면, 우리는 원인 관념을 완전히 숙지해야 하며, 또 원인 관념을 완전히 숙지하기 위해서는 다른 대상의 원인이 되는 어떤 것을 우리가 발견했는지 헤아려 보아야 한다.

당구공이 탁자 위에 있고, 다른 당구공이 그 공을 향해 빠르게 운동한다. 당구공이 충돌하고, 정지해 있던 공은 이제 운동한다. 이것은 우리가 반성이나 감각을 통해 알고 있는 인과관계의 완전한 사례이다. 그렇다면 이 사례를 검토해 보자. 분명하듯이 두 공은 운동이 전달되기 전에 서로 접촉했고, 충격과 운동 사이에는 시간적 틈이 없다. 그러므로 시간과 장소 등에서 **인접**은 모든 원인이 작용하기 위해 필수적 여건이다. 마찬가지로 명백하듯이, 원인인 운동은 결과인 운동에 선행한다. 시간적 **선행**은 모든 원인에서 또 하나의 필수적 여건이다. 그렇지만 이 것이 전부는 아니다. 같은 종류의 다른 공들을 동일한 상황에서 시험해 보자. 그러면 우리가 늘 발견하게 되듯이 한 공의 충격은 다른 공에게 운동을 일으킨다. 따라서 여기에 제3의 여건, 즉 원인과 결과 사이의 **항상적 결부**가 있다. 원인과 같은 대상은 모두 언제나 결과와 같은 대상을 산출한다. 인접, 선행 그리고 **항상적 결부** 등 세 가지 여건을 제외하

650 면, 나는 이런 원인에서 아무것도 발견할 수 없다. 첫째 공이 운동하고, 둘째 공과 접촉하면 곧 둘째 공이 운동한다. 그리고 내가 바로 그 공이나 같은 (종류의) 공으로 동일하거나 같은 여건에서 계속 실험하면, 첫째 공이 운동하고 접촉하면 언제나 둘째 공에 운동이 나타난다는 것을 알 수 있다. 내가 이 문제를 모든 형태로 전환하고 어떤 방식으로 실험하더라도 나는 더 이상 어떤 것도 발견할 수 없다.

　이것은 원인과 결과가 모두 감관에 현전하는 경우이다. 그러면 지금까지 존재했거나 존재할 결과를 원인으로부터 결론 내릴 때, 우리가 추정하는 기초가 무엇인지 살펴보자. 다른 공을 향해 직선으로 운동하는 공을 본다고 가정하면, 나는 곧 두 공이 충돌할 것이고 다른 공이 운동할 것이라고 결론 내린다. 이것은 원인에서 결과를 추정하는 것이다. 삶의 태도에서 우리가 추론하는 것도 모두 이런 본성이다. 역사에 대한 우리의 신념도 여기에 기초를 두고 있다. 그리고 기하학과 산수를 제외하면 모든 철학도 여기서 유래된다. 우리가 두 당구공의 충돌에서 추정하는 것을 설명할 수 있다면, 모든 사례에서 우리 정신의 이런 작용을 해명할 수 있을 것이다.

　예를 들어 **아담**과 같은 인간이 아주 왕성한 오성을 가지고 창조되었더라도, 경험 없이는 아담이 첫 번째 공의 운동과 충격에서 두 번째 공의 운동을 결코 **추정**할 수 없을 것이다. 우리가 결과를 추정하게 되는 원인 안에는 이성이 알 수 있는 것이 전혀 없다. 그런 추정이 가능하다면, 아마 그 추정은 관념의 비교에 기초를 둔 논증일 것이다. 여기에 대해 명백한 증거가 있다. 즉 정신은 어떤 원인을 따르는 결과, 실로 다른 어떤 사건 뒤이어 나타나는 어떤 사건을 언제나 **표상**할 수 있다. 적어도 우리는 형이상학적 의미에서 무엇이든 표상할 수 있다. 그러나 논증이 발생하는 모든 경우에, 그 반대는 있을 수 없고 반대는 모순을 내포한

651　다. 그러므로 원인과 결과의 결부에 대한 논증은 있을 수 없다. 그리고 이것은 일반적으로 철학자들이 인정하는 원리이다.

　　그러므로 (**아담**이 계시를 받지 않았다면) 그는 두 공의 충돌에 따라 나타나는 결과에 대한 **경험**을 반드시 가지고 있어야 할 것이다. 아담은 여러 사례에서 첫째 공이 둘째 공을 치면 둘째 공이 운동한다는 것을 관찰했어야 한다. 이런 종류의 사례를 충분히 보았다면, 그는 첫째 공이 둘째 공을 향해 운동하는 것을 볼 때마다 언제나 주저 없이 둘째 공이 운동하게 된다는 결론을 내릴 것이다. 아담은 자신이 본 것을 예견하며, 자신의 과거 경험에 알맞은 결론을 형성한다.

　　그렇다면 모든 인과 추론은 과거 경험에 기초를 두고 있으며, 자연의 흐름 또한 한결같이 동일하게 지속되리라는 귀결에 이른다. 우리는 유사한 여건에서 유사한 원인들이 언제나 유사한 결과를 산출할 것이라고 결론 내린다. 이제 잠시 우리가 그처럼 무한한 귀결에 대한 결론을 내리도록 결정하는 것이 무엇인지 생각해 보는 것도 가치 있을 것이다.

　　명백하듯이, **아담**은 자신의 모든 기량(science)을 동원해도 반드시 자연의 흐름은 한결같이 동일하게 지속되고 미래는 반드시 과거와 일치한다는 것을 **논증**할 수 없었을 것이다. 무엇이 가능하다는 것이 거짓이라고 논증될 수는 결코 없다. 그리고 자연의 흐름이 변할 수도 있을 것이다. 우리는 그와 같은 변화를 생각할 수 있기 때문이다. 뿐만 아니라 나아가서 나는 다음과 같은 점도 주장할 것이다. 아담이 어떤 **개연적** 논변을 통해서도 미래는 과거와 반드시 일치한다는 것을 증명할 수도 없을 것이다. 모든 개연적 논변은 과거와 미래 사이에 이런 일치가 있다는 가정에 기초를 두고 있다. 따라서 개연적 논변은 이 가정을 결코 증명할 수 없을 것이다. 이런 일치는 **사실** 문제이며, 이 일치가 실증될 수 있다면 그 증거는 오직 경험에서 유래될 뿐일 것이다. 그러나 과거

652   와 미래 사이에 유사성이 있다는 가정을 따르지 않는다면, 과거의 우리 경험은 미래에 대해 아무것도 입증할 수 없다. 그러므로 과거와 미래 사이에 유사성이 있다는 것은 어떤 증거도 있을 수 없고, 또 우리가 어떤 증거도 없이 당연히 받아들이는 사실이다.

오직 습관 때문에 우리는 미래가 과거와 일치하는 것으로 가정하도록 결정되어 있다. 내가 다른 당구공을 향해 운동하는 당구공을 보면, 습관 때문에 나의 정신은 그 운동의 일상적 결과에 미치고, 운동하는 두 번째 공을 표상함으로써 내가 운동하는 공을 보리라고 예견한다. 추상적으로 고려되어 경험과 무관한 이 두 대상에는 내가 그런 결론을 내리도록 할 것이 전혀 없다. 설령 내가 거듭된 이런 종류의 결과에 대한 경험을 가지고 있었더라도, 내가 이 결과는 과거 경험과 일치하리라고 가정할 수 있도록 결정할 논변은 전혀 없다. 우리는 물체가 작용하도록 하는 능력을 전혀 모른다. 우리는 물체가 가진 감지할 수 있는 성질들만 지각할 뿐이다. 우리는 물체가 작용하도록 하는 능력이 언제나 우리가 감지할 수 있는 바로 그 성질과 결부되어 있을 것으로 생각할 어떤 논거를 가지고 있는가?

그러므로 삶의 길잡이는 이성이 아니라 습관이다. 모든 사례에서 정신이 과거와 일치하는 미래를 가정하도록 결정하는 것은 습관일 뿐이다. 이 단계가 아무리 쉽게 여겨지더라도, 이성은 영원히 이 단계를 해결할 수 없을 것이다.

이것은 아주 진기한 발견이지만, 우리를 더 진기한 발견으로 인도한다. 내가 다른 당구공을 향해 운동하는 당구공을 보면, 습관 때문에 나의 정신은 그 운동의 일상적 결과에 미치고, 운동하는 두 번째 공을 표상함으로써 내가 운동하는 공을 보리라고 예견한다. 그러나 이것이 전부인가? 나는 두 번째 공의 운동을 표상할 뿐인가? 물론 그렇지 않다. 나는 그 공이 운동할 것이라고 믿는다. 그렇다면 이 신념은 무엇인가? 어떤 것을 단순히 표상하는 것과 믿는 것은 어떻게 다른가? 여기에 철학자들이 미처 생각하지 못한 문제가 있다.

653   논증을 통해 내가 어떤 명제를 확신한다면, 그 논증을 통해 나는 그 명제를 표상할 뿐만 아니라 상반되는 어떤 것도 표상할 수 없음을 느낀다. 논증적으로 거짓이라는 것은 모순을 함의하며, 우리는 모순을 함의하는 것을 표상할 수 없기 때문이다. 그러나 사실 문제에 있어서 경험에서 비롯된 증거가 아무리 강할지라도 나는 언제나 그와 반대되는 것을 표상할 수 있다. 물론 내가 그와 반대되는 것을 믿지 않을 수도 있겠지만 말이다. 그러므로 신념은 우리가 동의하는 표상과 우리가 동의하지 않는 표상 사이에 어떤 차이를 나타낸다.

이것을 설명하는 데에는 두 가지 가설이 있을 뿐이다. 신념은 우리가 동의하지 않고도 표상할 수 있는 것에 새로운 어떤 관념을 결합시킨다고 할 수 있을 것이다. 그러나 이 가설은 거짓이다. **첫째**, 그런 관념은 결코 산출될 수 없기 때문이다. 우리는 어떤 대상을 단지 표상만 할 때 그 대상을 모든 측면에서 표상 한다. 우리는 그 대상이 존재하는 것으로 믿지 않더라도, 존재할 수도 있는 것으로 생각한다. 그 대상에 대한 신념이 새로운 성질을 전혀 나타내지 않을 것이다. 우리는 믿지 않고도 상상력 속의 온전한 대상을 지워 버릴 수도 있을 것이다. 우리는 시공간적 여건을 모두 갖춘 대상을 어떤 방식으로 눈앞에 제시할 수도 있다. 이것이 바로 존재할 수도 있을 법한 것으로 표상되는 그 대상이다. 그리고 우리가 그 대상을 믿는다면, 우리가 그 대상을 믿을 수밖에 없다.

둘째, 정신은 모순을 함의하지 않은 관념들을 함께 결합하는 직능을 갖는다. 따라서 우리가 단순히 표상만 하는 것에 추가한 어떤 관념에 신념이 있다면, 그냥 표상만 하는 것에 이 관념을 추가함으로써 우리가 표상할 수 있는 것을 믿는 것은 우리의 능력에 있을 것이다.

그러므로 신념은 표상 작용을 포함하지만 표상 작용 이상의 어떤 것이고, 또 신념은 표상 작용에 어떤 새로운 관념도 추가하지 않는다. 따라서 신념은 어떤 대상을 표상하는 다른 방식이다. 즉 신념은 느낌과 구별되고, 우리의 모든 관념이 그러하듯이 우리 의지에 의존하지도 않는 어떤 것이다. 버릇 때문에 나의 정신은 다른 공을 향해 운동하는 공이라는 볼 수 있는 대상에서 다른 공의 운동이라는 일상적 결과로 나아 654 간다. 나의 정신은 그 운동을 표상할 뿐만 아니라, 그 운동을 표상할 때 상상력의 순수한 환상과 다른 어떤 것을 느낀다. 이 볼 수 있는 대상의 현전과 그 특정한 결과의 항상적 결부 등은 이때의 관념을 어떤 매개(introduction)도 없이 정신에 들어온 어렴풋한 관념과 느낌이 다르도록 한다. 이 결론이 약간 놀랍게 여겨질 수도 있겠지만, 우리는 의심의 여지없는 일련의 명제들을 통해 이 결론에 이르렀다. 독자들이 기억하기 쉽도록 나는 이 명제들을 다시 간단히 요약할 것이다. 오직 원인과 결과를 통해서 사실 문제를 증명할 수 있다. 그리고 오직 경험을 통해서 다른 한 대상의 원인이 있다는 것을 알 수 있다. 우리는 과거의 경험을 미래에까지 확장하는 데 대해 어떤 이유도 제시할 수 없다. 그러나 우리는 어떤 결과가 그것의 일상적 원인에서 나온다는 생각을 할 때, 습관에 따라서 과거의 경험을 미래에까지 확장하는 결정을 하게 된다. 또 우리는 결과가 원인을 따르는 것으로 생각하면서 또한 믿는다. 이 신념은 그 생각에 어떤 새로운 관념도 결합하지 않는다. 신념은 표상하는 방식을 변화시킬 뿐이고, 느낌이나 소감에 영향을 미친다. 그러므로 모든 사실 문제에 대한 신념은 오직 습관에서 발생하며, 특수한 방식으로 표상된 관념이다.

저자는 계속해서 신념을 어렴풋한 표상 작용과 다르도록 하는 방식 또는 그 느낌을 설명한다. 그는 이 느낌을 말로 서술하는 것이 불가능하다고 느낀 것 같다. 모든 사람은 반드시 각자 자신의 가슴으로 이 느낌을 의식하고 있다. 저자는 이 느낌을 때로는 더욱 **강한** 표상 작용, 때로는 더욱 **생생한** 표상 작용, 또는 더욱 **생동적인** 표상 작용, 더욱 확고한 표상 작용, 더욱 **강렬한** 표상 작용 등으로 일컫는다. 사실 신념을 구성하는 이 느낌에 우리가 어떤 이름을 붙이든 간에, 저자가 명백하게 생각하는 것은 이 느낌이 허구나 순수 관념(mere conception)보다 더 강한 영향력을 정신에 미친다는 것이다. 그는 이 느낌이 정념 및 상상력에 미치는 영향력을 통해 이 사실을 입증한다. 정념이나 상상력은 진리 또는 진리로 받아들여진 것에 감동될 뿐이다. 시가는 그 모든 기교를 동원하더라도 실제 생활에서 같은 정도의 정념을 결코 유발할 수 없다. 시가는 그 대상을 근원적으로 표상하기에 부족하며, 우리 신념과 의견을 유발하는 대상과 동일한 방식으로 느낄 수 없다.

655   저자는 우리가 동의하는 관념은 그 밖의 관념과 느낌이 다르고 이 느낌은 우리의 일상적 표상 작용보다 더 확고하고 생생하다는 것을 감히 자신이 이미 입증했다고 여겼으므로, 다음에는 이 생생한 느낌을 정신의 다른 작용과 유비시킴으로써 그 원인을 설명하는 데 진력한다. 저자의 추론이 독특하게 여겨지지만, 자세한 설명을 장황하게 하지 않고는 독자들이 이해하거나 그럴듯하게 여기기는 어려울 것 같다. 그런데 이렇게 설명하는 것은 나 스스로 계획했던 범위를 넘어설 것이다.

뿐만 아니라 나는 저자가 신념이 특수한 느낌이나 소감에 있을 뿐이라는 것을 입증하기 위해 제시했던 논변을 많이 생략했다. 나는 한 가지 논변을 언급하는 것으로 그치겠다. 우리 과거 경험은 늘 한결같지 않다. 때에 따라서 한 결과가 하나의 원인에서 나오고, (그와 같은) 또 하나의 원인에서 나온다. 이 경우에 언제나 우리는 가장 공통적인 결과가 존재하리라고 믿는다. 내가 다른 당구공을 향해 운동하는 당구공을 본다. 나는 그 당구공이 굴러가는지 또는 당구대를 미끄러져 가도록 충격을 받았는지 구별할 수 없다. 나는 첫 번째 경우에 그 당구공이 충격을 받은 후 멈추지 않을 것임을 안다. 두 번째 경우에는 멈출 수도 있을 것이다. 첫 번째 경우는 가장 공통적이며, 따라서 나는 그 결과를 예기한다. 그러나 나는 그 밖의 결과도 생각하며, 다른 결과도 가능하고 같은 원인과 연관되어 있는 것으로 생각한다. 앞의 생각이 느낌이나 소감에서 두 번째 생각과 다르지 않다면, 이 두 생각 사이에 전혀 차이가 있을 수 없을 것이다.

우리는 이 추론 전체에서 물질의 운동과 그 작용에서 드러나는 원인과 결과의 관계에 국한했다. 그러나 이 추론은 정신의 작용에까지 확장된다. 우리가 자신의 신체를 움직이거나 우리 사유를 지배하는 의지의 영향력을 고려해 보면, 우리는 경험 없이 단지 그 원인을 고찰해서는 결코 그 결과를 예언할 수 없을 것이라고 단언해도 좋다. 그리고 이런 656 결과를 경험한 뒤라고 하더라도, 우리가 그 경험을 미래 판단의 기준으로 삼도록 결정하는 것은 이성이 아니라 오직 습관이다. 그 원인이 현전하면 정신은 버릇에 따라 곧장 그 원인의 일상적 결과에 대한 표상과 신념으로 간다. 이 신념은 그 결과를 표상하는 것과 다른 어떤 것이다. 그렇지만 신념이 그런 표상에 새로운 어떤 관념을 결합시키는 것은 결코 아니다. 신념은 그 표상이 다르게 느껴지도록 할뿐이며, 그 표상을 더욱 강하고 생생하도록 한다.

인과 추론의 본성에 관한 이 실질적 쟁점(material point)을 급히 처리한 다음 저자는 발길을 되돌려 인과관계의 관념을 다시 검토한다. 한 공에서 다른 공으로 전달된 운동의 관념을 고찰하면서, 우리는 (결과에 대한) 그 원인의 인접과 선행 그리고 항상적 결부를 발견할 수 있을 뿐일 것이다. 그렇지만 이런 여건들 외에, 그 원인과 결과 사이에 필연적 연관이 있고, 또 그 원인은 우리가 **능력**이나 **힘** 또는 **원동력** 등으로 일컫는 어떤 것을 갖는 것으로 가정되는 것이 일상적이다. 문제는 이런 술어에 어떤 관념이 동반되는가라는 점이다. 관념이나 사유가 모두 인상에서 유래된다면, 이 능력은 우리 감관에 드러나야 하거나 내부적 느낌에 드러나야 한다. 물질은 원동력이 전혀 없고 물질의 작용이 모두 오직 지고의 존재가 갖는 원동력에 의해서만 이루어진다는 것은 데카르트주의자의 거침없는 주장인데, 이처럼 물질의 작용에서 감관에 드러나는 능력은 거의 없다. 그러나 도대체 지고의 존재가 갖는 원동력이나 능력에 대해서 우리는 어떤 관념을 가지고 있는가라는 문제는 여전히 되풀이된다. 《본유 관념을 부정하는 사람에 따르면》 신에 대한 우리의 관념은 모두 우리 자신의 정신 작용에 대한 반성을 통해 얻은 관념을 조합한 것일 뿐이다. 그렇다면 물질과 마찬가지로 우리 정신도 원동력의 관념(notion)을 제공하지 않는다. 우리가 우리의 의지나 의도를 **선험적**으로 고찰한다면, 경험으로부터 추상할 때 그 의지나 의도에서 결코 어떤 결과도 추정할 수 없을 것이다. 그리고 우리가 경험의 도움을 받아들일 때, 서로 인접해서 계기하며 항상 결부된 대상들을 경험이 드러낼 뿐이다. 그렇다면 대체로 우리는 힘과 원동력 등의 관념을 전혀 갖지 못하며, 힘이나 원동력이라는 말도 완전히 무의미하거나, 또는 이 말들은 원인으로부터 그것의 일상적 결과로 옮겨 가는 사유의 결정을 의미할 수 있을 뿐이고, 이 결정은 버릇을 통해 획득된 것이다. 그러나 이것을 철저히 이해하려는 사람은 모두 저자 자신의 의견을 들어야 한다. 여기에는 어떤 난점이 있으며, 이 난점을 해결하려는 사람은 누구나 이 난

657

점 자체만큼이나 새롭고 기이한 어떤 것을 말해야만 한다. 내가 학계에 이런 점을 이해시킬 수 있다면, 그것으로 충분하다.

지금까지 이야기한 모든 것을 통해 독자들이 쉽게 지각하게 되는 것은 이 책에 담긴 철학이 매우 회의적이며 그 목적은 우리에게 인간 오성의 불완전함과 좁은 한계를 일깨워 주려는 것이란 점이다. 이 책에서 거의 모든 추론은 경험으로 환원되며, 경험에 수반된 신념은 버릇이 산출한 생생한 표상 또는 개별적 소감(sentiment)에 지나지 않는 것으로 설명될 수 있다. 이것이 전부는 아니다. 우리가 어떤 것의 **외부** 존재를 믿거나 이 대상이 더 이상 지각되지 않더라도 한동안 존재하리라고 가정할 때 이 신념은 동일한 종류의 소감일 뿐이다. 저자는 몇 가지 회의적 주제를 역설하며, 저자가 전반적으로 내린 결론은 단지 어쩔 수 없기 때문에 우리가 우리 직능들을 따르고, 이성을 사용한다는 것이다. 자연이 철학보다 훨씬 강하지 않다면 철학은 우리를 고스란히 **퓌론주의자**로 만들 것이다.

저자 고유의 것으로 여겨지는 두 가지 의견에 대한 평가로써 나는 저자의 논리학에 대한 결론을 내릴 것이다. 이 의견들은 실제로 대부분 저자의 의견이기 때문이다. 저자의 주장에 따르면, 우리가 영혼에 관해 생각할 수 있는 한 우리 영혼은 뜨거움·차가움·사랑·분노·사유·감각 등과 같은 상이한 지각들의 체계 또는 행렬이다. 즉 영혼은 이런 지각들이 함께 합일된 것일 뿐이며, 완전한 단순성이나 동일성을 갖지 못한다. **데카르트**의 주장에 따르면, 사유는 정신의 본질이다. 이때 사유란 이 사유 저 사유가 아니라, 사유 일반을 가리킨다. 이것은 절대 이해할 수 없는 것으로 여겨진다. 존재하는 만물은 개별적이기 때문이다. 그러므로 사유는 정신을 구성하는 몇 가지 개별적 지각이어야 한다. 내 말은 (개별적 지각들이) 정신에 **속하는** 것이 아니라, 정신을 **구성한다는**

658

것이다. 정신은 이런 지각들이 내재하는 **실체**가 아니다. 실체라는 개념
은 사유나 지각 일반이 정신의 본질이라고 하는 **데카르트주의자** 못지않
게 이해할 수 없다. 우리는 어떤 종류의 실체 관념도 갖지 않는다. 우리
는 어떤 인상에서 유래된 관념만 가지며, 물질적 실체이든 정신적 실체
이든 간에 실체의 관념을 전혀 갖지 않기 때문이다. 우리는 오직 개별
적 성질과 지각만 알 뿐이다. 어떤 물체, 예를 들어 복숭아에 대한 우리
관념은 개별적 맛·색·형태·크기·경도 따위의 관념일 뿐이다. 따라서 정
신에 대한 우리 관념은 개별적 지각들에 대한 우리의 관념일 뿐이며,
단순 실체든 복합 실체든 간에 우리가 실체라고 일컫는 것에 대한 개념
은 결코 없다.

내가 주목하고자 했던 두 번째 원리는 **기하학**에 관한 것이다. 저자는
연장의 무한 분할 가능성을 부정했으므로, 연장의 무한 분할 가능성을
옹호하기 위해 예증된 기하학적 논변(mathematical arguments)을 반
박할 수밖에 없음을 깨달았다. 이 기하학적 논변들은 비할 바 없이 중
요하다. 저자는 기하학이 무한 분할 가능성에 관한 결론처럼 정교한 결
론을 충분히 허용할 정도로 정확한 학문이라는 것을 부정함으로써 기
하학적 논변을 반박한다. 저자의 논변을 다음과 같이 설명할 수 있을
것이다. 기하학은 모두 대등과 부등의 개념에 기초를 두고 있으므로,
우리가 대등과 부등 따위의 관계에 대해 정확한 기준을 갖는지 여부에
따라서 기하학 자체가 고도의 정확성을 허용하거나 허용할 수 없을 것
이다. 그런데 우리가 양이 불가분적 점들로 구성되었다고 가정하면, 대
등에 관한 정확한 기준이 있다. 두 선분에서 각 선분을 구성하는 점들
의 수가 대등하고 한 선분의 점이 다른 선분의 점과 상응할 때, 이 두
선분은 대등하다. 그러나 이 기준이 정확하다고 하더라도, 이 기준은
쓸모없다. 우리는 선분에 있는 점의 수를 결코 헤아릴 수 없기 때문이

다. 게다가 이 기준은 유한 분할 가능성이라는 가정에 기초를 두고 있
659 고, 따라서 유한 분할 가능성을 반박할 결론을 결코 제공할 수 없다. 만
약 우리가 대등의 이런 기준을 기각한다면, 우리는 어느 누구도 정확성
을 주장할 권리가 없다. 나는 흔히 쓰이는 두 가지를 발견했다. 예를 들
어 1야드 이상의 두 선분이 1인치처럼 더 작은 양을 대등한 배수로 포
함할 때, 그 두 선분을 대등하다고 한다. 그러나 이것은 순환 논법에 빠
진다. 우리가 전자에서 1인치라고 일컫는 양이 후자에서 1인치라고 일
컫는 것과 대등하다고 가정하기 때문이다. 그리고 우리가 이 두 양이 대
등하다고 판단할 때, 어떤 기준으로 그렇게 판단하는지가 여전히 문제
이다. 바꾸어 말하면 우리가 두 양이 대등하다고 말할 때 우리가 의미
하는 바는 무엇인가? 그래도 우리가 더 작은 양을 받아들인다면, 우리
는 무한히 계속해서 더 작은 양을 받아들인다. 따라서 이것은 대등의 기
준이 될 수 없다. 대등이 무엇을 뜻하는지 물어보면, 거의 대부분의 철
학자들은 대등이라는 말은 어떤 정의도 필요 없고, 이 말을 이해시키려
면 한 원의 두 지름과 같이 대등한 두 물체를 보여 주는 것으로 충분하
다고 한다. 그런데 이것은 대상들의 **일반적 겉모습**을 비율의 기준으로
간주하고 있는 것이며, 우리 상상력과 감관을 비율의 기준에 대한 궁극
적 재판관으로 만든다. 그러나 이런 기준은 결코 정확성의 여지가 없으
며, 결코 상상력 및 감관에 상반되는 결론을 제공할 수도 없다. 이런 추
론*의 정당성 여부는 학계의 판단에 맡겨져야 한다. 무한 분할 가능성
의 문제에 관해 지금까지 철학과 상식은 가장 참혹한 전쟁을 치렀는데,
우리가 철학과 상식의 화해를 위해 어떤 방편이 떠오르기를 바라는 것

---

* 제1판에서는 '물음'(question)으로 표기되어 있지만, 흄이 직접 쓰지 않은 수고에
서는 '추론'으로 표기되어 있다 – 자구에 대한 주석.

은 틀림없다.

　이제 우리는 이 책의 제2권에 대한 설명을 시작해야 하는데, 2권은 정념을 다루고 있다. 1권보다는 2권이 훨씬 이해하기 쉽지만, 2권은 거의 새롭고 특이한 의견을 담고 있다. 저자는 **긍지**와 **소심** 등으로 (2권을) 시작한다. 저자는 이 정념을 유발하는 대상이 수없이 많지만, 그 대상들이 외관상으로는 아주 다르다는 데 주목한다. 긍지 또는 자부심은 정신과 신체 및 외부적 장점 따위의 성질들에서 발생할 수도 있을 것이다. 이때 정신의 성질은 재치·분별·학식·용기·공정·성실 등이고, 신체적 성질은 춤추고 말 타고 칼을 쓸 때의 아름다움·강인함·민첩성·훌륭한 외모·품위 등이고, 외부적 장점은 조국·가족·아이·친족·재산·집·정원·말·개·옷 등이다. 저자는 계속해서 이 모든 대상들이 일치하며 이 대상들이 정념에 작용하는 원인이 되는 공통적 여건을 찾기 시작한다. 저자의 이론은 사랑과 증오 및 그 밖의 감정에도 확장된다. 이 물음들은 진기하지만 긴 논의 없이는 이해할 수 없을 것 같으므로, 여기서 이런 물음들을 생략할 것이다.

　저자가 자유 의지에 관해 말한 것을 알고 있는 독자들은 아마 그의 이론을 더욱 쉽게 받아들일 수 있을 것이다. 위에서 설명했듯이 자기 학설의 기초를 자신이 원인과 결과에 관해 말한 것에 두고 있다. "보편적으로 인정되듯이, 외부 물체의 작용은 필연적이다. 그리고 외부 물체들 간의 운동 전달과 인력 그리고 상호 응집력 등에서, (상반되는 가능성의) 무차별성(indifference)이나 자유 따위의 조그만 흔적도 없다." … "이런 측면에서 물질과 동일한 지반을 갖는 것은 모두 필연적인 것으로 인정되어야 한다. 이것이 정신 활동의 경우에도 마찬가지인지 알려면, 먼저 우리는 물질을 검토하고, 물질의 작용에서 필연성의 관념이 무엇에 토대를 두고 있는지 살펴보고, 어떤 물체나 행동이 다른 물체나 행동의 불가피한 원인이라고 결론 내리는 이유를 고찰해야 한다.

"우리가 이미 살펴보았듯이, 감관이나 이성을 통해 어떤 대상들의 궁극적 연관이 발견될 수 있는 단 하나의 사례도 없으며, 우리는 물체들의 상호 영향력이 의존하는 원리를 지각할 수 있을 정도로 물체의 본질이나 구성을 깊이 천착할 수는 결코 없다. 우리가 친숙한 것은 물체들의 항상적 합일뿐이고, 필연성(의 관념)도 오직 물체들의 항상적 합일에서 발생한다. 대상들이 한결같이 또 규칙적으로 서로 결부되지 않는다면, 우리는 결코 원인과 결과 따위에 대한 어떤 관념에도 이를 수 없다. 그리고 무엇보다도 원인과 결과의 관념에 들어오는 필연성은 정신의 결정일 뿐이며, 이 결정에 따라서 정신은 한 대상에서 그 대상의 일상적 수반물로 넘어가고, 한 대상의 존재에서 다른 대상의 존재를 추

661 정한다. 그런데 여기에는 우리가 **필연성**에 본질적인 것으로 간주하는 두 가지 요소가 있는데, 이 요소는 항상적 **합일**과 정신의 **추정** 등이다. 우리는 이 두 요소를 발견할 수 있는 모든 경우에 필연성을 인정할 수밖에 없다." 이제 가장 명백한 것은 개별적 행동은 개별적 동기와 항상적으로 합일되어 있다는 것이다. 모든 행동이 그것 고유의 동기와 항상적으로 합일되어 있지 않다면, 이 불확실성은 원인들의 혼합과 불확실성 때문에 종종 그 결과가 가변적이고 불확실한 물질의 작용(actions)에서 일상적으로 관찰될 수 있는 것일 뿐이다. 대황 30그레인(grains)은 아편에 중독되지 않는 사람이 항상 설사하도록 하지는 않겠지만, 아편 30그레인은 그 사람을 죽일 것이다. 마찬가지로 죽음에 대한 두려움이 언제나 사람에게 (죽음과 같은 정도의) 나쁜 작용을 하는 것은 아니겠지만, 언제나 사람이 크게 당황하도록 할 것이다.

그리고 때로는 의지의 작용과 그 동기의 항상적 결부가 있으므로, 의지의 작용으로부터 그 동기를 추정하는 것은 물체들에 관한 추론만

큼이나 확실하며, 그 결부의 항상성에 비례하는 추정이 있기 마련이다. 증언에 대한 우리 신념 및 역사에 대한 우리의 신뢰 또 실제로 모든 종류의 도덕적 명증성 그리고 거의 모든 건전한 삶의 행동 양식 등에 대한 신뢰는 바로 여기에 기초를 두고 있다.

저자의 주장으로는 필연성을 새롭게 정의함으로써 이 추론이 논쟁 전체를 새롭게 조명한다고 한다. 그리고 실제로 자유 의지를 가장 열성적으로 옹호하는 사람은 인간 행동에 대해 이런 합일과 추정을 인정해야 한다. 그들은 이런 사실이 완전한 필연성이 된다는 것을 부정할 뿐일 것이다. 그렇지만 그들은 우리가 물질의 작용에서는 그 밖의 어떤 것에 대한 관념을 갖는다는 것을 보여 주어야 한다. 위의 추론에 따르면 이것은 불가능하다.

이 책 전반에 걸쳐 새로운 철학적 발견에 대한 굉장한 자부심이 있다. 그러나 저자에게 **발명가**라는 영예로운 이름을 붙일 만한 것이 있다면, 그것은 저자가 관념 연합의 원리를 사용한 것인데, 이 원리는 그의 철학 대부분과 관련되어 있다. 우리 상상력은 관념에 대해 엄청난 지배력을 갖는다. 서로 다른 관념은 반드시 분리되거나 결합될 수도 있고, 각양각색의 모든 허구로 합성될 수 있다. 그러나 상상력의 이런 절대적 지배권에도 불구하고, 개별 관념들 사이에는 은밀한 끈이나 합일이 있으며, 이 끈이나 원인은 정신이 개별 관념들을 더욱 자주 결합하는 원인이며, 한 관념이 출현하면 그 관념이 다른 관념을 도입하도록 만드는 원인이다. 우리가 담화의 **시의성**(apropos)이라고 일컫는 것이 여기에서 발생하고: 문맥(connection of writing)이 여기에서 발생하고: 사유의 줄거리 또는 그 연결 고리가 여기에서 발생하는데, 비할 바 없이 산만한 **백일몽**에서조차도 인간은 자연적으로 이런 것을 유지한다. 연합의 이런 원리들은 다음과 같은 세 가지로 환원된다. 즉 유사; 그림은 자연적으로 우리가 그 그림이 묘사하는 사람을 생각하도록 한다. 인접; 성 데니스가 언급되면 자연히 **파리**가 떠오른다. 인과; 우리가 아이를 생각 하면 우리는 그 아버지에게 관심을 돌리는 성향이 있다. 정신에 관한 한, 우주의 부분들을 함께 묶거나 우리를 다른 사람이나 우리 자신 이 외의 대상과 연관 지우는 연결 고리들이 있다는 점을 염두에 두면, 인 간 본성에 관한 학문에서 이 원리들이 아주 중대한 귀결임에 틀림없다 는 점을 쉽게 생각할 수 있을 것이다. 어떤 사물이든 오직 사유를 수단 으로 우리 정념에 작용하며, 이 연합의 원리들이 우리 사유의 유일한 끈이므로, 이 원리들은 실제로 **우리에게** 우주의 접착제이며, 모든 정신 작용은 대개 이 원리들에 좌우될 수밖에 없다.

색 인

【ㄱ】

가족(family)

가족은 국가의 시초이다. 486면; 족장 정부가 군주제의 기원은 아니다. 541면.

가치(공로, 상, merit) ☞ 도덕

가치는 인간 내면의 항상적이고 지속적인 어떤 것을 함의하므로 필연성 이론을 요구한다. 411면; 가치는 동기에 달려 있다. 477면 이하.

감(관)(感, sense)

도덕적 감관은 도덕적 구별의 원천이다. 470면 이하(☞ 도덕 2); 참으로 그럴듯한 가설에 따르면, 덕에 대한 모든 소감의 원천은 '반성 없이 작용하면서 어떤 행동과 성질의 경향을 고려하지 않는 어떤 감관이다.' 612면.

감각(sensation) ☞ 느낌

우리 자신의 감각이 어떤 성질의 덕과 부덕을 결정하며, 우리 자신의 감각은 그 성질이 다른 사람에게 유발할 수 있을 감각도 결정한다. 597면(469면 이하).

감관(senses)

감관은 끊임없는 수정이 필요하며, 우리가 사물들의 순간적인 겉모습을 수정하지 않고 우리의 현재 상황을 간과한다면 우리는 결코 언어를 가질 수 없고 대화도 할 수 없을 것이다. 582, 603면.

개연성(probability)

일반 규칙은 일종의 개연성을 창출하는데, 이 개연성은 이따금 판단력에 영향을 미치며, 상상력에는 언제나 영향력을 미친다. 585면.

게으름(indolence)

게으름이 비난받는 까닭. 587면.

관계(relation)

1. b. 오직 '철학적 관계의 네 종류' 만이 전적으로 관념에 의존하고, 또 관념들이 동일하게 지속되는 한 변할 수 없는 관계이므로 그 관계는 '신념과 확실성의 대상' 이고 '학문의 기초' 이다. 69면(413, 463면 참조).

3. 부덕과 덕은 관계가 아니다. 463면 이하; 부덕과 덕이 만일 논증적 관계들 중 어떤 것이라면, 무생명체들은 이런 관계를 허용할 수 있기 때문에 유덕하고 부덕하다. 464면; 이성이 이런 관계 속에서 이런 행동이 유덕하다는 것을 발견한다고 말하는 것이 덕을 관계로 만들지 않는다. 464면 주; 만일 부덕과 덕이 관계라면, 이 관계는 오직 외부 대상과 내부 작용 사이에 있어야 한다. 그러나 그와 같이 특수한 관계는 없다. 465면; 따라서 우리가 사람들 사이의 배은망덕에서 발견하는 모든 관계는 무생명체들 사이에서 발견되며 근친상간의 관계는 동물들 사이에서 발견된다. 466~7면; 설령 그와 같은 관계가 있다고 하더라도 그것들의 보편적 책임성을 입증하며 그 행동에 영향을 미치는 것은 불가능하다. 465~6면(496면 참조); 소유권은 도덕적 관계이지 자연적 관계가 아니다. 491면.

관념(ideas)

3. b. 관념들의 추상적 관계는 대상들의 경험적 관계와 상반된다. 414, 463면; 관념들의 세계는 논증의 영역이다; 실재들의 세계는 의지의 영역이다. 414면; 진리는 표상적 관념으로서가 아니라 그 자체로 고려된 관념들의 비율이다. 448, 458면; 네 가지의 논증적 관계. 464면; 도덕성은 논증

적 관계인가? 456, 463, 496면.

c. 진리가 오직 표상으로서의 관념에 속한다는 것은 대상들에 대한 우리의 관념이 그 실제 존재와 부합된다는 것이다. 448, 458면; 오성은 관념들을 비교하거나 사실 문제를 추정한다. 463면.

공감(sympathy)

1. a. 다른 사람은 우리 자신과 아주 닮았다(359, 575면 참조); '정신에 직접적으로 드러나는 다른 사람의 정념은 전혀 없고,' 현 사이의 운동이 대등하게 굽이치듯이 모든 정념은 한 사람에게서 다른 사람에게로 쉽게 옮겨 간다. 576면.

b. '공감의 교류된 정념은 때때로 본래 정념이 약함에서 힘을 얻고, 심지어 존재하지도 않는 감정에서도 전이 때문에 발생한다. 370면(319, 584면 참조).

c. 우리는 대상을 그 자체보다는 비교를 통해 판단하므로, 다른 사람이 느낀 정념을 공감함으로써 반대의 정념이 발생하는 경우도 있다. 375면(589면 참조); 공감은 상반되는 것이 나타났을 때 발생하는 경우도 있다. 예를 들면, 모순이 나의 정념을 증대시킬 때, 다른 사람의 소감은 어느 정도 우리 자신의 소감으로 되지 않고는 우리 자신에게 결코 영향을 미칠 수 없기 때문이다. 비교는 그 작용이 공감과 직접적으로 상반된다. 593면; 공감은 관념을 인상으로 전환하기 때문에, 관념의 힘과 생동성을 비교에서 필요한 것보다 더 요구한다. 595면; 공감의 이중적 반동. 602면.

2. 공감은 우리와 이해관계가 없는 부를 우리가 부러워하는 원인이다. 358, 361, 616면; 따라서 우리는 유용한 모든 것에서 아름다움을 발견한다. 576면.

3. a. 다른 사람의 의견을 공감함으로써 우리는 우리 자신의 부당한 행동을 부덕하게 평가한다. 499면; 공공의 이익을 공감하는 것은 정의에 수반되는 도덕적 찬동의 원천이다. 500면; 우리의 심미감은 대개 우리가 해당

대상이나 성질의 소유자의 쾌락을 공감하는 데 의존한다. 576면; 이와 마찬가지 방식으로 공감은 도덕에 대한 우리의 소감을 산출하는 경우가 흔하다. 공감은 '우리가 모든 인위적 덕에 대해 나타내는 부러움의 원천'이다. 577면; 공감은 또한 그 밖의 많은 덕을 불러일으킨다. 즉, 이런 덕은 인류의 복리에 이바지하기 때문에 우리는 이런 덕에 찬동하는데, 이런 덕은 공감이 불러일으킨다. 578면; 우리는 공감에 의하지 않는다면 사회에 대해 포괄적인 관심을 갖지 않는다. 579면; 공감 때문에 우리는 소유자에게 유익한 성질들에 대해 찬동한다. 설령 그 소유자가 낯선 사람이라고 하더라도 말이다. 586(591면 참조); 바로 이런 성질들이 늘 긍지와 사랑의 원인이라는 사실을 설명하는 것은 공감이다. 589면; 공감을 통해 우리는 다른 사람의 눈에 비친 자신의 모습을 조망할 수 있고, 또 우리 자신에게 이득이 되는 성질들을 거부할 수도 있다. 589면; 공감은 우리가 긍지와 소심에 속하는 것으로 여기는 덕과 부덕의 원천이다. 592면; '인간 영혼들의 (상호) 호응은 아주 가깝고 친밀해서, 어떤 사람이 자신의 모든 의견을 나에게 확산하며 나의 판단력을 다소 촉진하자마자 그는 나와 엇비슷해진다.' 따라서 나는 자연히 사람을 그가 자기 자신을 생각하는 것과 동일하게 생각한다. 592면; 공감은 긍지가 가치와 동일한 결과를 어느 정도 갖도록 하는 원인이다. 604면; 공감은 도덕적 구별의 주요 원천이다. 618면; 그리고 공감은 아주 고귀한 원천이며, 인간 정신의 근원적 직감 이상으로 고귀한 원천이다. 619면.

3. b. 반박들. (1) 공감은 우리 가치 평가의 변이가 없더라도 변화한다. 따라서 우리의 가치 평가는 공감에서 유래되지 않는다. 581면; (2) 어떤 정신적 성질이 사람에게 행복을 산출하지 않더라도 우리는 그 성질을 유덕하다고 평가한다: '누더기 속의 덕도 덕이지만,' 현존하지 않는 인류의 행복을 공감할 수는 없다. 584면(370, 371면 참조); 이것은 '일반 규칙'에 기인한다: 우리는 우리가 고려하는 사람들과 교류가 있는 사람들, 오직

이런 사람들과 공감하는 것을 하나의 규칙으로 만든다. 583면(602면 참조); '덕에 대한 우리의 소감이 의존하는 포괄적 공감과, 정의의 원천과 인간 등에 자연적인 한정된 관용 사이의 모순'을 '일반 규칙'의 영향력을 상정함으로써 제거된다. 586면.

공공의(public)

사적인 것과 반대되는 공적인 것. 546, 569면.

교육(education)

교육은 정의에 대한 도덕적 찬동을 산출함에 있어서 이익과 반성을 돕는다. 500면.

국가(nation)

국가의 법률. 567면 이하; (국가들의 경우에 정의의 규칙을) 준수할 도덕적 책임은 개인의 경우만큼 강하지 않다. 569면; '국가적인 도덕성과 사적인 도덕성.' 569면.

군주제(monarchy)

군주제는 족장제 정부에서 비롯되는 것이 아니라 전쟁에서 비롯된다. 541면.

규칙(rules)

2. 긍지에 미치는 일반 규칙의 영향력. 293, 598면; 모든 일상적 일반 규칙은 예외를 허용하지만, 정의의 규칙은 불변적이며, 따라서 고도로 인위적이다. 532면; 정의의 규칙은 자연적 책임이 종식된 뒤에도 오랫동안 도덕적 책임을 보존한다. 551면; 일반 규칙은 정부에 자격을 부여한다. 555면; 일반 규칙은 대체로 정절의 의무를 확장한다. 573면.

3. 일반 규칙은 우리 공감의 변이들을 수정하며, 따라서 도덕에 대한 우리 소감에 안정성을 부여한다. 581면 이하(602면 참조); 일반 규칙은 현실적으로 어느 누구에게도 전혀 선이 아닌 사물들과 행동에서 우리가 아름다움과 덕을 찾게 되는 원인이다. 584면 이하; 일반 규칙은 일종의 개연성을 창

조하는데, 이 개연성은 언제나 상상력에 영향을 미친다. 585면; 따라서 덕
에 대한 우리의 소감이 의존하는 포괄적인 공감과, 그리고 정의의 원천과
인간에게 자연적인 한정된 관용 사이의 모순을 제거한다. 586면.

긍지와 소심(pride and humility)

  2. b. 덕과 부덕은 무생명체가 산출한 쾌락과 구별되며, 긍지와 소심을 유발
하는 무생명체의 능력이 산출한 쾌락과 구별된다. 473면(288면 참조);
쾌락을 산출하는 성질은 모두 긍지와 사랑도 산출한다. 따라서 긍지를 산
출하는 능력과 덕, 그리고 소심과 증오를 산출하는 능력과 부덕 등은 우
리 정신의 성질들의 측면에서 대등한 것으로 간주된다. '사랑이나 긍지의
원인이 되는 정신의 성질은 유덕하다.' 575면; 바로 이런 성질들이 공감
에서 비롯된 긍지와 사랑 그리고 소심과 증오를 언제나 산출한다. 589면.
  c. 긍지와 소심 따위의 부덕과 덕. 592면 이하; 긍지와 소심은 다른 사람
에게 호의적이거나 언짢음에 따라서 유덕하거나 부덕한데, 그 경향은 전
혀 고려되지 않는다. 592면; 이런 사실은 공감과 비교에서 기인한다. 593
면; 공감은 가치와 어느 정도 동일한 결과를 갖는 긍지를 낳는 원인이다.
그러나 비교는 우리가 그 긍지를 증오하는 원인이며, 특히 우리 자신이
긍지를 느끼는 경우라면, 긍지는 우리에게 부덕하게 여겨진다. 596면; 긍
지는 그 소유자의 능력을 증대시킬 정도로 그 소유자에게 유용하며 호의
적이다. 597면(295, 391, 600면 참조); 소심은 외부적으로 요구될 뿐이
다. 598면; 영웅적 덕은 안정적이고 충분히 확정된 긍지와 자부심일 뿐이
다. 599면(☞ 도덕 2. a, 3. d와 공감 2, 3).

기적적(miraculous)

  기적적은 '자연적'과 상반된다. 474면.

기준(standard)

  도덕의 기준은 확정적이고 불변적이며, (사람들이) 교제하며 대화를 나누는
데 있어서 소감들의 교류를 통해 우리는 도덕의 기준을 형성하게 된다. 603

면(581면 참조)(☞ 도덕 3. b).

깔끔함(cleanliness)

611면.

【ㄴ】

내부적(internal)

내부적은 외부적과 상반된다. 464, 478면(☞ 물체와 동일성).

노동(labour)

노동의 분화는 인간의 역량을 증대시킨다. 485면 이하; 인간은 자기 노동의
범위 안에서 소유권을 갖는다는 이론. 505면 주.

논증(demonstration)

논증될 수 있는 네 가지 관계는 유사, 반대, 질의 정도, 양이나 수 따위의 비
율 등이다. 464면; 어떤 사실 문제도 논증될 수 없다. 463면.

논증은 관념들의 추상적 관계들을 고려한다: 논증의 범위는 '관념들의 세
계'이지만, 의지 때문에 우리는 실재들의 세계에 자리 잡고 있다: 따라서 논
증과 의욕은 서로 전혀 무관하고, 413면; 논증은 우리의 행동에 오직 간접
적으로만 영향을 미친다. 414면; '도덕성은 논증의 여지가 있다'는 의견은
비판받는데, 지금까지 이 논증에서 단 한 걸음이라도 전진한 사람은 아무도
없다. 463면.

느낌(feeling)

2. (☞ 도덕 2); 당신이 어떤 행동을 부덕하다고 단언할 때, 당신이 의미하
는 바는 당신이 그 행동을 보고 비난의 소감이나 느낌을 갖는다는 것뿐이
다. 469면; 도덕성은 판단된다기보다는 느껴진다는 것이 더욱 적절하다.
470, 589면; 우리는 어떤 성격이 만족스럽다는 점 때문에 그 성격을 유덕하
다고 추정할 수 없다. 그러나 그 성격이 만족스럽다고 느끼는 경우에 우리

는 실제로 그 성격이 유덕하다고 느낀다. 471면; 쾌락은 상이한 종류의 느낌을 많이 포함한다. 472면; 도덕적 구별은 우리 자신이나 다른 사람의 성신적 성질을 통해 유발된 고통과 쾌락 따위의 특정 소감에 전적으로 의존한다. 574면; '찬동의 원천은 동일하다고 하더라도, 편리한 집과 유덕한 성격은 동일한 찬동의 느낌을 낳는 원인은 아니다.' : '우리 느낌들의 이런 변이에는 전혀 설명할 수 없는 어떤 것이 있다. 617면; 덕은 각각 보는 사람에게 찬동의 상이한 느낌을 유발하며, 따라서 자연적 역량과 도덕적 덕이 찬동에 대한 상이한 느낌을 유발한다는 사실은 자연적 역량과 도덕적 덕을 별도의 집합으로 분류하는 데 대한 이유가 아니다. 607면.

3. 느낌은 반성과 오성을 통한 수정이 필요하다. 417, 582, 603, 612면(☞ 감각, 감관).

【ㄷ】

당위(ought)

  통속적 도덕성을 통해 '당위'는 '존재'와 구별되지 않으며, 설명되지도 않는다. 469면.

덕(virtue) ☞ 도덕

도덕(moral)

  1. 도덕적 구별은 이성에서 유래되지 않는다. 455면 이하; '도덕성도 진리와 마찬가지로 오직 관념들에 의해, 그리고 관념들을 가지런히 늘어놓고 비교함으로써 식별되는가?' 라는 물음은 덕이 이성을 따르는 것인가라는 것이다: (a) '도덕은 행동과 감정에 영향을 미치므로, 결과적으로 도덕은 이성에서 유래되지 않는다.' 457면; 이성은 완전히 무기력하고, 결코 양심이나 도덕감과 같이 활동적인 원리의 원천일 수 없기 때문이다. 458면(413면 이하 참조); (b) 정념과 의욕 및 행동은 '그 자체에서 완전한 근원적 사실이자

실재'이므로, 참이거나 거짓일 수 없고, 이성과 상반되거나 합치될 수 없다. 458면; (c) 거짓 판단이 원인이 되어 어떤 행동이 발생되거나 그 판단 때문에 간접적으로 그 행동이 발생되더라도, 이 판단의 거짓이 그 행동의 부도덕성을 성립시키지 않는다. 459면; (i) 거짓 판단이 원인인 실수는 사실에 대한 오해일 뿐이며, 도덕적 성격의 결함이 아니다; 옳음에 대한 오해 역시 부도덕성의 근원적 원천일 수는 없다. 옳음에 대한 오해는 선행하는 옳음과 그름을 함의하기 때문이다. 460면; (ii) 거짓 판단을 유발하는 경우에 이런 거짓 판단은 우리 자신이 아니라 다른 사람에게 발생하며, 다른 사람의 오해가 내 행동을 부덕하게 만들 수 없다. 461면(597면 참조); 윌라스톤의 이론은 무생명체조차 부덕하게 만드는데, 무생명체들도 역시 오해의 원인이기 때문이다. 461면 주; 그리고 어떤 오해도 없다면, 부덕도 없다. 461면, 462면 주; 이 논변 역시 순환적이며, 진리가 유덕하고 거짓은 부덕하다는 까닭을 설명하지 않은 채로 버려두고 있다. 462면 주; (d) 도덕성은 대상들의 관계도 아니고 사실 문제도 아니므로, 오성의 대상이 아니다. 463면 이하; (i) 도덕성은 논증적 관계가 아니다. 464면, 464면 주; 외부 대상과 내부 작용 사이에 홀로 놓인 관계는 전혀 존재하지 않는다. 465면; 우리가 배은망덕에서 발견할 수 있는 관계는 모두 무생명체들 사이에도 역시 존재한다. 466면; 그리고 근친상간에 속하는 것은 동물들 사이에서도 존재한다. 467면; 모든 동물은 저마다 인간의 경우와 동일한 관계를 유지할 수 있다. 468면; 어떤 관계가 보편적으로 의무적으로 될 수 있는 방식을 보여 주는 것도 불가능하다. 465~6면; (ii) 도덕성은 오성을 통해 발견될 수 있는 사실 문제가 아니다. 468면; 고의적 살인에서 당신이 부덕이라고 일컫는 사실이나 실제 존재를 발견할 수 없다: 당신은 자신의 가슴속에서 거부의 소감을 발견할 수 있을 뿐이며, '여기에 사실 문제가 있다고는 하지만 이것은 느낌의 대상이지 이성의 대상이 아니다.' 469면(517면 참조); '당신이 어떤 행동이나 성격을 부덕하다고 단언할 때, 당신이 의미하는 바는 오직 당신 본성의 구조 때문에 당신이 그 행동을 응시함으로써 비난의 느낌이나 소감을 갖는다는 것뿐이다(591면 참조); 따라서 부넉과 넉은 색, 소리, 뜨거움 차가움 따위와 비교될 수 있을 법한데, 근대 철학자들에 따르면 이런 것들은 대상들의 성질이 아니라 정신의 지각이다. 469면(589면 참조); 도덕에서 이런 발견은 사변적으로 아주 중요하지만, 실천적으로는 그다지 중요하지 않다. 469면; 각각의 덕은 찬동의 상이한 느낌을 유발한다. 607면; 찬동이나 비난은 '더욱 희미하고 지각하기 어려운 사랑이나 미움일 뿐이다.' 614면; '편리한 집과 유덕한 성격은 찬동에 대한 동일한 느낌의 원인이 아니다. 비록 우리 찬동의 원천은 동일하다고 하더라도.' '우리 느낌의 이런 변이에는 실로 설명할 수 없는 어떤 것이 있다.' 617면.

2. 도덕적 구별은 도덕감에서 유래된다. 470면 이하(612면 참조); 도덕성이 판단된다기보다는 느껴진다는 것이 더욱 적절하다. 비록 이 느낌은 관념과 혼동될 정도로 부드럽고 은근하지만 말이다. 470면; 우리는 개별적인 쾌락과 고통을 통해 덕과 부덕을 구별한다; '우리는 어떤 성격이 만족스럽다고 해서 유덕하다고 추정하는 것이 아니라, 그 성격이 특정 방식에 따라 만족스럽다고 느끼는 가운데 우리는 결과적으로 그 성격이 유덕하다고 느낀다.' 471, 547, 574면; 바로 이런 종류의 쾌락은 그 밖의 모든 쾌락과 달리 느껴진다: 이런 쾌락을 유발하는 것은 (a) 어떤 사람의 성격이나 소감과, 472, 575면(607, 617면 참조); (b) 우리의 특정한 이익과 무관하게 일반적으로 고려될 때의 사람의 성격이나 소감이며, 473면(499면 참조)(☞ 공감); (c) 이 쾌락은 반드시 긍지를 산출하는 능력을 갖는다. 473면(575면 참조); 이 쾌락이 '근원적 성질과 1차적 구조(constitution)'를 통해 모든 사례에서 산출되는 것은 아니다. 473면; 이 원리들이 자연적인지 여부는 '자연적'이라는 말의 상이한 의미에 좌우된다. 474~5면; 모든 사건에서 가장 비철학적인 것은 덕이 자연적인 무엇과 동일하다고 말하는 것이다. 475면; 이제 유일하게 남은 것은 '(어떤 행동이나 성격을) 일반적으로 관찰하거나 훑어

볼 때 그 행동이나 성격이 일정한 (종류의) 만족이나 언짢음을 주는 이유'를 밝히는 것이다. 475면(591면 참조)(☞ 공감).

3. a. **도덕적 찬동.** 옳고 그름의 감각은 이익의 감각과 다르다. 498면(523면 참조); 사회에서 정의로 통하는 이익은 멀어지지만 다른 사람과의 공감을 통해 지각된다. 499면; 일반적 조망에서 인간 정신에 거북함을 주는 것은 모두 부덕이라고 일컬어지기 때문에, 여기서 도덕적 선악의 감각이 정의와 불의에 따른다. 499면; 자기 이익은 정의를 확립하는 데 대한 근원적 동기이지만, 공공의 이익에 대한 공감은 이 덕에 수반되는 도덕적 찬동의 원천이다. 500, 533면; 정치적 책략은 이런 찬동을 강화할 뿐이며, 산출하지 않는다: 자연은 자료(materials)를 제공하며, 도덕적 구별에 대한 개념을 우리에게 제공한다. 500, 578면(619면 참조).

b. 덕의 감각은 아름다움의 감각과 마찬가지로 공감에 의존한다. 즉 덕의 감각은 어떤 성질이나 성격이 그 소유자에게 부여하는 쾌락과 주로 공감하는 것에 의존한다. 577면; 우리의 공감은 변할지라도 우리의 도덕적 판단이 그 공감과 함께 변하지 않는다: '우리는 확고하고 일반적인 관점들을 고수하며, 우리의 현재 상황이 어떻든 간에 우리는 늘 우리 자신이 그와 같은 관점에 있는 것으로 생각하기' 때문이다. 581면(602면 참조); 따라서 우리는 어떤 사람이 자신과 교류하는 사람들에게 미치는 그 사람 성격의 결과만 고려할 뿐이며, 우리 자신에게 미치는 결과는 무시한다. 582면(596, 602면 참조); 또 어떤 성격이 우리가 공감할 수 있는 사람에게 현실적인 복리를 전혀 낳지 않는다고 하더라도, 우리는 그럼에도 불구하고 그 성격을 유덕하다고 생각한다. 584면; 이것은 상상력에 미치는 일반 규칙의 영향력 때문이다. 585면; 우리는 늘 자비를 유덕한 것으로 간주하는데, 그 까닭은 우리가 '일반적이고 불변적인 기준'에 따라 판단하기 때문이다. 603면; 공감을 통해서 동일한 사람이 자기 자신에게 유덕하거나 부덕한 다른 사람들에게 유덕하거나 부덕하며, 그리고 우리는

우리 자신에게 유익한 어떤 성질이 다른 사람을 못마땅하게 만든다면 그 성질을 비난할 수도 있다. 589면(591면).

c. 덕과 부덕의 소감은 '성격과 정념들의 순수한 종류나 현상에서 발생하든가, 아니면 인류나 특정인의 행복에 대한 경향'에서 발생한다. 589면; 후자는 아름다움과 덕에 관한 우리 판단의 가장 중요한 원천이다; 그러나 재치는 '다른 사람들에게 직접적으로 호의적인 성질'이다. 590면; 어떤 성질이 유덕하다고 일컬어지는 것은 그 성질을 소유한 사람에게 직접적으로 호의적이기 때문이다. 590면; 우리가 대상을 그냥 둘러보는 데에서 느끼는 쾌락의 네 가지 원천. 591면; (성격을 판단하는 경우에) 우리가 우리 자신의 이익을 신중하게 배제하고, 우리 자신의 이익보다는 희미하게 우리와 관련된 사람이나 그 이웃의 이익을 허용할 뿐이지만, '그럼에도 불구하고 (우리와 관련된 사람이나 그 이웃의 이익은 우리 자신의 이익)보다 더욱 불변적이고 지속적이므로' 현실적으로도 우리 자신의 이익과 평형을 이룬다. 591면; '정신의 어떤 원리의 징표'로서 찬동될 뿐인 행동. 575면(☞ 성격).

d. '사랑이나 긍지를 일으키는 원인인 정신의 성질은 유덕하다.' 575면 (473면 참조); 긍지나 소심은 그 경향을 전혀 고려하지 않더라도 다른 사람들에게 호의적인지 아니면 그렇지 않은지에 따라서 유덕하거나 부덕하다고 일컫는다. 592면; '우리 자신에 대한 어떤 성질의 유용성과 장점은 그 성질이 다른 사람에게 호의적인 것과 마찬가지로 덕의 원천이다.' 596면; 어떤 성질이 다른 사람에게 유발할 수 있을 법한 감각과 마찬가지로 우리 자신의 감각도 그 성질에 대한 부덕과 덕을 결정한다. 597면(461, 582, 591면 참조); 우리는 사랑과 유사한 종류의 정념들을 찬미하는데, 사랑이라는 정념 때문에 행동하는 사람에게 그 정념은 직접적으로 호의적이기 때문이다. 604면; 우리는 우리 자신의 성격과 유사한 종류의 성격을 찬미하는데, 우리는 그런 성격에 대해 직접 공감하기 때문이다. 604면

(596면 참조); 분노한(angry) 정념들이 설령 언짢다고 하더라도 모두 부덕하지는 않다. 605면.

4. 우리는 왜 **자연적 역량**을 도덕적 덕과 구별하는가? 606면 이하(☞ **자연적**); 자연적 역량과 도덕적 덕은 모두 정신의 성질로서, 쾌락을 산출하며 인류에 대한 사랑과 존경을 획득하는 대등한 경향을 지닌다. 607면; 여기에 대해 상정되는 근거들은 다음과 같다. (1) 이 둘은 모두 찬동의 상이한 느낌을 낳지만 각각 별개의 덕이다. 607면(617면 참조); (2) 이 둘은 모두 비자발적이지만, 그러나 많은 덕과 부덕이 마찬가지로 비자발적이다. 그리고 덕이 아름다움처럼 비자발적이 아니어야 할 이유도 전혀 없다. 608면; 또 심지어 이 덕이 자발적이라고 하면, 그 덕은 자유롭지 않다. 609면; (도덕적) 성질들에서 비롯된 덕이나 행동은 포상이나 칭찬을 통해 변화될 수도 있다. 그러나 자연적 역량은 그럴 수 없고, 따라서 도덕론자와 정치가들이 도덕적 덕과 자연적 역량을 구별한다. 609면; '어떤 성질들이 덕이라는 이름을 가질 만한지 검토하는 일은 **문법학자들**의 몫이다.' 610면; 모든 직능들 중에서도 기억이라는 직능은 그 정도가 다르더라도 덕이나 부덕과 거의 무관하다. 이 직능은 쾌락이나 고통 따위의 어떤 감각도 없이 실행되기 때문이다. 612~3면.

5. 어떤 성격에는 만인이 판정한 만큼의 부덕과 덕이 있으며, '바로 이런 점 때문에 우리가 결코 실수할 수 없고,' 정부에 복종하는 도덕적 책임이 있는 것은 만인이 그렇게 생각하기 때문이다. 547면; '인류의 일반적 의견은 모든 경우에 다소 권위를 갖지만, 도덕의 경우에 이 의견은 전적으로 불가오류적이다.' 이 의견이 그 기초가 되는 원리들을 분명하게 설명할 수 없다고 하더라도 그 의견은 역시 불가오류적이다. 552면; 도덕이나 웅변 또는 아름다움에 옳거나 그른 취향이 있을 수 있는가? 547면 주.

6. a. 도덕성은 동기에 좌우된다. '유덕한 행동은 유덕한 동기에서 그 가치를 획득하며, 유덕한 동기들의 징표로 간주된다.' '우리는 도덕적 성질을 발

견하기 위해 내면을 들여다보아야 한다.' '겉으로 수행하는 것은 가치가 없다.' 477, 575면; 그러나 어떤 행동의 도덕성의 감각과는 별도로 그 행동을 산출하는 어떤 동기가 인간 본성에 없는 한, 어떤 행동도 유덕하거나 도덕적으로 선할 수 없다. 479면(518, 523면 참조).

b. 정념이 자연적이고 일상적인 힘으로 발현되는지 여부에 따라서 정념은 도덕적이거나 부도덕하다. 483~4면; 사회가 존재하기 이전에 도덕성은 정념들의 일상적 힘이다. 예를 들자면, 사회가 존재하기 이전에는 자기중심성과 편파성이 유덕하다. 488면(518면 참조); '모든 부도덕성이 저마다 그 정념의 결함이나 불건전성에서 유래되고, 이런 결함은 대개 정신 구조에 담긴 자연의 일상적 과정에 따라 판단된다.' 488면; '모든 도덕성은 우리 정념과 행동의 일상적 과정 에 달려 있다.' 532면(547, 552, 581면).

도덕적과 자연적(moral and natural)

　도덕적 책임과 자연적 책임. 545면(☞ 자연적).

도덕적 책임(moral obligation)

　517, 523, 547, 569면(☞ 책임).

동기(motive)

　1. (☞ 필연성, 400면 이하) 힘은 그 밖의 동기와 본질적으로 다를 바 없다. 525면.

　2. '우리가 어떤 행동을 칭찬할 때 우리는 그 행동을 산출한 동기만 고려한다' (☞ 성격). 그리고 우리가 어떤 사람을 어떤 행동을 하지 않았다는 이유로 비난할 때, 우리는 그 사람이 그 행동에 적절한 동기의 영향을 받지 않았기 때문에 그를 비난한다. 477면(483, 488, 518면 참조; 여기서 유덕한 동기는 어떤 경우든 일상적 정념으로 나타난다.); '행동에 가치를 부여하는 최초의 동기는 결코 그 행동에 대한 존중일 수 없고, 오히려 그 밖의 자연적 동기나 원리임에 틀림없다.' 478면(518면 참조); '어떤 행동의 도덕성에 대

한 감각과는 별도로 그 행동을 산출하는 어떤 동기가 인간 본성에 없는 한, 어떤 행동도 유덕하거나 도덕적으로 선할 수 없다.' 비록 나중에는 도덕성이나 의무 따위에 대한 감각이 그 밖의 동기 없이 어떤 행동을 산출할 수도 있겠지만 말이다. 479, 518면; 정의롭거나 정직한 행동에 대한 동기는 정직에 대한 존중과는 별개이며, 480면 이하; 정의롭거나 정직한 행동에 대한 동기는 반성이 지시하는 이익의 감각이다. 489면; 이 이익이 막연하고 일반적으로 되어 공감을 통해 우리에게 느껴지기만 할 때, 이 이익은 도덕적으로 된다. 499면; '자기 이익은 사회를 수립하는 근원적 동기이지만, 공공의 이익에 대한 공감은 정의라는 덕에 수반되는 도덕적 찬동의 원천이다.' 500면(☞ 정의).

동물(animals)

동물은 도덕성이 없다. 따라서 도덕성은 어떤 관계에 있을 수 없다; 근친상간을 통한 예증, 468면.

동의(consent)

동의는 정부의 기초가 아니다. 542면 이하; 영토에 거주하는 것이 그 정부에 대해 동의하는 것은 아니다. 549면.

동일성(identity)

4. 자아

b. 자기애는 본래 의미의 사랑이 아니다. 329, 480면.

【ㅁ】

명예(fame)

명예는 정의에 대한 도덕적 찬동을 도와준다. 501면(☞ 금지 2).

묵계(convention)

묵계는 소유물에 안정성을 제공한다. 489면; 묵계는 약속이 아니다. 묵계는 공동 이익이라는 일반적 감각일 뿐이며, 한 배를 저어 가는 두 사람의 경우처럼 사회 구성원은 모두 공동 이익이라는 일반적 여론을 서로에 대해 표명한다. 490면; 약속이 없더라도 묵계는 언어의 원천이다. 490면; 인간의 묵계가 있기 이전에는 약속을 이해할 수 없다. 516면; 묵계는 약속의 경우에 새로운 동기를 창출한다. 522면; 묵계는 자연적 정의와 마찬가지로 시민적 정의의 원천이다. 543면.

물질(matter)

1. 물질은 저항 능력을 갖는다. 564면.

【ㅂ】

반성(reflexion)

인위적인 것은 반성의 결과인 것과 동일하다. 484면; 반성은 정념의 방향을 변경한다. 492면; 행복을 산출하는 성격과 정념 등의 경향에 대한 반성은 도덕적 소감의 주요 원천이다. 589면; 반성은 우리 감관에 대한 대상들의 겉모습을 수정하기 위해 필요하다. 603면.

방향(direction)

정념의 방향은 묵계를 통해 변경된다. 492, 521, 526면.

법칙(법, 법률, law)

법칙은 독자적으로 책임을 설명하는 필연성의 이론을 포함한다. 411면; 정의의 규칙을 '자연법'이라고 할 수 있을 것이다. 484면; 자연법은 인간이 고안한 것이다. 520, 526, 543면; 실정법은 통치에 대한 정당한 권리이다. 561면; 국가의 법률과 자연법. 567면.

부(riches)

부에 대한 부러움은 주로 부를 소유한 사람의 가상적 만족을 공감함으로써 발생한다. 359~361면(616면 참조).

분노(anger)

분노의 정념들이 모두 부덕한 것은 아니다. 잔혹한 형태의 분노는 혐오스럽다. 605면.

비교(comparison)

비교는 그 작용에서 공감과 직접적으로 상반된다. 593면; 공감은 비교에 충분한 관념의 생동성보다 더 많은 생동성을 요구한다. 595면.

비율(proportion)

대등성이나 수의 경우에 비율은 논증적 관계이다. 464면.

【ㅅ】

사랑(love)

2. 우리에게 만족스럽거나 못마땅한 성질이 그 사람에게 늘 내재되어 있지 않는 한, 또는 사람이 의도에 따라 행동하지 않는 한, 우리는 그를 사랑하거나 미워할 수 없다. 이때 의도는 어떤 행동을 수행한 뒤에도 그 사람에게 영원히 남아 있는 성질을 가리킨다. 348면(609면 참조).

4. 이성 간의 사랑은 사회의 최초 흔적이다. 486면.

5. 자기애는 모든 불의의 원천이다. 480면; '인간 정신의 어떤 정념도 인류애 그 자체와 같은 것은 아니다.' 482면; '인간 일반' 또는 인간의 본성은 사랑의 대상이지 원인이 아니다. 482면; 사회적 정념. 491면; 진리에 대한 사랑. 448면 이하.

6. 덕은 긍지와 사랑을 산출하는 정신적 성질들의 능력이다. 575면; 바로 이런 성질이 모든 경우에 긍지와 사랑 및 소심과 미움을 낳는 이유. 589면; 우리는 사랑에 관여하는 모든 정념, 예를 들면 자비라는 정념을 칭찬한다. 사랑은 사랑으로 행동하는 사람에게 직접적으로 호의적이기 때문이다. 604면; 또 사랑에서 사랑으로 전이하는 것이 각별히 쉽기 때문이기도 하다.

605면; 칭찬과 비난은 보다 희미한 사랑과 미움이다. 614면; 사랑과 부러움. 608면 주.

사실(fact)

사실 문제의 진리는 '관념들의 실제 관계에 대한 일치이거나 실제 존재와 사실에 대한' 일치이다. 458면; 오성은 관념들을 비교하거나, 사실을 추론한다: 오성의 대상은 대상들의 관계이거나 사실들이다. 463면(413면 참조); (원인 7 참조); 오성을 통해 발견될 수 있는 사실에는 도덕성이 없다. 468면; 당신이 어떤 행동의 도덕성을 찾는다면 당신은 찬동과 거부(disapprobation)를 당신 자신 안에서 발견할 수 있을 뿐이다: 여기에 사실이 있지만, 이 사실은 느낌의 대상이지 이성의 대상은 아니다. 469면.

사실 문제(matter of fact)

사실 문제는 관념들의 관계와 반대된다. 463면(413면 참조);(☞ 사실).

사적(private)

사적인 의무와 공적인 의무. 546면; 사적인 도덕성과 국가적 도덕성의 비율은 해당 세계의 관습에 따라 결정된다. 569면.

사회(society)(☞ 정의 2)

사회는 인간에게 필요한 것을 충족하기 위해 필요하다. 485면; 최초의 경우에 사회는 이성 간의 자연적 욕망을 통해 형성된다. 486면; 그 다음에는 (인간을) 묵계로 인도하는 공통 이익에 대한 반성을 통해 사회가 형성된다. 이때 묵계는 약속이 아니다. 487; '이 반성은 아주 단순하고 명백해서 야만적 상태가 오래 지속될 수 없고, 인간의 최초 상태와 조건은 사회적인 것으로 평가되어도 좋을 것이다. 493면; 허영심과 연민 그리고 사랑 등은 사회적 정념들이다. 491면; 사회 이전에는 어떤 약속도 없었다. 정부가 모든 사회에 필요한 것은 아니다. 그러나 외국과의 전쟁에서 정부가 발생한다. 540면; 무정부적 사회 상태는 인간의 가장 자연적인 사회 상태 가운데 하나이며, 최초로 발생한 이래로 오래 존속했다. 그러나 어떤 사회도 정의 없이는 유지되지 않는다. 541면; 사회는 인류만큼이나 오랜 역사를 가지며 (antient), 자연법도 사회만큼이나 오랜 역사를 갖는다. 542면; 사회적 덕. 578면.

살리카 법(Salic law)

561면.

상상력(imagination)

상상력은 모호한 관념에서 생생한 관념으로 옮겨 간다. 339면; 그러나 정념의 경우는 이와 반대이다. 340~5면(509면 주); 상상력은 엄청난 노력으로 우리가 느끼지 못한 느낌을 공감할 수 있도록 한다. 371, 385면, 504면 주; 상상력은 멀리 있는 것보다는 인접한 것의 영향을 더 받기 때문에, 정부가 필요하게 된다. 535면; 상상력은 소유권을 결정하는 규칙들의 원천이다. 504면 주, 509면 주, 513, 531, 559, 566면.

상속(계승, succession)

상속과 소유권. 505, 513면; 계승과 정부. 559면; 계승권은 상상력의 도움을 받는다. 키루스의 주장을 예로 든다. 560면.

선(goodness)

선과 자비. 602면 이하.

선택(choice)

'의지 또는 선택.' 467면.

선험적(a priori)

어떤 연관도 필연적으로 선험적이지 않다. 466면; 정절에 관한 선험적 논증. 571면.

성격(character)

인간에게 지속적이고 항상적으로 있는 어떤 것이 인간의 행동에 도덕적 성질을 부여한다. 411면(477면 참조); 성격과 행동이 '일반적으로 고려된 경우'에만 우리가 덕이라고 일컫는 고유의 쾌락을 유발할 역량이 있다. 472

면; 행동은 어떤 성질이나 성격의 징표로서 유덕할 뿐이다. 그 행동이 유덕하다는 것은 전체적인 행동 방식으로 확장되고 개인의 성격에 스며드는 정신의 항구적 원리에 의존한다. 575면(349면 참조); 어떤 행동이 유덕하다는 것은 우리의 도덕적 소감을 일으키는 어떤 사람과 교류하는 사람들에게 그 사람의 성격이 미치는 결과이다. 582면; 정신이 자신의 성격을 상당 부분 변화시키는 것은 거의 불가능하다. 608면(☞ 동일성 4).

성질(quality)

성질의 정도는 직관을 통해 지각되는 논증적 관계이다. 464면; 우리는 행동이 유래된 성질이나 성격을 고려할 수 있을 뿐이다. 575면; 오직 정신적 성질들만 유덕하거나 부덕하다. 607; 자연적 성질들. 530면.

소유권(property)

1. 소유권은 정신의 소감과 떨어져서는 전혀 감지할 수 없고 생각조차 할 수 없는 성질이다. 515면(509면 참조); 우리가 소유권이라고 일컫는 성질은 해당 대상의 감지할 수 있는 성질이 결코 아니며 그 대상의 관계도 아닌 내부적 관계이다. 즉 소유권이라는 성질은 그 대상의 외부적 관계가 정신과 행동에 대해 미치는 어떤 영향력이다. 527면; 소유권에는 정도가 있을 수 없다. 529면. 그러나 상상력에서는 예외적으로 소유권에 대한 정도가 있다. 531면.

2. 정의와 소유권 그리고 그 기원. 484면 이하; 자연 상태에서는 소유권이 전혀 없다. 501면; 선행하는 도덕성이 없다면 소유권을 이해하기 어렵다. 462면 주, 491면; 어떤 소유권도 정의와 무관하지 않다. 526면.

3. 소유권이 안정되어야 한다는 규칙은 다른 규칙들에 따른 그 밖의 결정이 필요하다. 502면; 소유권이 당사자에게 적합해야 한다는 규칙은 다른 규칙들 중 하나가 아니다. 502면; 모든 사람은 자신이 지금 소유하고 있는 것을 계속 향유해야 한다는 규칙의 기초는 습관이다. 503면; 상상력은 언제나 그와 같은 규칙의 주요 원천이다. 504면 주, 509면 주; 이 규칙의 유용성은 사

회의 최초 형성에 한정된다. 505면; 그 다음에 주요 규칙들은 (1) 점유 취득, 또는 최초 소유의 규칙이다: 점유 취득 규칙의 기초는 인간의 노동을 통한 당사자의 소유권이 아니다. 505면 주; 이 규칙은 소유의 시작과 끝을 결정할 수 없다. 506면; 이 규칙의 범위는 이성이나 상상력을 통해 확정될 수 없다. 507면; (2) 시효나 오랜 소유의 규칙이다: 이 경우에 소유권은 시간 때문에 산출되므로, 이 소유권은 사물에 실재하는 것일 수 없고 소감의 소산일 뿐이다. 509면; (3) 그리고 증식의 규칙이다. 증식의 규칙은 상상력을 통해 설명될 수 있을 뿐인데, 이 경우에 상상력은 일상적 흐름과는 상반되게 큰 것에서 작은 것으로 진행한다. 509~510면 주; 작은 대상은 큰 대상으로 증식되지만 그 역은 아니다. 511면 주; 강을 통한 예증은 혼동과 혼합 등이다. 512면 주; **프로클루스와 사비누스** 513면 주; (4) 상속의 규칙은 관념들의 연합을 통해 도움 받는다. 510면; 상속의 규칙은 대개 상상력에 의존한다. 513면 주; 소유권 양도의 경우에는 동의에 따른다. 514면; 소유권의 이전이 필요하다. 515면; 그러나 소유권은 감지할 수 없기 때문에 이전은 오직 상징적일 수 있을 뿐이다. 그리고 이것은 가톨릭의 미신적 관행과 흡사하다. 515면(524면 주 참조); 소유권의 안정성과 양도는 자연법이다. 526면(514면 참조); 관계는 소유권을 결정하고, 이 규칙들은 자연으로부터 유래되었다고 하기에는 지나치게 많으며, 자연법은 인간의 법률에 의해 변화될 수 있다. 528면.

순결(chastity)

　순결과 정숙. 570면 이하; (순결에 대한) 여성들의 책임은 일반 규칙을 통해 확장된다. 573면; 남성의 순결에 대한 책임은 훨씬 덜한데, 이익이 훨씬 덜하기 때문이다. 573면.

습관(custom)

　5. 습관은 현재 소유 관계를 소유권에 대한 청구권이라고 하는 원천이다. 503면.

시(poetry)

황금시대라는 시적 허구. 494면.

시간(time) (☞ 계기)

시간은 실질적인 무를 산출하므로, 시간을 통해 산출된 소유권은 그 대상에 존재하는 사실이 아니라 소감의 소산이다. 515면.

시효(prescription)

시효와 소유권. 508면.

신념(belief)

3. (신념은 긴 논변에 의해 약화되지만,) 인간의 특유의 이익에서 기인하는 도덕의 경우는 예외이다. 455면.

【ㅇ】

아름다움(beauty)

아름다움에도 옳거나 그른 취향이 있을 수 있는가? 547면 각주; 아름다움은 비자발적이다. 608면; 소유자가 자신의 소유에서 (느끼는) 쾌락을 공감함으로써 아름다움의 감각이 산출된다: 따라서 우리는 유용한 모든 것에서 아름다움을 발견한다. 576면; 그렇지만 어떤 사물은 어느 누구에게도 현실적으로 유용하지 않더라도 아름답다. 584면; 도덕의 소감과 마찬가지로 아름다움의 소감도 행복을 산출하는 사물의 '종류와 현상'에서 직접적으로 발생하거나 그 사물들의 성향을 우리가 되새겨 보는 데에서 발생한다. 590면.

약속(promises)

정의를 확정하는 묵계는 약속이 아니다. 490면; 자연 상태에서는 어떤 약속도 없다. 501면; 약속에 대한 책임. 516면 이하; 약속 수행을 요구하는 규칙은 자연적이 아니다. 그 이유는 (1) 인간의 묵계가 있기 전에는 약속을 알 수 없고, (2) 설령 약속을 알 수 있다고 하더라도 그 약속에 대한 (도덕적)

책임은 없을 것이기 때문이다. 516면; 어떤 약속을 통해 표명된 정신 작용은 어떤 것을 수행하겠다는 결심이나 욕구가 아니며, 그 행동을 의욕하는 것도 아니다. 516면; 약속은 그 책임을 의욕하는 것도 아니다. 517, 518, 523, 524면; 의무감 이외에, 우리는 약속을 수행하도록 인도할 동기가 전혀 없다. 518면(478, 522면 참조); 인도적인 자연적 의향이 존재하는 듯이 약속 수행을 향한 자연적 의향이 존재하는 것은 전혀 아니다. 따라서 성실은 자연적 덕이 아니다. 519면; 약속을 준수한다는 규칙은 소유권의 안정성과 양도에 관한 자연법을 보충하는 데 필요하다. 520면(526면 참조); 우리는 말이나 상징의 형식을 통해 새로운 동기를 창출하는데, 우리는 이 형식을 통해 (약속 수행에) 성실하지 못하다면 다시는 신뢰받지 못하는 형벌을 받는다. 522면; 그러나 이익은 약속 수행에 대한 제1책임이다. 522면; 그 다음에 도덕의 소감은 이익과 협력하며 새로운 책임이 된다. 523면; 그러나 말의 이런 형식은 곧 약속의 주요 부분으로 되며, 일종의 모순에 이른다. 524면; 힘이 약속을 무효로 만드는 사실은 약속이 자연적 책임을 전혀 갖지 않는다는 점을 보여 준다. 525면; 약속 수행은 인간이 고안한 세 번째의 기초적 자연법이다. 526면; 약속에 대한 책임은 정부보다 앞선다. 약속은 정부에 대한 근원적 재가이며, 복종에 대한 최초 책임의 원천이다. 541면; 그러나 충성은 그것 고유의 책임을 획득하며, 따라서 모든 정부는 동의에 의존하지 않는다. 542면; 약속과 충성 등에 대한 도덕적 책임들은 이익에 대한 자연적 책임들과 마찬가지로 서로 다르다. 545면(519면 참조. ☞ 정부, 책임).

양(quantity)

양이나 수의 경우에 비율은 논증적 관계이다. 70, 464면.

양심(conscience)

'양심' 또는 '도덕감'은 '이성이 결코 그 원인일 수 없는 능동적 원리'이다. 458면(☞ 도덕 1).

언어(language)

　언어는 약속 없이 묵계에서 발생한다. 490면.

역량(ability)

　자연적 역량. 606면 이하; 자연적 역량을 도덕적 덕과 구별된다. 자연적 역량은 기술이나 칭찬 때문에 변하지 않는다. 따라서 정치가들은 당연히 자연적 역량에 대해 소홀하다. 609면.

연민(pity)

　연민은 사회적 정념이다. 491면.

연합(association)

　소유권의 승계는 관념 연합의 조력을 받는다. 513면.

영웅심(heroism)

　영웅심은 안정적이고 확정적인 긍지와 자부심일 뿐이다. 599면.

예의바름(decorum)

　612면.

오류(error)

　도덕의 인상과 관념을 혼동하는 오류는 도덕의 인상이 부드럽고 온건하기 때문이다. 470면; 오류가 행동 때문에 발생되었건, 또는 행동을 유발하는 원인이든 간에 오류가 부덕을 구성하지는 않는다. 459; 사실에 대한 오해는 범죄가 아니다. 459면; 옳음에 대한 오해는 부도덕성의 원천이 아니라, 선행하는 도덕성을 함의한다. 460면.

오성(understanding)

　오성은 감정의 폐단을 치료한다. 489면; 오성은 감정의 방향을 변경함으로써 감정의 폐단을 치료한다. 492면; 감정과 마찬가지로 오성은 인간 본성의 모든 작용에 필수적이다: ‘자연 상태’를 고안한 철학자들은 오성의 결과 없는 감정의 결과를 고려한다. 493면.

외부적(external)

외부 대상들은 내부 작용과 상반된다. 464면; 외부적인 것은 내부적 동기와 원리 또는 성질과 상반된다. 477면 이하.

욕구(desire)

욕구는 직접 정념이다. 438면(278, 574면 참조).

용기(courage)

용기의 의무는 책략을 통해 강화된다. 573면.

우연(chance)

소유의 안정성에 대한 규칙들은 대개 우연에 의존한다. 514면.

우정(friendship)

우정은 '인간들의 타산적인 교류'와 함께 존재한다. 521면.

원인(cause)

2. 소유권은 특별한 종류의 인과관계이다. 310, 506면.

7. a. [신념] 전체적인 작용에서는 '현전하는 인상과 생생한 관념 사이의 공상에 있는 관계 또는 연합 그리고 인상과 관념이 있을 뿐이다. 101면; 따라서 모든 개연적 추론은 감각의 종류일 뿐이다. 103면(132, 141, 149, 173면 이하 참조), 405~6, 458면.

c. 원인과 결과의 관계에 의해 제시된 대상들은 '고정적이며 불변적'이고, 정신은 주어진 인상에서 자신이 옮겨 갈 관념에 대해 주저하거나 그 관념을 선택하지 않는다. 110면(175, 461 주, 504면 참조).

e. 행동은 판단에 의해 '우회적으로' 유발된다. 459면; 이성은 어떤 정념도 유발할 수 없고, 완전히 수동적이며 무기력하다. 458, 415~6면(103면 참조).

8. c. 사건들의 상반성 도는 그 불확실성은 원인들의 불확정성에서 기인하는 것이 아니라, 반대되는 원인들의 비밀스러운 작용에서 기인한다. '모든 원인과 결과 사이의 연관은 대등하게 필연적이기 때문이다.' 312면(404,

461면 참조).

10. 보조 정리 (1) 모든 원인들은 동일한 종류이며, 동력인과 형상인 등과 같은 원인은 물론 원인과 우인들 사이에고 구분이 없다. 긍지와 사랑 등에서 우리는 작용하는 성질, 그 성질이 자리 잡고 있는 주체, 그리고 그 대상을 구별한다. 279, 283, 330면). (174, 504면 참조).

11. 숱한 원인들 가운데 주요 원인을 가려내는 것은 어렵다. 504면 주; 자연에는 원인들의 중복이 결코 없다. 282, 578면; 자연계에서 원인들의 불확실성과 다양성. 461면 주(110면 참조).

14. 의지(☞ 필연성) 행동의 경우에 우리는 때때로 상반되고 은폐된 원인을 가정해야 한다. 404, 461면 주(132면 참조).

〔월라스톤(Wollaston)〕

거짓 판단의 원인이 되는 경향인 부덕에 관한 이론. 461면 주.

유사(유사성 resemblance) ☞ 관계

논증적 관계는 직관을 통해 발견된다. 69, 70, 413, 463면.

유용성(utility)

유용성은 아름다움의 원천이다. 576면; 유용성은 공감을 통한 우리 도덕적 소감의 원천이다. 577면.

유쾌한 정취(good humour)

611면.

의도(design)

모든 행동은 의도로부터 수행되었기 때문에 인위적이다. 475면.

의욕(volitions)

의욕은 근원적 사실이자 실재이며, 따라서 의욕은 참이거나 거짓일 수 없고 이성에 부합되거나 상반될 수도 없다. 458면; 의욕은 고통과 쾌락 따위의 직접적 결과이다. 574면(☞ 의지).

의지(will)

1. a. 근원적 존재로서 의욕은 참이거나 거짓일 수 없고, 합리적이거나 불합리할 수도 없다. 458면; '의지 또는 선택' 467면; 동물이 가진 의욕. 468면; 의지는 사람에게 지속적이고 항구적인 성격 또는 그 어떤 것이다. 411, 412면(348, 575면 참조).

b. 책임을 의욕하는 것은 엄격히 불가능하다. 517면; 의지는 결코 새로운 소감을 창출하지 않는다. 따라서 어떤 새로운 책임도 창출하지 않는다. 518면(399면 참조); 그러나 우리는 모순을 피하기 위해 책임을 의욕하는 것을 꾸며 낸다. 523면.

3. a. 자연적 역량은 비자발적이기 때문에 도덕적 덕과 구별되지 않는다. 608면 이하; 그 이유는 (1) 대부분의 덕은 똑같이 비자발적이다; 사실, 정신이 자신의 성격을 상당 부분 변화시키는 것은 거의 불가능하다. 608면(624면 참조); (2) 어떤 성질은 그 성질을 가지고 있는 사람에게서 전적으로 자발적이어야 비로소 그 성질을 고려하는 사람에게 고통이나 쾌락을 산출할 수 있다고 주장할 사람은 아무도 없다. 609면(348~9면 참조); (3) 자유 의지는 인간의 성질과 마찬가지로 행동과 관련될 여지가 없다: '자발적인 것이 자유롭다는 것은 정당한 결론이 아니다'; '우리 행동은 우리의 판단보다 더욱 자발적이다. 그러나 우리가 판단에서보다 행동에서 더 자유를 갖지 않는다.' 609면.

이성(reason)

1. 이성은 참과 거짓을 발견(하는 직능)이다. 458면; 이성을 관념들을 비교하거나 사실 문제를 추정한다: 이성을 대상들의 관계와 관련되든가 또는 사실 문제와 관련된다. 463면(413면 참조); 순수 이성으로부터의 논변은 권위로부터의 논변과 상반된다. 546면; 이성은 인간이 야수에 비해 우월한 주된 근거이다 . 610면(176면).

2. a. 이성은 결코 의지의 동기일 수 없다. 414,(457면 참조); 정념은 이성과

상충되지 않고, '큰 선보다 정평 있는 작은 선을 선택하지 않는 것이 불합리하지 않다.' 416면(458면 참조); 차분한 욕구 또는 정념은 이성과 혼동된다. 417, 437, 536, 583면(☞ 정념 3).

b. 도덕적 구별은 이성으로부터 유래되지 않는다. 455면 이하; 이성은 '완전히 무기력하고,' '양심이나 도덕감처럼 결코 능동적인 원리의 원천일 수 없다.' 457, 458면; 행동은 참일 수도 없고 거짓일 수도 없다. 458면; 덕과 부덕은 관계도 아니고 사실 문제도 아니다. 덕과 부덕은 느낌의 대상이지 이성의 대상이 아니다. 463~9면(☞ 도덕 1).

이익(interest) ☞ 정의.

이익과 도덕 등에서 비롯된 소감들은 혼동되기 쉽다. 473면; 이익은 도덕적 책임과 상반되는 자연적 책임을 부과한다. 498, 546면; 그리고 이익과 약속. 519면 이하; 이익은 세 가지 기초적 '자연법'의 원천이다. 526면; 이익과 충성(☞ 정부). 537면 이하; 이익과 순결. 573면.

이전(delivery)

소유권 양도에 있어서 상징적 이전. 515면.*

인간(man)

인간에게 있어서 사회의 필요성. 485면; '인간 일반'은 사랑과 증오의 원인이 아니라 대상이다. 481면; 인간의 근원적 선이 문젯거리가 아니라 오직 인간의 명민함이 문제이다. 492면; 인간의 본성은 감정과 오성으로 구성되는데, 이 둘은 모든 인간 본성의 작용에 필수적이다. 493면.

인상(impression) ☞ 감각, 감관, 관념, 느낌

5. 우리는 덕과 부덕을 인상을 통해 구별하는가 아니면 관념을 통해 구별하는가? 456면 이하(☞ 도덕 1, 2). 덕과 부덕을 구별하는 인상은 관념으로 오해될 때가 흔한데, 그 까닭은 이 인상이 부드럽고 온건하기 때문이다. 470면.

---

* 옮긴이 주 원문은 575면으로 되어 있지만, 515면으로 고쳤다.

인위적(artificial)

인위적인 것과 정의(474면 이하 참조); 인위적인 것은 구상과 의도 등의 결과와 같다; 따라서 모든 행동은 인위적이다. 475, 529면; 인위적인 것은 사유 또는 반성이 개입된 결과와 같다. 484; 자연은 그 애정들에 담긴 정의롭지 못하고(irregular) 옹색한 것에 대한 해결 방안을 판단력과 오성에 부여했는데, 책략은 이런 해결 방안과 같다. 489, 496면; 인위적 덕은 자연적 덕과 상반된다. 475, 577, 580면; 정의는 인위적으로 발생한다고 하더라도 필연적이며 자의적이지 않다. 483~4면; 기초적인 세 가지 자연법은 필연적이라고 하더라도 전적으로 인위적이다. 526면; 정의는 인위적이라고 하더라도, 정의의 도덕성에 대한 감각은 자연적이다. 619면.

인접(contiguity)

상상력이나 공상에 미치는 인접의 영향력 109면; 인접은 정의의 법칙을 침해하게 되므로 정부가 필요하다. 535면.

일반적(general)

(☞ 추상) '일반적으로 고려된' 성격과 행동은 우리가 덕이나 부덕이라고 일컫는 특정 종류의 쾌락과 고통을 산출한다. 472면; 일반적으로 조망했을 때 인간 행동에 거북함을 낳는 것을 모두 부덕이라고 일컫는다. 499면.

일상적(common, 공통적, 공동의)

'일상적'은 '자연적'과 동일하다. 549면.

의도(intention)

348, 349, 412면, 461면 주.

【ㅈ】

자기중심성(selfishness)

인간의 자기중심성은 지나치게 과대평가되었다. '모든 종류가 합쳐진 애정이 자기중심적 애정 전체보다 크지 않은 사람을 만나기는 어렵기 때문이다.'; 그럼에도 불구하고 사람마다 자기 이외의 다른 한 사람보다 자신을 더욱 사랑한다. 487면; 자기중심성은 정의의 원천이다. 487면 이하, 494, 500면; 도덕에 관한 우리 소감의 원천인 포괄적 공감과, 그리고 인간과 정의의 원천 등에 자연적인 한정된 관용 사이의 모순은 일반 규칙을 통해 제거된다. 586면; 자기애 480면.

자비(benevolence)

3. '인류에 대한 사랑 자체와 같은 정념은 결코 인간 정신에 없다.' 481면; 인간 일반은 사랑과 증오의 원인이 아니라 그 대상이다. 482면; 공적인 자비는 정의의 근원적 동기가 아니다. 480면; 사적인 자비도 정의의 근원적 동기가 아니다. 482면; '강력한 포괄적 자비'는 정의가 필요 없도록 만들 것이다. 495면; 우리가 기대해야 하는 것은 고작 인간이 자기 고유의 영역에서 유용하게 되는 것뿐이다. 602면.

4. 우리가 칭찬하거나 비난할 기준으로 삼는 것, 즉 불변적으로 확정된 기준에 자비의 가치가 좌우된다. 603; 사랑과 증오는 그것 때문에 행동하는 사람에게 각각 직접적으로 호의적이거나 고통스럽다. 따라서 우리는 사랑과 관련된 정념을 칭찬하고 증오와 관련된 정념을 비난한다. 604면; 사랑에서 사랑으로의 전이는 특히 쉽기 때문에 자비 특유의 가치는 각양각색으로 드러난다. 605면; 우리는 자기 자신이나 다른 사람의 이득을 전망하기 때문에 자비를 칭찬하지 않는다. 604면.

자산(good, 복리, 선, 재화)

자산은 다음과 같이 세 종류로 구별된다. 즉 우리 정신의 내부적 만족, 우리 신체의 외부적인 장점, 소유물의 향유. 487면.

자연(nature)

1. 자연에는 소수의 단순한 원리들이 있다. 282, 473, 528면(578면 이하).

2. 자연은 모든 종류에 대해 공통적이며, 분리될 수 없다. 484면.

3. 자연 상태는 철학적 허구이다. 493면; 자연적 허구는 황금시대 따위의 시적 허구와 비슷하다. 494면; 자연 상태에서는 소유권도 없고, 약속도 없다. 501면; 인간의 최초 상태와 조건은 당연히 사회적이라고 평가될 수 있을 것이다. 493면; **자연법** 484, 520, 526, 543(☞ **정의 1**); 자연법은 국제법에 의해 철폐되지 않는다. 567면.

자연적(natural)

1. 자연적이라는 말은 인위적이라는 말과 상반된다. 117, 475, 489, 526, 619면; 자연적이라는 말은 기적적이라는 말과 상반된다. 474면; 자연적이라는 말은 희귀하고 비일상적이라는 말과 상반된다. 474면(483면 참조); 자연적이라는 말은 시민적이라는 말과 상반된다. 528면; 우리의 시민적 의무은 주로 자연적 의무를 위해 고안된다. 543면.

2. 자연적 책임과 도덕적 책임. 475면 주, 491면; 약속을 수행해야 할 어떤 자연적 책임도 없다. 516면 이하; 자연적 정념에 의해 약속이 요구될 때, 그리고 우리가 인류애와 그 밖의 자연적 덕을 향해 의향을 갖는 것처럼 약속에 대한 의향을 가질 때에는 행동할 자연적 책임이 있을 뿐이다. 518, 519, 525면(546면 참조); 자연적 책임은 이익이다. 551면; 도덕적 책임은 자연적 책임과 함께 변한다. 569면; 가장 비철학적인 것은 덕이 곧 자연적인 어떤 것과 동일하다고 말하는 것이다. 475면; 자연적 덕이나 부덕은 인간의 책략이나 제도적 장치와 무관하다. 574면 이하(530면 참조); 우리가 자연적으로 찬동하는 성질들은 인류의 행복을 향한 경향을 가지며, 인간을 사회에 알맞은 구성원이 되도록 한다. 578면(528면 참조); 그 예는 온순함과 자비, 자선, 관용, 온화함, 중용, 공정 따위이다. 578면; 자연적 덕의 결과인 복리는 (자연적 덕의) 모든 단일 작용의 결과이지만, 반면에 그 복리가 정의의 단일 작용에서 유래되지 않는다. 579면(497면 참조); **자연적 역량**, 자연적 역량이 도덕적 덕과 구별되는 까닭. 606면 이하(☞ **도덕 4**).

자유(liberty)

자유와 우연. 461면 주; 자발적인 것이 자유롭다는 것은 정당한 귀결이 아
니다. 609면.

자유 의지(free will)

312, 314, 399면 이하, 609면.

잔혹성(cruelty)

잔혹성은 혐오스럽다. 605면.

재치(wit)

재치는 다른 사람들에게 직접적으로 호의적인 성질이며, 따라서 유덕하다.
590면; 재치와 수사법. 611면.

저항(resistance)

저항권의 기초는 동의를 통한 정부의 기원이 아니다. 549면; 수동적 복종은
불합리하다. 552면; 저항이 정당한 경우라고 말하는 **특정** 규칙을 철학은 수
립할 수 없다. 563면; 절대 정부보다는 이처럼 혼합된 정부에서 저항이 정
당한 경우가 더 자주 나타난다. 564면.

적합성(fitness)

적합성은 소유권을 배정하는 데 사용되는 원리가 아니다. 502면.

전쟁(war)

외국과의 전쟁은 **정부**의 원천이다. 540면.

점유 취득(occupation)

점유 취득과 소유권. 505면 이하.

정념(passion)

1. 정념의 관념은 공감을 통해 정념 자체로 전환된다. 319면(576면 참조).

2. 허영심과 연민 그리고 사랑은 사회적 정념이다. 491면.

3. a. 정념은 결코 추론을 통해 산출되지 않으며, 추론의 지배를 받을 뿐이
다. 정념은 고통과 쾌락을 전망함으로써 발생할 뿐이므로, 이성은 결코

의지의 동기일 수 없다. 414, 492, 521, 526면(☞ 도덕 1). 이성은 어떤 정념이나 정서를 선택하려고 논란을 벌일 수 없으므로, '이성은 정념의 노예이고 노예일 뿐이어야 한다.' 415, 457~8면; 정념은 이성 또는 진리와 상반될 수 없다. 정념은 근원적 존재이지 표상이 아니기 때문이다. 415, 458면.

b. 감정과 오성은 인간의 본성을 이루며, 인간 본성의 모든 작용에 필수적이다. 493면; 우리의 정념은 이따금 우리 이성을 따르기를 거부하는데, '이 이성은 어느 정도 거리를 두고 바라보거나 반성하는 데에 기초를 둔 정념들의 일반적인 차분한 결정일 뿐이다.' 583면.

4. 정념은 자신의 자연적이고 일상적인 힘으로 실행되는지에 따라 칭찬받든가 비난받는다. 483면; 우리의 의무감은 늘 우리 정념의 자연적이고 일상적인 흐름을 따른다. 484면; 사회 이전의 인간 처지에서 자기중심성과 편파성은 일상적 정념이므로 칭찬할 만하다. 488면; '모든 부도덕성은 정념의 결함이나 불건전성에서 유래된다.' 488면; '어떤 행동을 향한 자연적 정념이나 의향은 그 행동을 행할 자연적 책임을 구성한다. 518면; '모든 도덕성은 우리 정념과 행동의 일상적 과정에 의존한다.' 532면; 칭찬과 비난은 보다 희미하고 지각하기 어려운 사랑과 증오이다. 614면(☞ 도덕 1).

정복(conquest)

정복은 정부에 대한 청구권이다. 558면.

정부(government)

1. **정부의 기원.** 534면 이하; 인간은 먼 복리보다는 가까운 복리를 선호하며, 따라서 소유권의 법률을 침해할 성향이 있는데, 이런 성향을 치료하는 데 정부가 필요하다. 534~6면; 소유권에 관한 법률을 준수하는 것이 소수의 사람들의 가장 가까운 이익이 되도록 함으로써 이 성향은 치유된다. 537면; 정부는 비록 모든 인간적인 약점에 얽매인 사람들로 구성되지만, 이 모든 약점이 어느 정도 극복된 공동체로 된다. 539면; 모든 사회에 정부가 필

요한 것은 아니다: 일반적으로 정부는 상이한 사회에 속한 사람들 사이의
투쟁에서 발생한다: 무정부 상태인 경우에 외국과의 전쟁은 필연적으로 내
란을 일으킨다: '촌락 공동체는 도시 국가(cities)의 참된 모태이다.' 540면.
족장의 권위에서 (군주제가 발생한다기보다는) 전쟁 (따위의 긴급 사태의
돌발성에서) 군주제가 발생한다: 무정부 사회 상태는 인간의 가장 자연적인
상태 가운데 하나이며, 처음 발생한 이후로 오래도록 존속했지만, 이런 사
회에서 정의의 법칙은 필수적이다(obligatory). 541면.

2. 정부에 대한 **충성**, 또는 복종. 539면 이하. 정부에 대한 충성이나 복종은
'정부에 대한 근원적 재가이자, 복종에 대한 최초 책임의 원천'인 약속에 의
존한다. 541면; 따라서 정부가 **동의**에 의존한다는 이 이론은 (정부가) 처음
으로(발생한 시대에만) 타당할 뿐이며 모든 시대에 타당한 것은 아니다.
542면; 정부의 주요 목표(object)는 인간이 자연법을 준수하도록 제한하는
것인데, 이 자연법은 약속 준수의 의무를 포함하며, 약속을 정확히 수행하
는 것은 정부의 결과이지 정부의 원천이 아니다. 543면; 행정관에게 복종하
고 약속을 수행하는 데에는 각각 별개의 이익과 책임이 있다. 544면; 따라
서 충성과 약속 수행은 각기 별도의 토대와 도덕적 책임이 있다. 545면; 약
속과 같은 것이 없더라도 모든 거대 사회(large societies)에는 정부가 필요
할 것이고, 정부와 같은 것이 없더라도 약속이 필수적일 것이다. 546면; 이
것은 대중적 의견이기도 하다. 547면; 행정관 자신은 자신의 권위가 약속에
의존한다는 점을 믿지 않는다: 만약 행정관이 그런 점을 믿는다면 행정관은
결코 그 권위를 묵시적으로 받아들이는 것으로 만족하지 않을 것이다. 547
면; 신민들은 태어날 때부터 복종하도록 되어 있다고 믿는다. 548면; 어떤
정부의 영토에 거주하는 것이 그 정부에 동의하는 것은 아니다. 548면; 이
런 견해에 따르면, 여느 정부와 마찬가지로 자연적이고 통상적인 절대 정부
에 대해 충성이란 있을 수 없을 것이다. 549면; 동의에 대한 이 이론은 실제
로 정부에 대한 우리의 복종에는 예외가 있을 수 있다는 점을 입증할 뿐이다.

549면; 이 원리들이 틀리지만 않았다면 이 결론은 정확하다. 550면; 이익이 그치면 자연적 책임도 사라진다. 그러나 도덕적 책임은 일반 규칙의 영향력 때문에 지속된다. 552면; 그런데 우리의 모든 도덕 개념에서 우리는 수동적 복종과 같이 불합리한 개념을 결코 품을 수 없다. 552면.

3. **충성의 대상**인 우리의 적법한 행정관은 처음에 묵계와 특정한 약속을 통해 확정되며, 554면; 나중에는 우리의 이해관계 속에서 고안된 일반 규칙을 통해 확정된다. 555면. 이 일반 규칙은 다음과 같다. 즉 (i) 오랜 소유, 556면; (ii) 현재의 소유, 557면; (iii) 정복, 558면; (iv) 계승(상속), 559면; (v) 실정법, 562면; 영국 혁명. 563면; 절대 정부에서 보다는 혼합 정부에서 저항이 적법한 경우가 많다. 564면; 어떤 정부에게도 (정부의 권리를 견제할) 대책이 없는 권리는 없다. 564면; 정치에 대한 미치는 상상력의 영향력. 565~6면.

정숙(modesty)

570면 이하.

정신(mind)

1. b. 정념은 현악기(의 소리)처럼 서서히 소멸되는가? 441면(517면 참조); 오직 정신의 성질들만이 유덕하거나 부덕하다. 574면; '덕이나 부덕에 필요한 정신의 지속적인 몇 가지 원리.' 575면; 모든 인간의 정신은 그 느낌과 작용에서 유사하다. 576면; '정신이 자신의 성질을 상당 부분 변화시키는 것은 거의 불가능하다.' 608면.

정의(justice)

1. 정의는 책략(artifice)이나 제도적 장치(contrivance)를 통해 쾌락과 찬동을 산출한다. 477면; 정의로운 행동의 동기는 그 행동의 정의를 고려할 수 없다. 477~480면; 순수한 자기애가 모든 불의의 원천이기 때문에 정의로운 행동의 동기는 우리의 사익이나 평판에 관계할 수 없다. 481, 495면; 정의로운 행동의 동기는 공공의 이익도 고려하지 않는다. 481, 495; 인간의 정

신에는 순수한 인류애와 같은 정념이 없기 때문이다. 482면; 징의로운 행동
의 동기는 사적인 자비 또는 이해 당사자의 이익에 대한 존중 따위도 아니
다. 482면; '따라서 우리는 정의나 불의 등의 느낌은 자연에서 유래되는 것
이 아니라, 비록 필연적이지는 않다고 하더라도 교육과 인간의 묵계 등에서
인위적으로 발생한다는 점을 인정해야 한다.' 483면(530면 참조); 정의의
규칙은 인위적이지만, 그렇다고 자의적이지는 않다: 정의의 규칙은 '사유와
반성(conception)이 개입'한 결과라고 하더라도, 실로 그 밖의 것들과 마찬
가지로 자연스러울 정도로 명백하고 필연적이다. 484면; 우리가 '자연을 어
떤 종과 분리될 수 없거나 그 종에 공통적인 것'을 의미한다면, 정의의 규칙
을 자연법이라고 해도 좋다. 484, 526면; 정의의 규칙들은 인간이 고안한 제
도라고 하더라도 인간의 본성만큼이나 불변적인데, 그 까닭은 정의의 규칙
들은 그 기초가 대부분 이해관계이기 때문이다. 620면.

2. 정의와 소유권 등의 규칙이 인간의 책략을 통해 확정되는 방식. 484면 이
하; 사회는 인간의 능력과 기량 그리고 안전성을 증대하지만, 485; 그럼에
도 불구하고 야만적인 상태에서 인간은 이런 사실을 지각하지 못하므로, 사
회를 만들지도 못한다. 그러나 이성 간의 자연적 욕망과 그들의 자손에 대
한 관심은 (사회의) 첫 실마리를 형성한다. 486면; 인간의 자연적 기질과
외부적 여건은 모두 사회와 상충된다. 즉, 인간의 한정된 관용은 '인간이 각
자 다른 한 사람보다는 자기 자신을 더 사랑하며, 인간이 소유할 수 있는 재
화도 불안정하고 희소하기 때문'이다. 487면; '무교양적 자연'은 이런 것을
결코 치유할 수 없다: 이런 단계의 정의는 자기중심성과 편파성 따위와 같
은 통상적 정념을 가리킬 수 있을 뿐이기 때문에 '정의의 관념은 결코 치료
책이 아니다.' 488면; 이 해결 방안은 자연이 아니라 책략에서 유래되며;
오히려 '자연은 이 애정들의 정의롭지 못하고 옹색한 것에 대한 해결 방안
을 판단력과 오성에게 부여하였다.' 489면; 인간은 묵계를 통해 소유의 불
안정성을 치료하는데, 이와 같은 억제는 이 정념들의 이익과 상반되는 것이

아니라 이 정념들의 이익 안에 있기 때문이다. 489, 526면; 이런 묵계는 약
속이 아니라, '공동 이익의 일반적 여론(sense)일 뿐이며, 마치 한 배를 저어
가는 두 사람의 묵계처럼 사회의 모든 구성원은 서로에 대해 이런 여론을
표명한다. 490면; 묵계에 따라 정의의 관념 및 소유권과 책임 그리고 옳음
따위의 관념들이 직접적으로 발생하는데, 묵계가 없다면 이 관념들은 이해
될 수 없다. 491면; 허영심과 연민 및 사랑은 사회적 정념들이므로 도움이
된다. 491면; 이런 묵계에서 정의는 정념들의 변경된 방향일 뿐이다: (사회
에서는 인간 본성의) 선함과 사악함에 대해서는 물음의 여지가 없고 오직
인간의 총명함과 어리석음에 대한 물음만 있을 뿐이다. 492면; 이 묵계는
너무 단순하므로 야만적 상태는 아주 짧을 수밖에 없고, '인간의 실제 최초
상태와 상황은 사회적이라고 평가되는 것이 정당할 것이다.' '자연 상태'는
철학적 허구이다. 493면; 황금시대는 비록 위대한 진리를 표현한다고 하더
라도 시적 (허구)이다. 494면; '강력하고 포괄적인 자비'는 정의를 필요 없
게 만들기 때문에 정의의 근원적 동기일 수 없다. 496면; 정의감을 유발하
는 인상은 자연적인 것이 아니라 책략에서 발생하며, 그렇지 않다면 어떤
묵계도 필요 없을 것이다. 497면; 정의의 규칙들과 이해관계의 연관은 단일
하다. 정의(에 상응하는) 개별 행동은 공공의 이익과 개인의 이익 모두와 상
반될 때가 종종 있기 때문이다. 497면(579면 참조).

3. 우리는 왜 덕과 부덕 따위의 관념을 정의에 부연하는가? 498면; 이익은 정
의에 대한 자연적 책임이고, 옳고 그름에 대한 소감은 도덕적 책임이다. 498
면; 공감을 통해 우리는 불의가 늘 거북함을 낳는다는 점을 일반적으로 조
망하고 지각하며, 따라서 도덕적 선과 악의 느낌이 불의에 잇따른다. 499
면; '자기 이익은 정의를 정립하는 근원적 동기이다. 그러나 공공 이익에 대
한 공감은 이 덕에 수반되는 도덕적 찬동의 원천이다.' 500면; 정치적 책략
은 이 찬동을 돕지만 우리가 부덕과 덕을 구별하는 유일한 원인일 수는 결
코 없다. 500, 533면; 교육과 우리 평판에 대한 관심도 역시 (이 찬동을) 돕

는다. 501면; '정의는 비록 인위적인 것이라고 하더라도, 그 도덕성에 대한 느낌은 자연적이다.' 619면.

4. 정의에 대한 통속적 정의, 즉 '모든 사람에게 저마다의 당연한 권리를 부여하는 한결같이 영속적인 의지'는 정의와 무관한 권리와 소유권을 상정하는데, 이것은 불합리하다. 526~7면; 정의와 불의에는 점진적인 단계가 없으므로 자연적으로 덕스럽거나 부덕한 것이 아니다. '자연적 성질은 모두 감지할 수 없을 정도로 서로 뒤섞이기 때문이다.' 530면; 정의의 법칙은 보편적이고 전적으로 불변적이므로 결코 자연에서 도출될 수 없다. 532면; 정의를 실행하기 위해 정부가 필요하다. 535~8면; 자연적 정의와 시민적 정의는 모두 묵계에서 유래된다. 543면; 정의에 대한 국가들 사이의 도덕적 책임은 개인들 사이에서 만큼 강하지 않다. (정의에 대한 국가들 사이의) 자연적 책임이 개인들 사이에서보다 약하기 때문이다. 569면; 정의는 자연적 덕과 구별된다. 자연적 덕의 경우에 모든 단일 작용이 행복이기 때문이다. 579면(497면 참조).

정치적(political)

정치적 책략은 우리가 덕과 부덕을 구별하는 덕의 유일한 원천일 수 없다. 500, 533, 578면; 정치적 책략은 정념들의 방향을 변경할 뿐이다. 521면.

정치학(politics)

정치학의 논쟁은 '대부분의 경우에 판결될 수 없고, 평화와 자유 등의 이익에 전적으로 종속된다.' 562면.

족장의 (patriarchal)

정부의 기원에 대한 족장론. 541면.

존경(esteem)

사랑과 존경. 608면.

존재(existence)

1. '실제 존재와 사실'은 관념들의 관계와 상반된다. 458, 463면(413면 참조).

종교(religion)

종교의 기초는 기적이다. 474면.

좋은 말주변(eloquence)

611면.

증식(accession)

증식과 소유권. 509면 이하.

지각(perception)

1. 지각은 판단을 포함한다. 456면.

4. 우리가 우리 자신을 마음속으로 바라보면, 우리는 특정 지각들의 계기만 발견할 수 있을 뿐이다. 252, 456, 634면.

진리(truth)

'진리와 거짓은 관념들 간의 실제 관계에 대한 일치와 불일치에 있거나, 또는 실제 존재와 사실 문제에 대한 일치와 불일치에 있다.' 따라서 정념·의욕·행동은 '그 자체로 완전한 근원적 사실이거나 실재이므로' 참이거나 거짓일 수 없다. 458(415면 참조); 오직 판단만이 참이거나 거짓일 수 있다. 416, 458면; 어떤 행동을 참된 판단과 결부된 듯이 참이라고 일컫는 것을 적절하지 않다. 459면.

【ㅊ】

차분한(calm)

차분한 정념은 이성과 혼동된다. 417, 437면(583면 참조).

책략(artifice)

정치적 책략은 우리가 덕과 부덕을 구별하는 유일한 원인이 아니다. 500, 521, 533, 578면.

책임(obligation)

1. 도덕성이 앞서지 않는다면 책임을 이해할 수 없다. 462면 주(491면); 덕에 대한 보편적 책임은 도덕성을 이성으로부터 도출하는 사람들에 의해 설명되지 않는다. '덕을 아는 것과 덕에 의지를 부합시키는 것은 별개이다.' 465~6면; 책임을 의지하는 것은 불가능하다. 517, 523, 524면; 새로운 책임은 새로운 소감의 발생을 상정하며, '의지는 결코 새로운 소감을 창출하지 않는다.' 518면; 덕의 보편적 책임은 도덕성을 이성으로부터 도출하는 사람들을 통해 설명되지 않는다. '덕을 아는 것과, 의지가 덕에 따르도록 하는 것은 별개이다.' 465~6면; 책임을 의욕할 수 없다. 517, 523, 524면; 새로운 책임은 새로운 소감의 발생을 가정한다. 그리고 '의지는 새로운 소감을 결코 산출하지 않는다.' 518면; 책임에는 정도들이 허용되지 않는다. 529면; 우리는 비록 (책임에서) 정도의 차이가 허용되는 것으로 상상하지만 말이다. 531면.

2. 이익은 정의에 대한 **자연적 책임**이고, 옳고 그름에 대한 소감은 도덕적 책임이다. 498면; 약속의 책임은 자연적이 아니다. 516면; 정신의 어떤 작용이나 성질이 '우리에게 일정한 방식으로 쾌락을 줄 때, 우리는 그 작용이나 성질을 유덕하다고 하며, 그 작용이나 성질을 방치하거나 수행하지 않아서 그와 같은 방식으로 우리에게 불쾌를 줄 때, 우리는 그것을 수행할 책임이 있다고 한다.' 517면; 자연적 정념을 통해 어떤 행동이 요구되는 경우에는 그 행동에 대한 자연적 책임만 있다. 그러나 우리를 인류애와 자연적 덕으로 인도하듯이 우리가 약속을 수행하도록 이끄는 자연적 의향은 전혀 없다. 518, 519면(546면 참조); 이익은 약속 수행의 제1책임이다. 그리고 그 다음에 도덕의 소감이 공조하여 새로운 책임을 창출한다. 523, 522면; 힘이 약속을 무효로 만든다는 사실은 약속이 자연적 책임을 전혀 갖지 않는다는 점을 보여 준다. 525면; 충성의 책임. 541면(☞ 정부 2); 행정관에 대한 복종 및 약속 수행에는 별개의 이익이 있으므로, 별개의 책임이 있다. 544면; 그

리고 각 경우에는 별도의 도덕적 책임도 있다. 546면; 정부에 복종하는 도덕적 책임이 있는 까닭은 모든 사람이 저마다 그렇게 생각한다는 것이다. 547면; 충성에 대한 자연적 책임은 그 이익이 중단되는 경우에 중단된다. 그러나 일반 규칙의 영향력 때문에 도덕적 책임의 지속된다. 551면; 도덕적 책임의 강도는 자연적 책임의 강도에 따라 변한다. 569~573면.

철학(philosophy)

  1. 사변 철학과 실천 철학. 457면.

  3. a. 소요학파의 철학. 소요학파의 철학은 실체적 형상과 실체를 구별한다. 221, 527면.

    d. '자연 상태'라는 철학적 허구. 493면.

추론(reasoning)

  자세한 추론에서 발생하는 확신은 그 추론에 참여하기 위해 요구되는 노력에 비해 감소한다. 186면(453면 참조).

충성(allegiance)

  (☞ 정부), 539면 이하.

충성(loyalty)

  외곬 충성은 미신적 관습(superstition)에 가깝다. 562면.

취향(taste)

  도덕과 수사법 그리고 아름다움 등에서 옳거나 그른 취향이 있을 수 있는가? 547면 주.

칭찬(praise)

  칭찬과 비난은 보다 희미하고 지각하기 어려운 사랑과 증오이다. 614면.

【ㅋ】

쾌락(pleasure)

2. 쾌락과 고통은 인간 정신의 주요 기동 원리이다; 쾌락과 고통이 없다면, 우리는 대개(439면 참조) 정념을 느낄 수 없거나 행동할 수 없고, 욕구하거나 의욕할 수도 없다. 574면; 쾌락은 상이한 여러 감각을 포함한다. 472면.

3. 쾌락과 재치. 274면(590, 611면 참조); 덕과 부덕, 특정 쾌락과 고통 등은 일반적으로 고려된 성격과 행동을 통해 유발된다. 472면; 도덕적 구별은 우리 자신이나 다른 사람의 정신적 성질을 통해 유발된 고통과 쾌락 등을 개별적 소감에 전적으로 의존한다. 574면; 이 고통과 쾌락은 네 가지 상이한 원천에서 발생될 수도 있을 것이다. 591면; 각 덕은 관찰자에게 상이한 느낌을 유발한다. 607면; 쾌락으로부터 사랑으로 전이하는 것은 쉽다. 605면; 찬동의 쾌락은 어떤 성질에 의해서 유발되는데, 이 성질은 그 소유자에게 있어서 전적으로 자발적이지 않다. 609면(☞ 도덕 2~4., 공감 3. A.).

【ㅍ】

판단(judgement)

1. 판단은 '지각'이다. 456면; 판단만이 불합리할 수 있고, 정념이나 행동은 불합리하지 않다. 416, 459면; 도덕성은 판단된다기보다는 느껴진다는 것이 더 적절하다. 470면; 우리의 판단은 행동보다 덜 자발적이다. 609면.

2. 오성은 정념들의 방향을 변경함으로써 사람들의 자기중심성에 대한 자연적 치유책을 제공한다. 489, 493면.

필연성(necessity)

3. 나아가서 이런 종류의 필연성은 도덕과 종교에 본질적이다. 이 필연성이 없다면, 법도 공과도 책임도 결코 없다. 411면(575면 참조); 자연적 역량과

도덕적 덕 따위의 자발성이 비교된다. 608면 이하; 정신적 성질은 관찰자에게 찬동을 산출하기 위해 온전히 자발적일 필요 없다. 609면; '자유 의지는 인간의 성질과 마찬가지로 그 행동과 관련될 여지가 없다.'; '자발적인 것이 자유롭다는 것은 정당한 결론이 아니다.' (407면 참조); '우리의 행동은 우리의 판단보다 더 자발적이지만, 우리가 판단에서보다 행동에서 더 자유를 갖는 것도 아니다.' 609면.

【ㅎ】

행동(작용, action)*

내부의 (정신) 작용은 외부 대상과 반대된다, 465면; 모든 행동 (자체는) 인위적이다, 475면.

행동과 진리: 행동은 '그 자체에서 완전한 근원적 사실이자 실재이며,' 그리고 '참이거나 거짓으로 단언될 수도 없으며,' '이성에 상반되거나 부합되지도 않는다.' 458면(415면 참조). 다만 부적절한 의미에서, 행동은 거짓 판단을 낳는 원인이거나, 또는 그 판단 때문에 우회적으로 발생한다. 459면.

행동과 의지(☞ **의지 및 필연성**): 동기와 행동 사이의 항상적 합일 때문에 우리는 인간 행동의 변덕스러움이 널리 인정됨에도 불구하고 동기로부터 행동을 추정한다. 401면 이하, 411, 632~3면(575면 참조); 행동은 판단보다 더 자발적이지만, 우리가 판단에서보다 행동에서 더 자유를 갖는 것도 아니다. 609면.

행동과 가치: 어떤 행동이 사람에게 있는 항상적이고 지속적인 어떤 원인

---

* 옮긴이 주 비기는 행동을 진리와 의지 그리고 가치의 측면에서 각각 별도의 항을 두고 색인을 작성했다. 옮긴이 생각으로는 같은 주제를 두고 항을 중복해서 만드는 것은 혼란을 초래할 것 같아서 행동 항을 하나로 묶고, 주제별로 단락을 구분했다.

(something)과 성격에서 유래되는 한, 행동의 가치가 존재할 뿐이며, 따라서 필연성 이론이 요구된다. 575면(632면 참조): 오직 성격과 행동만이 덕이라고 일컬어지는 특유의 쾌락을 유발할 수 있을 뿐이다. 472면: 우리가 어떤 행동을 칭찬할 때, 우리는 그 행동을 낳은 동기만을 고려한다. 그리고 그 행동은 정신과 기분에 담긴 어떤 원리의 기호 또는 표식일 뿐이다. 겉으로 행동하는 것(external performance)은 가치(merit)가 없다. 477면: 우리가 어떤 사람이 특정 행동을 수행하지 않는다고 비난하는 까닭은 그 사람이 그 행동에 적절한 동기의 영향을 받지 않기 때문이다. 477면: 어떤 행동에 가치를 부여하는 최초의 유덕한 동기는 그 행동의 덕에 대한 존경이 결코 아니다. 478면: 어떤 행동의 도덕성에 대한 감각과는 별도로 그 행동을 산출하는 어떤 동기가 인간 본성에 없는 한, 어떤 행동도 유덕하거나 도덕적으로 선할 수 없다. 479면: 행위자의 의도는 행동의 도덕성에 필수적이다. 461면, 461면 주.

행위자(agent)

행위자의 의도. 461면.

허구(fiction)

'자연 상태'라는 철학적 허구. 493면: '황금시대'라는 시적 허구. 494면(631면 참조): '책임을 의욕한다'고 하는 허구. 523면: 불완전한 영유권이라는 허구. 529면.

혁명(revolution)

영국 혁명. 563면.

현상(appearance)

필연적으로 정신의 모든 작용과 감각은 모든 점에서 존재하는 대로 현상해야 하며, 현상하는 대로 존재해야 한다(582, 603면 참조): 우리가 사물들의 순간적 현상을 수정하지 않고 우리의 현 상황을 간과한다면, 결코 언어를 사용할 수 없거나 (우리의 소감을 다른 사람에게) 전할 수도 없다. 582면:

감관에 비친 대상들의 현상은 반성을 통해 끊임없이 수정될 필요가 있다. 603면.

협력(co-operation)

협력은 인간의 능력을 증대시킨다. 485면.

황금시대(golden age)

황금시대라는 시적 허구는 값진 진리를 담고 있다. 494면.